JN028200

会計学・簿記入門

［第17版］

一橋大学名誉教授 新田忠誓
一橋大学教授 佐々木隆志
専修大学教授 石原裕也
松山大学教授 溝上達也
東京経済大学教授 神納樹史
帝京大学准教授 西山一弘
愛知学院大学教授 西舘　司
中央大学教授 吉田智也
筑波大学准教授 中村亮介
京都産業大学教授 松下真也
帝京大学准教授 金子善行
駒澤大学准教授 塚原　慎
帝京大学助教 坂内　慧【著】

東京 白桃書房 神田

は し が き（第17版）

　1996 年に本書初版が刊行されて以来，28 年の歳月が流れたが，読者の皆様のおかげでこうして第 17 版を出版させていただけることとなった。心からの感謝を申し上げたい。

　簿記会計に対する本書の基本的考え方いわば構想は，初版以来変わっていない。それは広義の「収支計算」に基づいて構成される現代の会計学・簿記の捉え方と学習の方向性をわかりやすく伝えていくということである。これは，とりわけ第Ⅰ部第Ⅰ章において説明されている。初学者の皆様におかれては，ぜひこの章をじっくり読み身につけていただきたい。

　本書の特徴としては，個別企業の会計をはじめに扱い，本支店会計を経て企業集団の会計に学習を進めていく点があげられる。このことによって，初級の会計処理・会計理論からじっくり理解を深めた上で，中級から上級に到達できるようになっている。順次読み進めていっていただきたい。

　また本書は，財務諸表（主要な財務諸表である貸借対照表，損益計算書およびキャッシュ・フロー計算書）の作成サイド（企業側）にたった説明から出発しているが，財務諸表の利用サイド（投資者，債権者，経営者，政府等のステークホルダー）にとっても有用な財務諸表分析の手法も扱っている。本書を十分に活用されたい。なお，この第 17 版についての第 16 版からの変更は，会計基準等の変更に対応した点が中心となっており，とくに収益認識基準の改訂に応じた処理について解説を加えている。

　本書の出版に際しては，初版以来一貫して白桃書房・大矢栄一郎社長ならびに編集部の方々にたいへんお世話になっている。ここに記して心よりの御礼を申し上げたい。

　2024 年 3 月

筆者を代表して　佐々木　隆志

目　　次

iv

Ⅲ．収益費用の計算基準とこれにともなう資産負債の決定　[中級]
― 101

第Ⅱ部　　企業集団の会計　［上級］

Ⅸ．連結財務諸表 ━━━━━━━━━━━━━━━━━━━ 249

第 I 部

個別企業の会計
（簿記による会計の理論と実践）

新田　忠誓
（第 I 章第 1 節，
第 2 節(1)(2)，第 II 章第 3 節）

佐々木隆志
（第 II 章第 1，2 節，
第 III 章第 1 節(2) 3)）

塚原　　慎
（第 III 章第 1 節(1)(2) 1) 2)，
第VIII章第 4 節）

松下　真也
（第 III 章第 2 節(1)）

西山　一弘
（第 III 章第 2 節(2)(3)）

金子　善行
（第 III 章第 3，4，5 節）

坂内　　慧
（第 III 章第 6 節）

吉田　智也
（第 IV 章）

石原　裕也
（第 V 章）

溝上　達也
（第 VI 章）

西舘　　司
（第VII章）

中村　亮介
（第VIII章第 1，2，3 節）

Ⅰ．会計学はどんな学問か

1．会計学の対象と目的

ここで学習すること
① 会計学は，お金の委託（預けること）と受託（管理すること）の関係があるところに成立する。 ② 受託には「会計‘責任’（アカウンタビリティ）」が発生し，受託者は委託者に，会計責任の執行の様子を報告する「会計計算書」を作成しなければならない。この計算書の作り方・見方を勉強するのが会計学である。 ③ **会計記録の基本**：単純な会計記録は，現金を中心にし，その増加・減少の事実と原因を対応させ，複式に記入する。「複式」記入を仕訳という。 　　＜左側－簿記では，借方という－＞　　＜右側－簿記では，貸方という－＞ 　　（現　金）〔現金の増加〕　1,000　　（資本金）〔現金増加の原因〕　1,000 　現金が1,000円増加したが，原因は，出資者から会社に委託された会計責任1,000円が生じたためである。貸方の資本金1,000円は会計責任を表す。 　会社（企業）の会計責任には利益の獲得も求められる。 　　＜借方＞　　　　　　　　　　＜貸方＞ 　　（現　金）〔現金の増加〕　800　　（売　上）〔現金増加の原因〕　800 　　（宣伝費）〔現金減少の原因〕　500　　（現　金）〔現金の減少〕　500 　1行めの仕訳は，現金が増加したが，原因が会社の会計責任である利益の獲得活動，売上活動によることを表している。2行めの仕訳は，現金が500円減少したが，原因が会社の会計責任の実行つまり利益獲得活動のため宣伝費として500円使用したことを表す。

　会計は，次ページの図のように，お金を中心に，お金の管理を委託する人（**委託者**）と，そのお金の管理を任された**受託者**がいるところ，つまり，委託・受託の関係があるところに成立する。受託者は「会計計算書（報告書）」を作成し，お金の管理状況を委託者に報告しなければならない。この関係を受託者（管理者）が作成しなければならない「計算書」（勘定形式）を中心に図示したのが，次ページの図の下の図である。

〈 会計の仕組み 〉

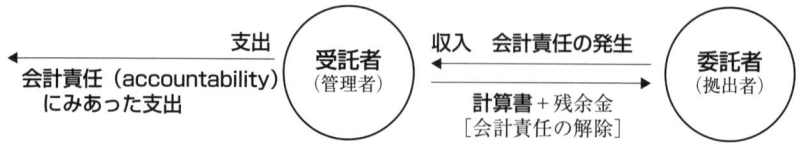

〈 会計計算書の基本 〉 ※サークル・部活などの場合

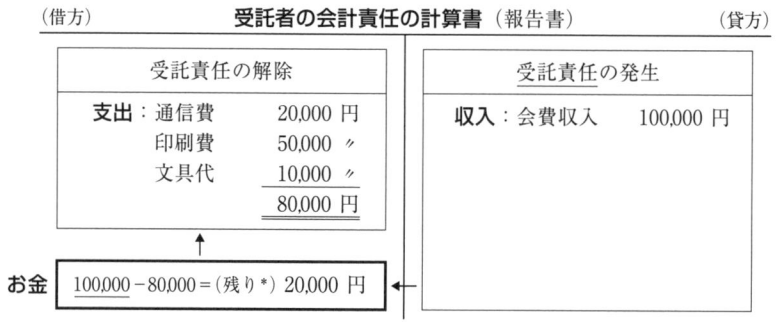

* 残りは, 返済すると, 会計責任が消滅する。さらに委ねられると, 次へ会計責任が継続するので, 「次期繰越」と表記する。

　上の計算書では，収入つまり会計責任の発生(原因)―貸方側の記入―と支出つまり会計責任の解除(原因)―借方側の記入―に対して，お金の増減が対応している。このもととなる記録を示すと，次の形になる。

左側 (借方):お金(**資産**)の増加	100,000	右側 (貸方):左の原因(会費収入)	100,000
左側 (借方):右の原因 (通信費支出)	20,000	右側 (貸方):お金(**資産**)の**減少**	20,000

⒥ 原因の記入は「預金通帳」の記入と同じで，通帳では，上図のように左側（借方）に出金「お支払金額」（銀行にとって預り責任の解除）右側（貸方）に入金「お預り金額」（預り責任の発生）が記録され，皆さんの小遣帳（現金出納帳，15ページ）の記入，入金が借方，出金が貸方と反対になっている。ただし，郵便局の通帳は小遣帳の記入と同じである。

　この形は，簿記記録の基本形になるので，<u>覚える必要がある</u>。これは一つの取引について**複式記録**（二重記録）を行うことを示している。この場合，受託者に預かったお金について責任が発生し，この責任を**会計責任**（accountability：アカウンタビリティ）という。そこで，『会計学の対象は accountability にあ

り，目的は計算書による accountability の様子を示すことにある』といえる。これを，受託者（お金を預かった例えば会社）側からいうと，<u>計算書の作り方を学ぶこと</u>であり，委託者（お金を預けた例えば株主）側からみると，<u>計算書の見方を学ぶこと</u>である。

〈 更なる学習のために 〉

　accountability と似ている語に responsibility（責任）がある。同じ "責任" という意味を持つが，後者は「自分が引き受けたり自分に与えられたりした仕事や義務を遂行する責任」という意味である。これと比べ，会計責任には，計算書により「説明する」責任（説明責任）が加わる。つまり，責任について報告した結果，<u>委託者の納得をえられなければ，責任を全うしたことにはならない。したがって，企業が会計責任を全うしようとするとき，客観的な証拠（証憑）の保管はもちろん，計算書（財務諸表）に計上される内容について隠すことはゆるされない。</u>この説明責任の妥当性を保証するために，<u>いわゆる監査（会計監査）が行われる。つまり，会計には監査が伴う。</u>「会計監査論」はこのための学問である。この監査では，計算書作成に関わらない第三者（監査人）が計算書の妥当性（会計基準や法の会計規定に合っているか）を検証し，保証する。

【会社に勤めたら】（その１）

　　会社に勤めたら，領収書をもらうことを求められます。この領収書が証憑です。会社に勤めたら，領収書をもらうことを忘れないようにしましょう。

2．会計学の種類と本書が対象とする会計学

ここ で 学 習 す る こ と

① 　会計には経済単位に応じ「家計会計」「政府会計」「企業会計」の三つがある。

② 　家計会計と政府会計は，家計・政府が利益獲得を目的としないので，**非営利会計**ともいわれ，報告書の基本構造は収支計算書の形をとる。

③ 　企業会計は，企業が利益獲得を目的とするので，**営利会計**といわれ，収入出をもとにしたうえで，収益費用を計上し損益を計算する**損益計算書**と，資産，負債，純資産（資本）を収容する**貸借対照表**を作成する。

④ 　帳簿は，「日誌（日記）」（歴史記録），「財産の管理」（形態別把握），「活動の把握」（機能別把握）の三つの役割を果たせる。

⑤ 　帳簿は形式として，「日付欄」，取引を説明する「摘要欄」，そして「金額欄」を備えなければならない。さらに，体系的な帳簿組織では，「丁数欄」が帳簿と帳簿の関係を示す欄として重要になる。

⑥　帳簿組織では，**仕訳帳**(仕訳日記帳)と**元帳**(総勘定元帳)が基本的な構造を作る。

⑦　複式簿記では，貸借が一致し，このメカニズムにより記録の正しさが確かめられる。この確認を行うのが**試算表**である。

⑧　会計報告書の作成には「元帳」(総勘定元帳) を作ることが必要である。

⑨　「会社法」が求める会計報告書を**計算書類**といい，公開会社・大会社の計算書類は**貸借対照表**，**損益計算書**，**株主資本等変動計算書**，**注記表**となる。

⑩　証券市場に上場している企業に「金融商品取引法」により求められる会計報告書は**財務諸表**と呼ばれ，個別の企業では，**貸借対照表**，**損益計算書**，**株主資本等変動計算書**，**キャッシュ・フロー計算書**，**附属明細表**となる。

⑪　上場企業の会計報告は**連結情報**を中心としている (第Ⅱ部) が，連結情報は個別財務諸表を基礎とする (「個別財務諸表基準性の原則」) ので，個別の計算書の会計数値の成り立ちを学ぶことが必要である。また，企業そのものを管理するためには，個別計算書の作成は必須である。

(1)　会計学の種類と基礎となる収支計算書 (㋐～㋘を覚える)

　委託の意図，受託者からみると，活動目的により，さまざまな会計学が成立する。経済学では，経済活動の主体 (受託者) を「家計」「企業」「政府」の三つに分けるが，これを受け，会計学には，㋐**家計の会計学 (家計)**，㋑**政府の会計学 (官庁会計)**，㋒**企業の会計学 (企業会計)** の三つが存在する。これら主体間のお金 (企業では，資本という) の流れを図示する。

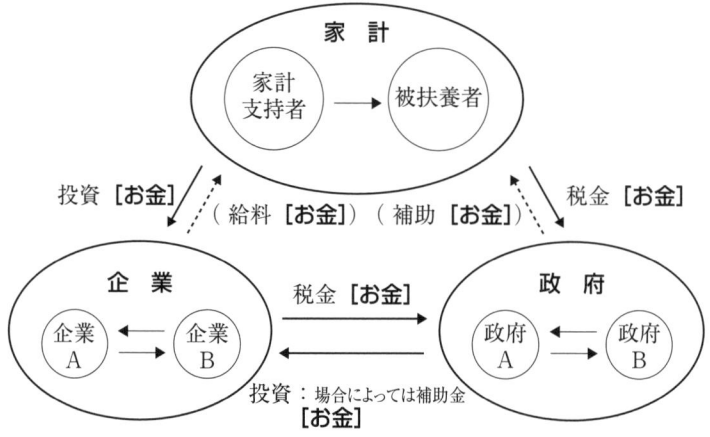

この図をもとに，委託側から，**[お金]**と「会計責任」および「計算書」の関係を示すと，次のa）からc）にまとめられる。ただし，主体間にお金の流れがあっても，会計責任が発生しない場合には，計算書を作成する必要はない。つまり，企業が家計に給料を支払った場合と政府が家計に補助をした場合は，お金を出す人（委託者）が会計責任を求めているわけではないので，計算書（**会計報告書**）の必要はない。これを示すため，前ページの図では，そのお金の流れを点線で示し，行為ならびにお金を（　）でくくった。

a）家計会計（消費会計）

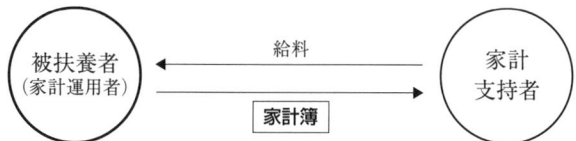

b）官庁会計（消費会計）

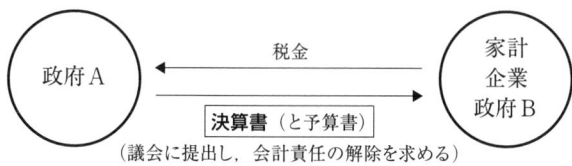

c）企業会計（営利会計）

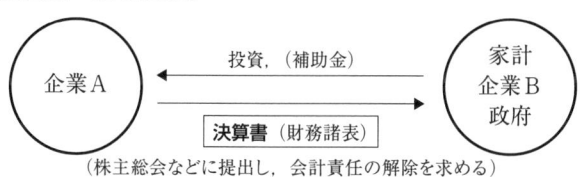

　三種の計算書のうち，家計，政府の計算書と企業の計算書との間には大きな違いがある。それは主体の目的の違い，これを会計的にみると，委託者のお金の預け方，受託者からはお金の使い方（管理の仕方）の違いに求められる。家計の目的は労働力の再生産，政府の目的は福利厚生を図ることであるが，お金の使い方からみると，使う（消費する）ことにある。これに対し，企業の目的は受託したお金を増やすことつまり営利追求にある。このため，

家計と政府の会計をまとめて㋤**消費会計**（あるいは**非営利会計**）といい，企業の会計を㋥**営利会計**という。この目的の違いが家計・政府と企業の間の計算書の違いをもたらす。

　家計と政府の計算書では，お金の消費が目的であるから，お金の出入の計算書，㋬**収支計算書**（Einnahmen-Ausgaben Rechnung －ドイツ語）で足りる。この作成自体は収入と支出を把握するだけであるから，基本的にはむずかしくない。この２つの計算書を簡単に示すと，次のようになる。

a）家計会計

計 算 書 （ 家 計 簿 ）

借方(支出：会計責任の解除)		貸方(収入：会計責任の発生)	
食　　　費	100,000	月　　　給	290,000
住　居　費	70,000	パート収入	10,000
教　育　費	90,000	前月繰越	5,000
医　療　費	30,000		
衣　料　費	10,000		
娯　楽　費	3,000		
支　出　計	303,000		
次月繰越 残　余　金	2,000		
合　　　計	305,000	収　入　計	305,000

【 解説と〈 更なる学習のために 〉】

　収入側は，家計の管理者つまり家計簿の作成者が受けた会計責任額を示し，支出側で，その責任を果たした様子を示す。残余金は，翌月に繰り越され，「次月繰越」と表記され，翌月には，表記（収入側）のように「前月繰越」とされて，会計責任が継続されていく。

　ところで，経済学では，家計（衣食住などの支出）のうち食費の比率が高いことを「エンゲル係数が高い。」と言い，食は生きるための基本であり，この比率が高ければ高いほど他の支出に充てる余裕がないこと，つまり貧しいことを示し，家計の豊かさ（貧困度）を計る指標として用いられる。この家計は約33%である。
⇨〈自分の収入と支出を表示してみて，自分のエンゲル係数を計算してみたらどうでしょうか！〉

　さて，もし，住居費の中味が住宅ローンの支払いであった場合，この計算書は期間の収入と支出を示すだけであるから，住宅ローンの残高（借金）が現在いくらあるかは分からない。このためには，借金（負債）のみならず家計の財産（持ち家は

もちろん貯蓄や保険契約など）と総ての負債（マイナスの財産）を調べて，別に目録を作成する必要がある。これを財産目録（28 ページをみよ）という。ここで示した収支計算書と財産目録とが一体となって，家計の様子が分かることになる。

※念のため，家計にとって給料は収入であるが，企業では費用（支出）になるので，間違わないこと。時々，間違える人がいます。

b）官庁会計

第Ⅹ期　決　算　書　　　　（単位：百万円）

借方（支出：会計責任の解除）		貸方（収入：会計責任の発生）	
歳　出：		歳　入：	
公共事業費	950	租　税　収　入	1,410
教　育　費	650	債券発行収入	300
債券償還支出	100		
歳　出　計	1,700		
剰　余　金	10		
合　　計	1,710	歳　入　計	1,710

【 解説と〈 更なる学習のために 〉「官庁会計学」の課題 】

　租税収入は，政府に納税者から委託された会計責任を表す。この受託責任と責任解除の様子を示すのが，この計算書の第一の役目である。そして，家計同様，剰余金は翌会計年度に繰り越され，会計責任が継続されていく。

　この計算の見方として重要なのは，剰余金（残金）があるから，黒字つまり財政状態が良いとは言えない点である。すなわち，この計算書では，国債などの債券発行収入３億円は借金によるものであり，一方，国債などの借金返済（債券償還）の支出１億円を控除しても，歳入のうち２億円は借金に頼っており，たとえ剰余金が１億円計上されていても，実質的には，1.9 億円の赤字である。これが分かるようにするためには表示の仕方を工夫する必要があり，官庁会計の課題になる。

　さらに，前掲の家計簿と同様，この決算書（収支計算書）だけでは，政府の資産や負債の状態は分からない。そのためには，「財産目録」の開示が求められる。しかしながら，現実には，開示されていない。ここに，官庁会計を勉強する必要性つまるところ企業の会計以外の分野での会計学の重要な役割と課題が出てくる。

　なお，市の公報などの計算書では，歳入（収入）が借方（左側），歳出（支出）が貸方（右側）に計上されているが，この意味については，後（ **(2) 1) ④**：〈 **複式記入の仕組み** 〉参照 ）に，学ぶ。

　官庁会計には，更に重要な側面が出てくる。それが「予算」である。まず，予算書と決算書の対照表を例示する。

第X期・予算・決算対照表　　　　　　（単位：百万円）

（歳出の部）　　　　　　　　　　　　　　　　　　　　　　（歳入の部）

項　目	予算額	決算額	差　額	項　目	予算額	決算額	差　額
公共事業費	950	950	0	租税収入	1,400	1,410	10
教育費	650	650	0	債券発行収入	300	300	0
債券償還支出	100	100	0				
剰余金	—	10	10				
合計	1,700	1,710	10	合計	1,700	1,710	10

　この対照表は，残余つまり剰余金が出たが，それは，租税収入が見込みより多かったことを示している。

　官庁会計で意味があるのは，予算の存在である。予算は，議会で承認されるが，この意味は，㋵予算は，予算の執行者つまり公務員・官僚つまり「会計単位に与えられた会計上の責任」を示している。とくに支出額は官僚への業務命令となる。官僚は，この命令（受託額）以上の業務はしない，否，できない。逆に言うと，この責任額（受託責任）を果たさなければならないので，'予算消化'と称して時に無駄な事業（支出）をしたりするのは，このためである。これを止めることができるのは，誰か？　正しく，予算を承認する議員すなわち政治家である。政治家は予算執行の様子を監視できなければならない。つまり，政治家足る者，会計学の知識を持たなければならないと言える。

　企業会計も基本はお金の問題（'金勘定'）なので，収支計算がもととなるが，営利を目的としているので，この報告も必要となり，収支を展開させ，収益費用の表示と利益の計算を行う㋑損益計算書（profit and loss statement，P/Lと示される。income statement ともいう）と，資産，負債，純資産（資本）を示す（これを財政状態または財務状態という）㋒貸借対照表（balance sheet，B/Sと示す）が作成される。この展開には，収支の値を企業活動を把握するために改変するという会計学上の判断に関わる複雑な問題が発生する。

（2）　さまざまな収支計算書と簿記会計の基本（㋐〜㋭を覚えること）

　ここでは，最も簡単な形の収支計算書である現金出納帳により会計の仕組みをみていく。これとともに，一般的な帳簿の形式や記入の仕方（約束）も学ぶ。

1）現金出納帳と個別の増減の記録─複式記録の意味と会計報告書─

①　日誌帳としての帳簿記入

　学生諸君が会計に接するのはサークルやクラブなどの会計においてであろう。ここでは，現金出納帳がつけられる。一つの形は次ページのようになる。この帳簿は，お金の動きと有高の把握（お金の管理）とともに，「日誌」（日記）の役割も果たしている。

【注】日誌と日記の違い

　日誌は，（作成が義務付けられている）「航海日誌」などと表現されているように，日々の記録（日記）のうち公的なものである。ここでは，会費を集め，会員のための記録つまり社会的集団的役割を果たすという意味で日誌という表現を使っている。一方，日記は，個人の記録も含む単に日々の記録という意味で使われる。

　先ず，最低限の　帳簿の形式（要件）　をまとめておく。

〈 帳簿の形式と記入法 〉

a．帳簿は，㋐日付欄，㋑摘要欄と最も重要な㋒金額欄の三部で構成される。どれが欠けても帳簿とはいえない。

b．帳簿の形を決めるのに引く線を㋓罫線という。日付や摘要や金額など下に書かれる内容を示した第一行目を㋔見出し行といい，上には「複線」，下には「単線」を引く。

c．㋕金額の両側には複線を引く。つまり，複線で挟まれた数字は金額であることを示す。ただし，紙面の両端には線は引かない。

d．金額の下に「単線」を引くと，㋖これまでの数値を計算せよという“命令”になる。例の現金出納帳でも，これに従い，収入側支出側ともに100,000円の合計を出している。数値の下に引いた「複線」は，㋗計算が終了し，この金額が下の計算に影響させないことを示す。

e．金額欄の最後に合計を貸借をそろえて出し，下に複線を引き㋘計算が正しい（この例では，100,000円）ことを明示する。これを「帳尻が合っている。」という。

f．日付欄の記入の慣行では，5月25日の記入の仕方から明らかなように，㋙月は変わらない限り記入しない（1回しか記入しない），㋚（同じ月の）同じ日の取引には，「〃」を記入すること（ただし，帳簿のページが変わった場合には，記載する）があげられる(注)。

〈 **簿記会計の金額計算の仕方** 〉

```
    1,000,000
    1,020,000
    3,040,000
    5,060,000  ←〈上の金額の計算を命令する線〉
               ←〈計算の終了を示す線〉
               ↑
    〈数字の最後(尻)を縦1直線に並べる〉
```

[金額記入上の注意]

1) 金額は3位ごとにコンマ(,)で切り, 点線で示したように, 桁を合わせる。
2) 円の単位の最後を並べる。
3) 金額は, 頭から書くこと。

(注) 帳簿の意味と重要性は, 55 ページ 〈 **帳簿の社会制度および法律上の意義** 〉 をみること。

　以上の約束により, 帳簿が作成され, 記録が行われていくが, 帳簿に記録される出来事を簿記では, ㋒取引という。

〈 現金出納帳（日誌帳）〉

会計単位：Aサークル　記帳者：西

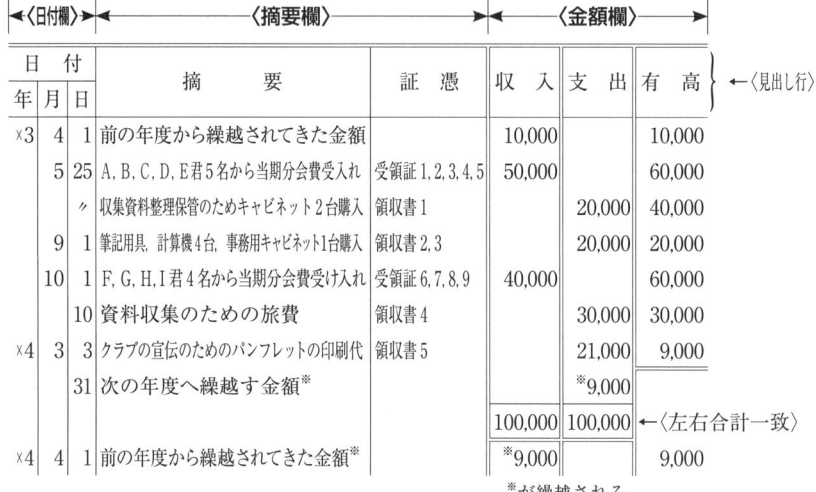

|◄〈日付欄〉►|◄〈摘要欄〉►|◄〈金額欄〉►|

日 付			摘　　要	証　　憑	収　入	支　出	有　高	←〈見出し行〉
年	月	日						
×3	4	1	前の年度から繰越されてきた金額		10,000		10,000	
	5	25	A, B, C, D, E君5名から当期分会費受入れ	受領証1,2,3,4,5	50,000		60,000	
		〃	収集資料整理保管のためキャビネット2台購入	領収書1		20,000	40,000	
	9	1	筆記用具, 計算機4台, 事務用キャビネット1台購入	領収書2,3		20,000	20,000	
	10	1	F, G, H, I君4名から当期分会費受け入れ	受領証6,7,8,9	40,000		60,000	
		10	資料収集のための旅費	領収書4		30,000	30,000	
×4	3	3	クラブの宣伝のためのパンフレットの印刷代	領収書5		21,000	9,000	
		31	次の年度へ繰越す金額※			※9,000		
					100,000	100,000		←〈左右合計一致〉
×4	4	1	前の年度から繰越されてきた金額※		※9,000		9,000	

※が繰越される

(注) **証憑**は取引の証拠であるから, 必ず保管しておく。⇨5ページ【会社に勤めたら】(その1)参照。

　この現金出納帳[注]は摘要欄から明らかなように，日々の取引をお金の動きにより記録している。摘要欄はお金の動きの理由を説明し，証憑欄はその証拠を示している。

[注] この現金出納帳の記入は，先の〈 **会計計算書の基本** 〉(4ページ) や，家計会計や官庁会計の記入と較べると，貸借（左右）の記録が反対である。これは，この計算書が，会計責任の表示（現金増減の理由つまり原因）の表示ではなく，現金増加減少そのものを把握しているからである（〈 **複式記入の仕組み** 〉(21ページ) も参照。）。なお，市販の現金出納帳が，この形を取っているので，最初は，これから入っている。

　日誌は取引の証拠となるばかりではなく，次の期の「予定表」を作るためにも使用される。これも示しておく。

〈 **予定表の作成** 〉

x4年度　予　定　表

月	予　定
5	第 1 回会費徴収作業
10	第 2 回会費徴収作業[注]
	資料収集のための出張計画策定
3	会員勧誘のための広報活動

[注] 日誌帳により，10月に会費徴収作業をしなければ，資料収集（10月10日に実施）に出かけられないこと（**資金繰り**）が分かる。これにより会費徴収つまり行動の予定を立てる。

【会社に勤めたら】(その 2)
　会社に勤めたら，業務日報つまり，日々ないし月ごとの仕事の報告をすることが求められることが出てきます。そのためには，自分の行動について，日記帳のような記録をとっておく習慣を身に着けておけばよいでしょう。これは，自分が会社のために，何をやったのかの証明および，時により弁明にもなります。

② 財産管理のための帳簿記入―形態別把握―

　前の日誌に対し，取引を②**形態別**に分類し記録することもある。摘要欄では，何によりお金が増加したか(増加欄)，そして，何を買って，お金が減少したか（減少欄）が示される。

〈 現金出納帳 (形態的把握法) 〉

会計単位：Aサークル 記帳者：西

x3 年度 (x3 年 4 月 1 日～x4 年 3 月 31 日) 〈3 ページ〉

日付		摘　　要	証　憑	丁数	増　加	減　少	在　高
4	1	前 期 繰 越 額		✓	10,000		10,000
5	25	会　費　入　金	受領証 1, 2, 3, 4, 5		50,000		60,000
	〃	家　　　具	領収書 1	物 5		20,000	40,000
9	1	文　　　具	領収書 2			14,000	26,000
	〃	家　　　具	領収書 3	物 5		6,000	20,000
10	1	会　費　入　金	受領証 6, 7, 8, 9		40,000		60,000
	10	旅　　　費	領収書 4			30,000	30,000
3	3	印　刷　代	領収書 5			21,000	9,000
	31	計			100,000	91,000	←〈変動総額〉
		次 期 繰 越 額		✓		9,000	
					100,000	100,000	

(9,000 円が繰越される) ⇦
⇩

x4 年度 (x4 年 4 月 1 日～x5 年 3 月 31 日) 〈4 ページ〉

日付		摘　　要	証　憑	丁数	増加	減少	在　高
4	1	前 期 繰 越 額		✓	9,000		9,000

〈 丁数欄の役割 〉

> 　上の帳簿には⑯丁数(ちょうすう)欄を設けた。この欄は通常，帳簿と帳簿の結びつき
> を示す(注)のに使用する。この欄の「物 5」は次に説明する「物品台帳」
> に書き移(転記)したことを示している。4 月 1 日の「✓」の符号は，
> 同一帳簿内で 10,000 円（前期繰越額）が繰越されてきたこと，3 月 31 日
> の同符号は期末に残った 9,000 円を（X4 年度の金額（前期繰越額）でも分か
> るように）次期に繰越したことを示している。

(注) これは，企業の組織管理からみると，ある部署（係）から他の部署（係）へ情報を伝えた
ことも意味する。例えば，「物 5」の物品台帳への転記は，お金を管理する係から物品を管
理する係に情報をきちんと伝達したことを証明している。これは経営管理上，重要である。

　この記入では'期中'の増加額と減少額の合計も分かるように工夫した。こ
のように，⑰帳簿には情報要求に合うよう工夫がなされる。「形態別分類」
は後の財産目録にみられる財産の計算のために役立つ。財産の管理のために
は，次の「物品台帳」のような個別財産ごとの帳簿も作られる。

〈 物品台帳 〉

管理者：北　　　　　　　　　　　　　　　　　　　　　　　　　〈5ページ〉

日　付			品　名	物品番号	摘　要	丁数	金　額	てん末
年	月	日						
x2	4	4	事務用机	1234	購　入	現1	100,000	x4年3月31日廃棄㊗
	12	10	ソファーセット	1235	受贈（A君より）		0	
x3	5	25	キャビネット	1236	購　入	現3	10,000	
	〃	キャビネット	1237	〃	〃	10,000	
	9	1	キャビネット	1238	〃	〃	6,000	

（注）**物品番号**は物品にシールなどで番号をつけ管理していることを示している。身近では，教室の机や椅子をみて欲しい。㊗は廃棄を承認した人（責任者）を示す。

丁数欄の「現1」は現金出納帳の1ページ，「現3」は3ページの記録，一方，前ページの現金出納帳の「物5」は物品台帳5ページの記録とつながっていること（転記関係）を示す。このように**丁数**欄は帳簿と帳簿の記録のつながりを示すために使用する。

③－1　報告書作成のための帳簿記入─機能的分類─

　帳簿をつける重要な目的は，当該計算単位の「活動の結果」を「計算書」により報告することである。そうであれば，摘要欄の記入を，活動の目的つまり収入支出の活動への役立ちすなわち⑦機能別に分類して行うことが求められる。この現金出納帳を示すと，次のようになる。

〈 現金出納帳（機能的把握法）〉

会計単位：Aサークル　記帳者：西

x3年度（x3年4月1日〜x4年3月31日）　　　　　　　　　　〈3ページ〉

日付	摘　要		記帳	元丁	借方	貸方	残高	確認
	勘　定	証　憑						
4　1	前期繰越		㊄	✓			10,000	㊗
5　25	会 費 収 入	受領証1, 2, 3, 4, 5	㊄	1	50,000		60,000	㊗
〃	資料収集費	領収書1	㊄	2		20,000	40,000	㊗
9　1	事　務　費	領収書2, 3	㊄	3		20,000	20,000	㊗
10　1	会 費 収 入	受領証6, 7, 8, 9	㊄	1	40,000		60,000	㊗
10	資料収集費	領収書4	㊄	2		30,000	30,000	㊗
3　3	情報宣伝費	領収書5	㊄	4		21,000	9,000	㊗
31	期中変動				90,000	91,000	−1,000	←当期減少
	前期繰越	（収支勘定）		5	10,000			（赤字）額
	次期繰越	（収支勘定）		5/✓		9,000		㊗
			㊄		100,000	100,000		㊗

（注）「記帳欄」の印は記帳者（西氏）を示し，「確認欄」の印は他の人（承認者，会社では上

役）（南氏）が取引の妥当性と記帳の正確さを確認したことを示す。簿記の記録では，このような記帳欄や確認欄がなくても，取引の妥当性の検証と記録の正確性を保証する制度が作られていることが前提となっている。なお，確認作業では，現金の帳簿在高と実際在高の照合も行い，管理の妥当性も確かめる。加えて，この帳簿は「期中」の収支の動きと差額（増減額）が分かる形にしている。26ページに収支勘定を示す。

　摘要欄の勘定では，会の目的からみて，お金がどの活動からえられたか（借方），お金がどの活動に支出されたか（貸方）が示される（機能による表示）。このとき，同じキャビネット（物品）でも，使用目的によって異なる扱いになっている点に注意しなければならない。例えば，5月25日のキャビネット2台は資料収集活動のためのもの，9月1日の1台は事務作業のためのものである（日誌帳，形態的把握法および物品台帳と比較せよ）。

　丁数欄（元丁欄）の数字「1」（5月25日）は後に作る元帳（22ページをみよ）の1ページ（「会費収入」勘定）に㋬転記（書き移）したことを示す。この重要性は後に説明する。なお，「5/✓」の上の「5」は上欄の「5」ページと同じく，「収支」勘定の5ページに転記したこと，下の「✓」は現金出納帳上，翌期に繰越したこと（〈丁数欄の役割〉もみよ）を示す（翌期の帳簿は省略，14ページをみよ。同じやり方である）。

─〈 会計思考について：形態的分類と機能的分類の違い 〉─

　今，タクシーを使ったとします。これは，タクシー代ですね。これが形態的分類です。これを受けて，機能的分類では，このタクシー代の使用目的が問題となります。

　家庭でタクシーを使った場合，それが旅行の場合，遊興費，病院通いの時は，医療費になります。なお，医療費の場合には，後で申告すると，税金から控除を受けられますから，領収書を保管し，医療費であることを明らかにしておくことが必要です。

　企業では，得意先の接待にタクシー代を使った場合，販売促進費，社内会議のために必要だった場合には，会議費になります。同じように，貸借対照表でも，土地は土地でも（形態的分類），事業に使っているものは，土地と表示されますが，投資目的で所有している土地は投資不動産と表示されます。このように形態的分類と機能的分類とでは，企業会計上，表示の仕方が異なります。機能的分類では，その会計主体の活動目的との関係（役立ち，機能）を考えて分類し表示します。つまり，分類法により異なる扱いになります。

③−2　会計報告書の作成

　日々，機能別分類による現金出納帳をつけたうえで，次の会計報告書（計算書＝決算書）を，サークルの（年次）総会に提出し，会計責任の解除を求める。計算書の表示様式には㋑報告式と㋒勘定式があり，どちらかの様式がとられる。現金出納帳しかない場合には，摘要欄に，現金増加（会計責任の発生）と現金減少（会計責任の解消）が記入されているので，これらを集計して作成する。ただし，正式には後述（22−23ページ）の元帳から作成する。

〈 会計報告書 〉

[報告式]

　x3年度（x3年4月1日〜x4年3月31日）　　　　　　　　←会計（受託）期間の表示

Aサークル・会計報告書　　　　　　　　←会計単位の表示

Aサークル代表者　○野○雄　　　　←受託者の表示

[当期収入の部]		[備　考]
会 費 収 入	90,000	¥10,000 × 9名
計	90,000	
[当期支出の部]		
資料収集費	50,000	キャビネット4台，旅費
情報宣伝費	21,000	パンフレット印刷代
事 務 費	20,000	計算機など文具
計	91,000	
当期収支差額（支出超過額）	△1,000	△はマイナス
前期繰越高	10,000	
次期繰越高	9,000	

次期繰越高内訳：現金9,000円

[勘定式]

　x3年度（x3年4月1日〜x4年3月31日）

Aサークル・会計報告書

Aサークル代表者　○野○雄

項　　目	金　額	項　　目	金　額
[支出の部]		[収入の部]	
資料収集費	50,000	会 費 収 入	90,000
情報宣伝費	21,000	当期収入　計	90,000
事 務 費	20,000	前期繰越高	10,000
当期支出　計	91,000		
次期繰越高	9,000		←〈三角線〉
合　計	100,000	収 入 計	100,000

次期繰越高内訳：現金9,000円

(注) 実際は後（25-26ページ）の説明のように，増加（現金出納帳では借方側に記入）に対する原因（貸方に記入），減少に対する原因（借方）の記録を行う「元帳」を別に作成し，この元帳から誘導する。勘定式の報告書で，現金出納帳（15ページ）の増加(借方)・減少(貸方)と，収入(貸方)・支出(借方)の表示が反対になっているのは，このためである。

　報告式は計算過程（例では，収入から支出を控除し収支差額を計算している。）が分かるように表示する。

　これに対し，**勘定式**は両側(支出の部と収入の部)の金額が一致するように表示し，この計算が‘合っている’(正しい)ことを目にみえるようにしている点に特長がある。したがって，とくに左側と右側の「均衡」（バランス：balance）に重きを置く場合に用いられる。金額をバランスさせて表示したとき，いずれかの側（金額欄ならびに摘要欄）に空白ができる。これをそのままにしておくと，後で（余白に，とくに金額が記入され）改ざん（故意に書き直したり書き加えたり）されるかもしれない。そこで，空白のできた方の摘要欄に斜線を引く。この線を引いた形が三角形にみえるので，⑫**三角線**という。勘定式ではまた，左側（借方）と右側（貸方）の金額の意味が異なることを示すために，まん中を「太線で分ける」ことが慣行となっている。

〈 簿記の知識 〉

　昔の帳簿では，帳簿を開いて，左側に借方の金額，右側に貸方の金額を記入していた。つまり，まん中の太線は帳簿を綴じている部分を意味している。

〈 西洋のお金の数え方 〉

　ヨーロッパで買い物をして，お釣りを渡されるとき，例えば，17.9ユーロの買い物をしたとき，20ユーロを渡すと，まず，0.1ユーロつまり10セントを渡され，18ユーロになることを確認し，次に，2ユーロを渡される。つまり，引き算をせずに，「20ユーロ（借方側）＝17.9＋0.1＋2（貸方側）」という計算をする。これが，正しく勘定式の貸借均衡の原理に基づく思考である。

　勘定式の報告書は次のように a.「前年度との比較」を示すもの，当年度の b.「予算と実績との比較」を示すものとしても作成される。このように，機能別の報告書によれば，当期の活動を，前期の活動（a.）や，予算（事前の約束）（accountability）（b.）と比較することができる。

ａ．前年度との比較報告

x3年度（x3年4月1日〜x4年3月31日）

Aサークル・会計報告書

Aサークル代表者　○野○雄

支 出 項 目	x3年度	x2年度	差　額	収 入 項 目	x3年度	x2年度	差　額
資 料 収 集 費	50,000	40,000	10,000	会 費 収 入	90,000	80,000	10,000
情 報 宣 伝 費	21,000	20,000	1,000	学校補助金収入	0	1,000	△1,000
事 　 務 　 費	20,000	19,000	1,000	収 入 計	90,000	81,000	9,000
支 出 計	91,000	79,000	12,000	前 期 繰 越 高	10,000	8,000	2,000
次 期 繰 越 高	9,000	10,000	△1,000				
合 　 計	100,000	89,000	11,000	合 　 計	100,000	89,000	11,000

（注）差額から，収入側で，会費収入が伸びたこと，当年度から学校から補助をもらえなくなったこと，支出側で，資料収集費，情報宣伝費，事務費ともに前年度に比べて多く支出されたことが分かる。また，当期の活動において前期からの資金（前期繰越高）1,000円も使用している。つまり，当期は1,000円の赤字である。

ｂ．予算決算比較報告

x3年度（x3年4月1日〜x4年3月31日）

Aサークル・会計報告書

Aサークル代表者　○野○雄

支 出 項 目	決　算	予　算	差　額	収 入 項 目	決　算	予　算	差　額
資 料 収 集 費	50,000	45,000	5,000	会 費 収 入	90,000	85,000	5,000
情 報 宣 伝 費	21,000	25,000	△4,000	学校補助金収入	0	1,000	△1,000
事 　 務 　 費	20,000	18,000	2,000	収 入 計	90,000	86,000	4,000
支 出 計	90,000	88,000	3,000	前 期 繰 越 高	10,000	10,000	0
次 期 繰 越 高	9,000	8,000	1,000				
合 　 計	100,000	96,000	4,000	合 　 計	100,000	96,000	4,000

（注）差額から収入側では，会費収入が予算より増えたが，当初，予定した学校補助金収入が得られなかったこと，支出側では，資料収集費と事務費が予算より少なかったのに対し，情報宣伝費が予算オーバーであったことを示している。この予算オーバーが会費収入増（つまり，会員獲得活動の成功）につながったのかもしれない。このように当期の活動を評価できる。

〈 前期繰越（金）の会計単位活動継続上の必要性 〉

前期からの繰越金は，会計単位が翌期の活動を行う（活動の継続性を支える）ために必要なものとなる。例えば，5月25日に，会費が集まらなければ，活動に必要なキャビネットや計算機などの購入はできなかった（12，15ページの現金出納帳をみよ。—10,000円不足—）。つまり，翌期の収入があるまでの活動資金（運転資金）として，繰越金を確保しておく必要がある。

④　元帳の作成―同じ増減ごとの把握―

　これまでの例は単純であり，活動の理由が機能的分類の現金出納帳摘要欄から把握できた。しかし，取引がふえると，これだけで決算書を作成するのが困難になる。なぜならば，摘要欄から同じものをひろってくるのは大変な作業であり，誤りも多くなる。そこで，現金増減の記入と同時に，同じ増加減少の原因の記録も行い，これらをまとめることが必要となる。

　この関係を示すと，次ページの図のようになる。まず，当期の現金出納帳の記録に対応して，増加減少の原因の記録（点線の四角で囲ったもの）を行う。5月25日の取引では，5人分の会費を受取った取引を，増加が「会費収入」であること，つまり，一つの取引を増加のそのもの50,000円（左側に記入）とその理由50,000円（右側に記入）の「二重」つまり㋠複式に記録する。こののち，同じものをまとめ，例では，収入として，「会費収入」90,000円（50,000＋40,000），「前期繰越」10,000円，支出として，「資料収集費」50,000円（20,000＋30,000），「事務費」20,000円，「情報宣伝費」21,000円をまとめて，報告書の元になる「収支計算書」を作成する。この場合，取引がすべて複式に記録されてきたから，この計算書が計算する9,000円は現金出納帳の在高9,000円に一致し，計算書の左右の合計額も一致する。複式記入は，金額の一致を保証し，これまでの記録が正しかったことを確認する。計算書（報告書）の作成には，このように同じもの（項目）をまとめる記録が必要になる。

〈 簿記の用語 〉

　"同じもの"をまとめた「計算の単位」を㋤勘定（account：通常，%と示す）といい，「会費収入」，「資料収集費」，「事務費」，「情報宣伝費」がそれである。この例の仕組みでは，これまでの現金出納帳は「日々の取引記録」（日記）であるとともに「現金勘定」にもなっている。
　さらに，勘定を収容する帳簿を㋦元帳，元帳の中に設けられた勘定を記入する場所を㋨勘定口座(注)，各勘定につけられた「会費収入」のような名前を㋩勘定科目名または簡単に勘定科目，勘定の左側を㋬借方(dr.)，右側を㋭貸方(cr.)という。

（注）「銀行に口座を開設する。」という表現は，銀行の元帳に預金者の預金（銀行にとって預金者からの借入れ（受託責任））について記録する場所を作る（新しく預金する）ことを意味する。預金口座には口座番号がつけられるように，元帳の口座にも番号がつけられる。丁数欄に転記先として記入されるのは，本来はこの口座番号である。本書は，これをページとしている。

〈 複式記入の仕組み 〉⇨〈 元帳（22 − 23 ページ）へ 〉

当期の変動：[金額を金額欄の左側（借方）に記入]　　[金額を金額欄の右側（貸方）に記入]

5.25.　現　　金　50,000　　会費収入　50,000
　　〈現金出納帳に記入〉　　　　〈原因の記録〉

5.25.　資料収集費　20,000　　現　　金　20,000
　　〈原因の記録〉　　　　　〈現金出納帳に記入〉

9. 1.　事　務　費　20,000　　現　　金　20,000
　　〈原因の記録〉　　　　　〈現金出納帳に記入〉

10. 1.　現　　金　40,000　　会費収入　40,000
　　〈現金出納帳に記入〉　　　　〈原因の記録〉

10.10.　資料収集費　30,000　　現　　金　30,000
　　〈原因の記録〉　　　　　〈現金出納帳に記入〉

3. 3.　情報宣伝費　21,000　　現　　金　21,000
　　〈原因の記録〉　　　　　〈現金出納帳に記入〉

決算（前期繰越の追加）：

4. 1.　現　　金　10,000　　前期繰越　10,000
　　〈現金出納帳に記入〉　　　　〈原因の記録〉

＜ 矢印のようにまとめると 〉※実際には, 収支勘定（26 ページ）にまとめる。

収支計算書

（支出）　　　　　　　　　　　　　　　　　　　　　　（収入）

→ 資料収集費　50,000　　会費収入　90,000 ◀
→ 事　務　費　20,000　　前期繰越　10,000 ◀
→ 情報宣伝費　21,000
　　　　計　　91,000
＜現金出納帳の有高に一致＞差　額（次期繰越）　9,000
　　‖　　　　　　　　　　100,000　　　計　　100,000
現金の動きの合計

⇩

〈 [勘定式] の会計報告書 〉（17 ページ）

（注）9 ページで示した市の公報などの計算書は現金の方を見ている。

〈 借方，貸方の意味 〉

　借方，貸方という表現は，通常の借(借金・債務)と貸(貸金・債権)の理解と反対で，初学者を惑わす。これは，簿記が歴史上，債権債務の記録すなわち，お金の貸し借り(貸借)を，借り主(debtor＝債務者)，貸し主(creditor＝債権者)の側に立って記録したことに由来する。つまり，Aにお金を貸したときには「Aは借り主(debtor)なり」として勘定の左側＝借方側に記録し，Bからお金を借りたときには「Bは(私にとって)貸し主(creditor)なり」として勘定の右側＝貸方側に記録した。

　銀行の通帳で，右側(貸方)に入金額(預かり額)(銀行の貸し主つまり銀行にとって借金)，左側(借方)に出金額(支払額)(銀行にとって借金の返済：受託責任の解除)が記帳されるのは，これによっている。

　前の図の「複式記入」の仕組みをみると，例えば，5月25日の上段の記録は現金勘定の借方に 50,000 円，会費収入の貸方に 50,000 円というように，

仕訳	①	どの勘定に記録すべきか，
	②	その勘定の借方 貸方のどちら側に記録すべきか，
	③	いくらと記入すべきか

という"命令"を示している。このような勘定科目，借方・貸方および金額を決める命令を，簿記では，㋐**仕訳**という。

〈 元帳の記入 〉(現金出納帳 (15 ページ) は除いている)

┌─〈勘定口座〉→記入場所の大きさ(空白とするページ数)は将来の取引数を予測して決める。

			会　費　収　入 ←〈勘定科目名〉								1ページ
(借方)←〈左側〉										〈右側〉→(貸方)	
日付	摘　要	丁数	記帳	確認	金　額	日付	摘　要	丁数	記帳	確認	金　額
3 31	決算書へ	元5	㊄	㊑	90,000	5 25		現3	㊄	㊑	50,000
						10 1		〃	㊄	㊑	40,000
			㊄	㊑	90,000				㊄	㊑	90,000

(注1) 丁数欄の「現3」は(日記としての)現金出納帳：3ページ(15ページをみよ。)から転記されたこと，「元5」は元帳の5ページ(後述⑤)の〈収支勘定〉へ転記したことを示す。

(注2) 3月31日のイタリック体で示した決算の記録「決算書へ」は，後述⑤の決算の〈収支勘定の作成〉仕訳に基づき記入される。

（注3）合計（90,000）の一致の記録（帳簿の締切り記録）は，収支勘定の作成後，収支勘定の差額
　　　と現金出納帳の次期繰越額（**〈 現金出納帳（機能的把握法）〉**）との一致が確認されたのち，
　　　決算において行われる。

［Ｔフォーム形式］

資　料　収　集　費　　　　　　　　　2ページ

（借方）						（貸方）
5.25.		［現３］	20,000	3.31. *決算書へ*（合計）	［元５］	*50,000*
10.10.		［ 〃 ］	30,000			
			50,000			50,000

　（注）［　］は転記関係を示し，［現２］は現金出納帳3ページからの転記，［元５］は元帳5ページ（収支
　　　　a/c）への転記を示す。収支a/cの記入は26ページの収支a/cをみよ。

事　　務　　費　　　　　　　　　3ページ

（借方）						（貸方）
9. 1.		［現３］	20,000	3.31. *決算書へ*（合計）	［元５］	*20,000*

情　報　宣　伝　費　　　　　　　　4ページ

（借方）						（貸方）
5.25.		［現３］	21,000	3.31. *決算書へ*（合計）	［元５］	*21,000*

　　前ページの**元帳**の「会費収入勘定」が正式な元帳の形である。「会費収入
勘定」以外の勘定の記入は罫線等を省略している。この形が英語の大文字の
“**T**”に似ていることから，この形は**Ｔフォーム**（英語では，T form，あるい
は，T account）と呼ばれ，簿記学習上，元帳の簡略形として用いられる。

［補注］仕訳帳と元帳の関係を理解するために（伝票の使用）

　　“仕訳”と「元帳」記入の関係を理解するために，「伝票」と呼ばれる「紙片」を
作成すると分かりやすい。伝票は「入金伝票」と「出金伝票」の二種類を作る(注)。
　　入金伝票には，名の通り金額欄に現金の増加額（入金）を記入するとともに，
相手勘定を（勘定）「科目欄」に記入する。出金伝票は現金減少（出金）を上と同
じ考え方で記録する。5月25日の「会費収入 50,000円」（入金伝票）と「資料
収集費 20,000円」（出金伝票）の二つの記録を例示した。この段階で，伝票は
日々の取引の記録（後述（86-87ページ）の仕訳帳）になる。
　　伝票は，一般の企業で使用されている。諸姉諸兄には就職したときに体験する
であろう。

〈「現金」勘定の借方＝増加に記入〉　　　〈「現金」勘定の貸方＝減少に記入〉

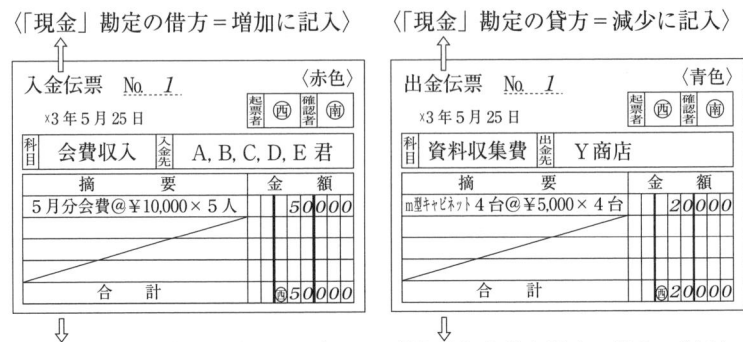

⇩　　　　　　　　　　　　　　　　⇩
〈「会費収入」勘定の貸方に記入〉　　　〈「資料収集費」勘定の借方に記入〉

（注）合計金額の前に押された印を「止め印」といい，前に数字を入れ，金額を改変されるのを防ぐとともに，記入者（起票者）がこの金額の記入に責任を持つことを示す。

　他の取引も伝票に記録し，それをまとめ，元帳に記録すると，前（22-23ページ）の元帳記録が得られる。つまり，同じ科目の伝票をまとめても，このまとまりは元帳になる。
　伝票から「会計報告書」も作成できる。つまり，同じ（勘定）科目のものをまとめ，それを次に示した伝票の集計表「伝票集計表」に書き込めばよい。ただし，当期の会計を始める前の「前期繰越」は，当期には実際の現金の動きがない。実際に現金の動きがないものをまとめるために，入・出金伝票とは別の伝票が必要となる。この伝票を「振替伝票」といい，次の形式になっている。この振替伝票も加えた，すべての伝票の記録をまとめたのが「伝票集計表」である。

〈「現金」勘定(出納帳)の借方に記入〉　　　〈「前期繰越」勘定の貸方に記入〉

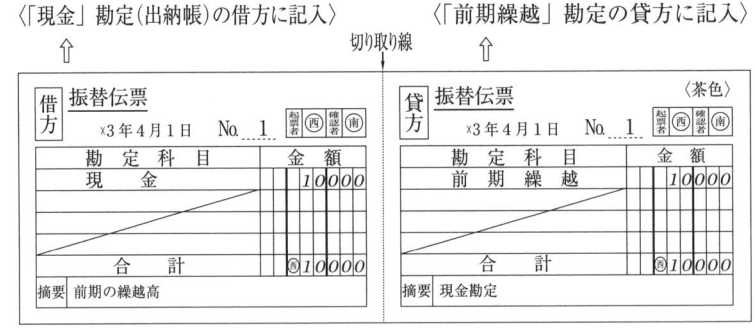

伝票集計表＝「収支計算書」

（借方）			（貸方）		
勘定科目	枚数	金額	勘定科目	枚数	金額
資料宣伝費	2	50,000	会 費 収 入	2	90,000
事 務 費	1	20,000	前 期 繰 越	振 1	10,000
情報宣伝費	1	21,000			
小 計	4	91,000			
現 金 有 高*		*9,000*			
合 計	4	100,000	合 計	3	100,000

＊「入金伝票 2 枚の金額と振替伝票 1 枚の金額」から「出金伝票 4 枚の金額」を引いた金額が現金勘定の有高の金額になる。現金有高 9,000 円の数値は，この計算書の形式を整える（貸借一致の）ために算出しているが，同時に，この仕組みでは，現金出納帳の有高と一致し，この算出により記録の正確さが確かめられる。「振」は振替伝票のこと。

⑤ 会計計算書の作成―元帳のまとめ―

元帳の期中の記録を完成したあと，決算書のもとになる『収支勘定』を作成する。これを仕訳で示すと，次のようになる(注)。

3.31 （借方）会 費 収 入［1］* 90,000 （貸方）収 支［5］* 90,000
　　　　＜会費収入勘定に記入＞　　　　　　　＜収支勘定に記入＞

＊［1］は会費収入勘定，［5］は収支勘定に記入（転記）したことを示す。

〃　（借方）収 支［5］ 50,000 （貸方）資料収集費［2］ 50,000
　　　　＜収支勘定に記入＞　　　　　　　＜資料収集費勘定に記入＞

〃　（借方）収 支［5］ 20,000 （貸方）事 務 費［3］ 20,000
　　　　＜収支勘定に記入＞　　　　　　　＜事務費勘定に記入＞

〃　（借方）収 支［5］ 21,000 （貸方）情報宣伝費［4］ 21,000
　　　　＜収支勘定に記入＞　　　　　　　＜情報宣伝費勘定に記入＞

〃　（借方）現 金［現2］ 10,000 （貸方）収 支［5］ 10,000
　　　　＜現金勘定(**現金出納帳**)に記入(前期繰越)＞　　　　＜収支勘定に記入＞

〃　（借方）収 支［5］ 9,000 （貸方）現 金［現2］ 9,000
　　　　＜収支勘定に記入＞　　　　　　　＜現金勘定(**現金出納帳**)に記入(次期繰越)＞

(注) この方法は現金出納帳を帳簿の中心にした，正確にいうと，現金出納帳に（後述する）仕訳帳と元帳両方の機能を持たせた方法であり，後に説明する企業会計の方法（本来の複式簿記）とは考え方が異なる。→ 44 ページ（〈 複式記入の考え方の違い 〉）をみよ。

　なお，消費会計での企業会計と同じ方法については，新田編著『大学院学生と学部卒業論文テーマ設定のための財務会計論・簿記論入門』第2版，白桃書房，2004年，第1章（新田担当）をみよ。

　前ページの仕訳により元帳の各勘定を記録すると，前の元帳の斜体（「*決算書へ*」）の記入と下の収支勘定が作成される。収支勘定から報告式と勘定式の会計報告書（決算書）が導かれる。収支勘定をもとに決算書が作成されるので，収支勘定には会費収入や資料収集費など相手勘定科目名を摘要欄に記入する。

〈 収支勘定 〉

収　支

								5ページ
(借方)								(貸方)
3.31.資料収集費	［元2］	50,000		3.31.会費収入	［元1］	90,000		
〃 事 務 費	［元3］	20,000		〃 現金a/cより (前期繰越)	［現3］	10,000		
〃 情報宣伝費	［元4］	21,000						
〃 現 金a/cへ	［現3］	9,000						
		100,000				100,000		

*　会計責任の継続性を重視するときは，前期繰越［現3］は最初に示す。しかし，当期の収入と支出を対応させるときは，このように最後に表示する。現金a/cと表記したのは，この体系の中での現金出納帳の現金勘定としての役割の面を示したからである。

　これまでの説明から，なぜ，（前掲）勘定式の決算書（収支勘定も）で，現金出納帳と収入・支出の位置が反対になっているかが理解できたであろう。それは，現金勘定（現金出納帳）に記入された現金の増加・減少に対する「原因」を表しているからである。複式記入は'原因'と'結果'を対応させている。

　収支勘定(決算書)は「当該期間に現金がどこからえられ何に使われたか」を示し，クラブ全体としての現金有高と増減原因の管理を行っている。また，複式記録をしてきた結果，貸借が一致し，記録の正しさも確認している。一方，元帳では，現金勘定（＝現金出納帳）は現金の管理，各勘定も個々の増減の管理を行い，また，各元帳でも貸借の一致を確認し，記録の正しさを示す記入も行っている。この記入で，事務費勘定のように金額が一行のものは合計を出さず，金額の下に複線のみを引く（23ページをみよ）。

[補注続き]（23−25 ページ）

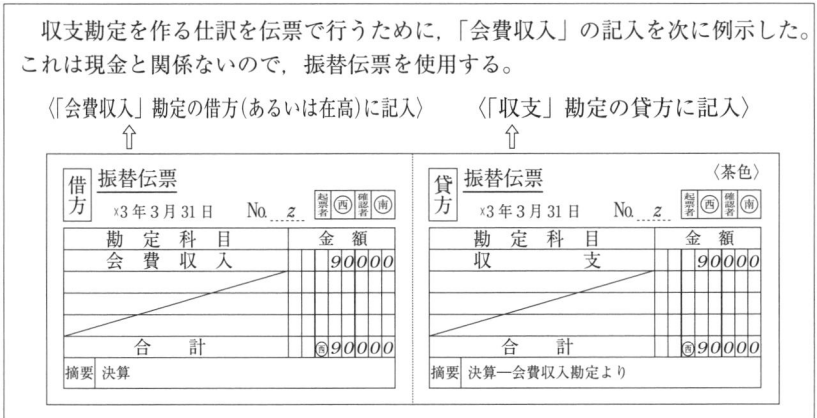

> 　収支勘定を作る仕訳を伝票で行うために，「会費収入」の記入を次に例示した。これは現金と関係ないので，振替伝票を使用する。
>
> 　〈「会費収入」勘定の借方（あるいは在高）に記入〉　　　〈「収支」勘定の貸方に記入〉

2）収支による報告の限界と財産目録情報

　これまでの会計報告書（収支計算書）は原因を収容した計算書である。ここで事務費として購入した計算機 10,000 円はどのように扱われているのであろうか。会計報告書は，クラブの運営事務のために，20,000 円費やしたことを示している。その中に事務作業のための計算機の支出 10,000 円が含まれている。つまり，計算機という具体的な財産そのものをとらえようとしているわけではない。そこで，企業全体の財産（含，負債）の把握および計算のためには，別の報告書を作成しなければならない。これを㋬財産目録という。本例では，事務費として処理した計算機 4 台と資料収集費として購入したキャビネット 2 台および小型キャビネット，さらに前年に支出のない寄贈を受けたソファーも財産として存在しているとしている（15 ページ，「物品台帳」もみよ）。また，12 月 10 日に資料収集のために訪れた先において事故があり，その損害賠償金 20,000 円の支払いについて話し合い（係争）中であったとすると，これは会の財産に対しマイナスに作用するかもしれないので，これも計上しておく。

　以上により，次の財産目録が作成される。

〈 財産目録 〉

財 産 目 録

×3年3月31日　　　　　Aクラブ代表者　○野○雄

（プラス）　　　　　　　　　　　　　　　　　　　　　　　　　　　（マイナス）

項　　　目	数量	単価	金額	項　　　目	数量	単価	金額
財産：				債務：			
現　　　金				未 払 賠 償 金	1件	20,000	20,000
百 円 玉	20個	100	2,000	計			20,000
千 円 札	7枚	1,000	7,000	純　財　産			25,000
計 算 機	4台	2,500	10,000	（正味財産）			
小型キャビネット	1台	6,000	6,000				
キャビネット	2台	10,000	20,000				
ソ ファ ー	1セット	0	0				
			45,000				45,000

(注) 計算機，キャビネットは時価評価するのが，財産計算としてほんらいの姿である。同じくソファーも時価評価すべきである。ここで，支出額（取得原価）評価や寄贈財を0評価しているのは，他の会計目的（企業会計の場合，損益計算）も達成しようとしているからである。この点から見ると，この目録は数量計算である。なお，純財産は財産から債務を引いた差額である。貸借均衡の複式記録によるものではない。

Ⅱ．本書が取り上げる会計学

1．本書が取り上げる会計学

　家計会計と官庁会計において中心となる管理対象は「お金」である。したがって，その出入りを記録し表示する収支計算書の理解が最も重要であった。

　一方，企業が管理するものは「お金」ばかりではない。多くの種類の資産や負債の増減を記録し，管理する必要がある。そのため，企業会計は，家計会計や官庁会計に較べて複雑となり，作成すべき計算書の種類も多くなるのである。

　すなわち企業会計を理解することができれば，家計会計や官庁会計は容易に理解することができる。したがって，本書ではこれ以降，企業会計を対象にして学習を進めていく。

　企業会計は，一般に「財務会計」（financial accounting）と「管理会計」（management accounting）の二つの分野に分けられる。

　本書で扱われるのは財務会計であるが，これは主に企業外部の利害関係者に情報を提供するための会計すなわち「外部報告目的会計」である。一方，管理会計は，企業内の各層・各部門ごとに情報を管理者に報告したり，より上位の管理者に報告したりすることを目的とする会計であり，「内部報告目的会計」である。その意味で，管理会計においては，特定の企業内部のみで使われる会計処理や報告形式が用いられるが，それに対して財務会計は，広く一般の人々に対しての報告でもあるので，特定の企業の内部のみではなく，一つの国全体あるいは地域全体の企業すべてにおいて，ある程度共通した会計処理や報告形式が必要となる。

　本書では，わが国の企業において共通した会計処理や報告形式について学んでいくことになる。

　ところで，財務会計の理論，すなわち「財務会計論」は，「財務諸表論」と呼ばれることも多い。そして，財務諸表とは「財務に関するいくつかの

表・計算書」という意味であって，具体的には，企業が作成して公表する
「貸借対照表」，「損益計算書」，「キャッシュ・フロー計算書」，あるいは「株
主資本等変動計算書」などの計算書のことである。つまり財務会計は，これ
らの財務諸表を作成する方法，表示する方法などを扱う理論なのである。

　企業は，日々のさまざまな取引を帳簿に記録するが，それを一定期間ごと
にまとめ，一覧性のある計算書を作成する。その計算書，すなわち財務諸表
を作成するためのよりどころとなるものが会計基準である。企業は会計基準
に従った会計処理を行い，会計基準に従った財務諸表を作成している。

　なお，世界中で通用する共通の会計基準として「国際会計基準」(International
Financial Reporting Standards：IFRS) がある。日本は，国内の会計基準に国
際会計基準の内容をかなり取り入れているが，完全に同じものを使っている
わけではない。

　なお，企業は利益を得ることを目的として作られた組織であるから，いっ
たいどれくらいの利益を得ることができたかを計算すること，つまり「損益
計算」は，企業会計の重要なテーマである。つまり，企業会計は，資産や負
債などを管理すると同時に損益計算を行うことを目的とするものである。

　主要な財務諸表は，「貸借対照表」，「損益計算書」および「キャッシュ・
フロー計算書」の三つであるが，貸借対照表は，企業の「財政状態」を表し
(そのため，IFRS では財政状態計算書と呼ばれる)，損益計算書は，企業の「経
営成績」を表し，キャッシュ・フロー計算書は企業の「キャッシュ・フロー
の状況」を表すとされている。

　貸借対照表とは企業の財政状態を示す表であるが，財政状態とは一般に
「資金の調達源泉および運用形態」のことを指すとされている。これについ
て簡単に説明しよう。

　まず貸借対照表は，左側に資産，右側に負債および純資産を載せる表であ
る。資産とは，企業に属するプラスの財産であり，現金，有価証券，商品，
建物，土地などである。負債とは企業に属するマイナスの財産であり，借入
金，買掛金，支払手形などである。正の財産をすべて左側に記し，負の財産

をすべて右側に載せ，両者の差額（通常はプラスの方が多くなる）を純資産として，貸借対照表の右側に収容する。これが現在の貸借対照表の基本である。

　一方，同じ貸借対照表を少し違った視点からみることもできる。右側の負債および資本は，過去に企業に提供された資金の調達源泉を示しており，左側の資産は，その資金の運用形態を示している，と解釈するのである。将来に視点を置くと，多くの資産は収入に結びつき，多くの負債は支出に結びつくが，過去に視点を置くと逆になる。負債（および純資産）は収入をもたらしたものであり，一方，現金以外の資産は支出によって入手したものだからである。

　このように，過去に企業が調達した資金の源泉を示すのが貸借対照表の右側であり，企業がそうして運用した資金をどのように運用しているのか示すのが貸借対照表の左側である，という解釈こそ貸借対照表が「財政状態」を示しているという考え方と結びつくものなのである。

貸借対照表

運用形態	現金預金	負　　債	調達源泉
	資　　産	純資産	
		繰越利益剰余金	

　なお，貸借対照表の右側に表示される「純資産」の一項目として「繰越利益剰余金」があるが，この繰越利益剰余金は企業の利益獲得活動によって増減する。一会計期間におけるそうした増加や減少の原因を営業活動の種類ごとに示すものが損益計算書であるが，これは後に詳しく解説する。

　また，貸借対照表の左側に示される「資産」の項目として現金および預金（あわせて「現金預金」と呼ばれる）があるが，この現金預金も企業の活動によって増減する。一会計期間におけるそうした増加や減少の原因を種類ごとに示すものがキャッシュ・フロー計算書であり，これについても後に詳しく解説する。

　わが国において企業の多くは「株式会社」形態をとっているが，株式会社とは，多くの人々から資金を集め，大きな事業を行うための形態である。株

式会社に投資した人々のことを「株主」というが，貸借対照表の純資産は，株主に帰属する持分を表している。

　株主は，株式会社の所有者であるが，通常，一つの会社には非常に多くの数の株主がいる。そして，株主は自分では企業を経営せず，専門の経営者に会社の運営を任せる。したがって，経営者は，会社の所有者である株主にさまざまな計算書により，会社の運営状況を報告する必要がある。

　また，貸借対照表の右側には株主に帰属する純資産のほかに，債権者に帰属する「負債」も表示されているが，負債の提供者たちも，自分が会社に貸したお金と利息がきちんと返してもらえるかどうかを知るために会社の状況を計算書によってみる必要がある。

　財務会計は，株主や債権者，あるいは将来株主になったり債権者になったりする可能性のある人々に会社の情報を提供するため，一定の社会的ルールに従って会社の各種計算書を作成することを重要な目的とする会計であり，多くの場合，それは株式会社を前提とするものである。

〈 更なる学習のために 〉

　会計学の必要性として利益つまり所得に基づく税金の計算があげられる。この分野を「税務会計論」というが，これを直接に規定しているのは「税法」であり，税法独自の論理がある。よって，税務会計を学ぶためには税法を読まねばならない。しかし，税務会計といえども会計学である。したがって，これから学ぶ会計学の手法が基礎となり，会計学を学ばなければならない。

2．株式会社と計算書 （㋐〜㋞を覚えること）

　株式会社では，どのような計算書が作成されるのであろうか。そのためには，株式会社の組織について概観しなければならない。これを規定しているのが「会社法」である。会社法によれば，株式会社は1人か2人以上の㋐「取締役」をおかねばならず，㋑「定款」により，㋒「取締役会」，㋓「会計参与」，㋔「監査役」，㋕「監査役会」，㋖「会計監査人」，㋗「監査等委員会」，㋘「指名委員

会等」を置くことができると規定されており（第326条），さまざまな形の株式会社を作ることができる。

　わが国経済の中心をなす，⑪「公開会社」で⑫「大会社」（最終事業年度の貸借対照表の資本金が5億円以上または負債が2百億円以上の会社）（第2条第6項）の場合には，株式会社の基本的な仕組みとして株主総会，取締役会，監査役（監査役会），さらに会計監査人の設置が求められる。

　株主総会は，出資者である株主から構成され，会社法に規定する事項及び株式会社の組織，運営，管理その他株式会社に関する一切の事項について決議をすることができる機関である（第295条第1－3項）。具体的に株主総会は，取締役・監査役などの選解任に関する事項のほか，定款変更や合併・会社分割といった会社の変更に関する事項，剰余金の配当といった株主の利益に関する事項などについての決定など，会社の基本的意思決定を行う権限を有している。

　取締役会は，株主総会において選任された取締役により構成され，会社の業務執行の決定および取締役の職務の執行の監督を行う（第362条第1－2項）。さらに取締役会の中から業務執行をし，対外的に会社を代表する機関として代表取締役が選任される（第362条第3項）。

　このように，会社の基本的意思決定を行う機関と会社の業務執行の決定を行う機関が分かれているのは，所有と経営の分離という考え方に基づいている。この考え方を背景に，会社の所有者である株主は，自らが経営を行うのではなく，経営の専門家を選任し会社運営を任せているのである。

　監査役は，取締役の職務執行を監査する機関であり，原則的に会計監査を含めた業務監査を行う（第381－388条）。監査役会はこれらの監査役から構成された機関であり，監査報告の作成や，常勤監査役の選定・解職，監査方針の決定などを行う（第390条第2項）。

　さらに，会計の専門家としての公認会計士または監査法人によって構成される会計監査人は（第337条），会社の計算書類およびその附属明細書，臨時計算書類，連結計算書類を監査する（第396条）。計算書類作成の責任は

取締役にあるが，その計算書類を会計監査人がチェックすることにより，適正な書類であることが担保される。

（1）会社法と会計

　会社法での会計の役割をみると，取締役または取締役会は，株主から（資本の拠出による）会計責任を負い，この会計責任の解除を求めて報告書を作成する。これが㋒**計算書類**（貸借対照表，損益計算書および法務省令**会社計算規則**で定める会計報告書）および㋓「事業報告」ならびにこれらの㋔「附属明細書」である（第435条）。このうち，会計学が直接かかわるのが計算書類であり，

計算書類は，㋒

1．貸借対照表	ex. 190 ページ
2．損益計算書	ex. 189 ページ
3．株主資本等変動計算書	ex. 83 ページ
4．注記表（会計学上の判断（会計数値）の説明）	

である。

　このうち会計学上の判断が必要なのは貸借対照表と損益計算書である。なお㋒会計監査人設置会社においては，会計監査人の監査を受け，取締役会の承認を受けた（第438条3）「計算書類」が会社法，定款および法務省令にしたがっている場合には確定し（剰余金の処分ができ），取締役はそれを株主総会で報告すればよく，株主総会の承認を受ける必要はない（第439条）。

　このように会計監査人の役割（第396-399条）は大きく，資格は公認会計士または監査法人に限られる（第337条）。

〈 株式会社の基本的な仕組み^(注) 〉

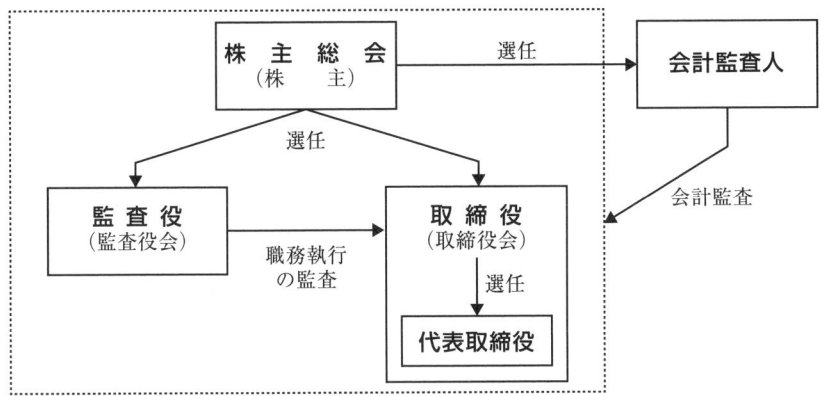

^(注) 現行の会社法において認められる大会社の組織として，このほかに監査等
　　委員の設置が求められる「監査等委員会設置会社」と，指名委員会・報酬
　　委員会・監査委員会の三委員会の設置が求められる「指名委員会等設置会
　　社」がある。これらの会社組織は取締役会設置会社という点で共通するが，
　　会社形態は異なる。

（2）金融商品取引法と会計

　これまでの説明は，会社（法人）と出資者つまり個人と個人との直接的な
関係における計算書の役割について述べたものである。これに対し，資本主
義が発展してくると，株主権（**株式**）^(注)は市場で流通するようになる。一方，
会社もこのような市場が形成されると，市場から資本を調達する。これは株
式にとどまらない。債権者の権利を表す㋕**社債券**も市場で流通する。このよ
うな市場を「証券市場」というが，証券市場では，流通する株式や社債つま
り㋙**証券**が信頼のおけるものかどうか（証券の発行会社の収益性や安全性）に
ついて，「株券や社債券を保有し続けようとしている人」「売却しようとして
いる人」「購入しようとしている人」（これらを㋔**投資家**という）に知らせなけ
ればならない。この関係を規定している法律が「金融商品取引法」である。

^(注) 会社は（株券を持っている人ではなく）㋤**株主名簿**に登録した人を株主と
　　みる。なお，株券そのものは廃止の趨勢にある。

　企業が証券市場に提出する計算書について適正に企業の状態を反映しているかどうかを投資家が直接に確かめることは不可能である。そこで，金融商品取引法はこの役割を「公認会計士（certified public accountant：CPA）」（監査法人）に任せている（第193条の2）。

　この状況を図示すると，次のようになる。

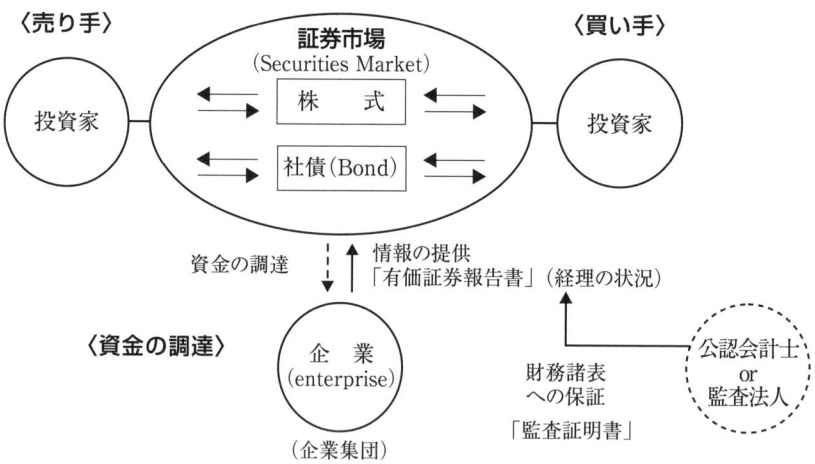

　企業が「証券市場」むけに公表する報告は，会計にかかわるものにとどまらなくさまざまなものに及んでいる。この報告書全体を㋠**有価証券報告書**（金融庁 EDINET でみられる）というが（第24条），このうち会計（経理の状況）にかかわる計算書の作成法等については，内閣総理大臣が内閣府令で決めることになっている（第193条）。この府令すなわち㋡「**財務諸表等規則**」（財務諸表等の用語，様式及び作成方法に関する規則）（第1条）によれば，

計算書は　　　　㋢
「（個別財務諸表）」

1．貸借対照表
2．損益計算書
3．株主資本等変動計算書
4．キャッシュ・フロー計算書（第Ⅵ章をみよ）
5．附属明細表（重要な項目の表形式による説明）

である。

　これらの計算書はまとめて，**財務書類**あるいは㊂**財務諸表**（financial statements，F/S と略される）とも呼ばれる。しばしば「会計学」ではなく「財務諸表論」という名称の教科書がみられるが，これは金融商品取引法の計算書を意識して書かれた本であるといえる。

　現在では，企業集団を対象とする会計情報（**連結会計情報**）が主となっている（第Ⅱ部第Ⅸ章で学ぶ）が，連結会計情報は，個別会社の会計情報を元にしている（**個別財務諸表準拠性の原則**）ので，先ずは個別の財務諸表を学ばねばならない。

（3）その他，会計と社会のかかわり合い

　企業が巨大化し，社会的影響が大きくなると，企業の会計情報の必要性は，資本を提供した人あるいは証券市場との関係にとどまらない。給与等により利益の分配に参加しようとする労働組合ないし従業員はもちろん公害[注]に対する企業の姿勢を見ようとする住民団体なども企業の情報を要求する。前掲の計算書とくに有価証券報告書は，これらのためにも利用される。また，政府等も経済政策の評価や決定のための各種統計の資料として，会計情報を利用する。

　[注]　環境会計に興味のある人は，新田編著『大学院学生と学部卒業論テーマ設定のための財務会計論・簿記入門』第2版，白桃書房，2004年，第15章（宮崎担当）をみよ。

（4）会計学と会計の規準

　前では，計算書が要求される社会のシステム，および，それぞれの場合に要求される計算書の種類について述べた。

　そこで，具体的に計算書の作成の仕方について述べると，1）の計算書を作成するときには「会社法」に従わねばならない。したがって，会社法および，これに付属する規則（省令）の条文を勉強しなければならない。しかし，法はすべての事象を規定することはできない。つまり，計算書の作り方すべ

てを規定していない。そこで示されているのは最低限守るべきことである。これ以外の部分は「社会的ルール」つまり②公正な**会計慣行**にまかせている（第614条）。この会計慣行の基準となるものが**企業会計原則**および会計基準設定団体から出された各種の「原則」および「基準」であるとされる。

　一方，金融商品取引法は会計規定を持っておらず，それを「財務諸表等規則」に委ねている。規則はもっぱら表示の仕方を規定し，計算の仕方（会計数値の決定の仕方）を規定していない。⑪その規準を**企業会計原則**ならびに会計基準設定団体から出された各種の「原則」「基準」に求めている（第1条）。

　このようにみてくると，⑫会計学を学ぶ場合，第一の（会社法，金融商品取引法共通の）指針を「企業会計原則」ならびに会計基準設定団体(注)から出された各種の「原則」「基準」に求めることとなる。

(注)　かつては，大蔵省（現財務省金融庁）のもとにあった企業会計審議会が各種の原則，基準を設定していたが，現在はアメリカの影響を受け，民間組織である財団法人財務会計基準機構（FASF, Financial Accounting Standards Foundation）の中にある「企業会計基準委員会」（ASBJ, Accounting Standards Board of Japan）が基準を設定することになった。また，原則，基準についても国際化のかけ声のもと，その時々の必要に応じて多くのものが作られ，会計理論として一貫した理論があるのかどうか疑わしくなっているのが実情である。ただ，本書の扱う会計の基本的な領域は大きな影響を受けていない。なお，これらの会計基準は「会計法規集」等として出版されている。

　以上，よるべき規準を示したので，いよいよ会計学の中身に入っていく。

3．会計を始めるための前提および会計手続の概観

ここで学習すること

① 会計を始める前提（**公準**）として「企業実体の公準」「貨幣的評価の公準」「会計期間の公準」がある。

② 株式会社で株主が出資した金額を**資本金**という。これを次の複式の形で記入し，これが複式簿記の出発点となる。

　　（現　金）(資産の増加) ×××　（資本金）[会計責任の発生](純資産の増加) ×××

　　ただし，2分の1を超えない額を資本金とせず**資本準備金**とすることができる。

③ 貸借対照表は**資産の部，負債の部，純資産の部**に分類され，資産の部と負債の部は**営業循環基準**と**一年基準**により「流動」と「固定」に分けられる。特別な資産として繰延資産がある。純資産の部のうち株主資本の表示や金額決定は会社法の規定による。

④ 貸借対照表は「財政(財務)状態」を示すといわれるが，その内容は，資産負債の表示，純資産の計算さらには総資産額の計算，短期の支払能力（流動性）や長期の支払能力（安全性）の表示というように総合的なものである。

⑤ 複式簿記から見た会計の仕組みは収支を基とし，これに損益計算の原理を作用させ，損益計算書と貸借対照表を誘導する過程とみることができる。ここでは，貸借対照表には，収益費用収入支出の間で期間的にズレる項目つまり未解決項目が資産負債資本(純資産)として計上されると解釈できる。

　　会計はこの構造を更に展開し，資産には「将来の経済的便益をもたらす資源」，負債には「経済的便益の流出をともなう義務」であることを求めている。

⑥ 複式簿記では，「日誌帳」としての**仕訳帳**と勘定（「計算単位」）ごとの記録をする**元帳**が基本的な帳簿となる。仕訳帳の記録が元帳に‘転記’される。元帳の記録がないと，決算つまり「損益勘定」（会計学では損益計算書）と「残高勘定」（会計学では貸借対照表）を作成することができない。

⑦ 複式簿記では，借方と貸方の合計の一致により記帳の正しさが確認できる。決算では，この確認が必要であり，このために**試算表**が作成される。

⑧ 決算において，会計学の立場で元帳の修正が行われるが，修正事項をまとめた表を簿記では**棚卸表**という。この表により**決算整理**（損益勘定と残高勘定を作成するための準備記録）が行われる。

⑨ **複式簿記の一巡**は「開始記入」→「再振替」→「日常取引の記入」→「試算表作成による記録の正しさの確認」→「決算記入」となり，「決算記入」は「決算整理記入」→「損益勘定の作成」→「損益の繰越利益剰余金への振替」→「残高勘定の作成」となる。残高勘定は決算記入の正しさを確認する機能も持つ。

（注）決算のやり方には，<u>英米法，大陸法</u>の二つの方法がある。

⑩　複式簿記の実践では，「決算記入」の過程をまとめた**精算表**が作成される。
⑪　利益の処分のみならず資本の変動は「株主資本等変動計算書」で報告される

（1）　会計公準 （㋐～㋒を覚えること）

　前節では，企業会計がおかれている状況について述べた。それでは，企業の会計学はどのような「前提」により成立するのであろうか。この前提を**会計公準**といい，三つあげられる。

1）　企業実体の公準

　会計は，お金の委託者（投資家）と受託者（企業）との間の会計責任をもとに成立すると述べたが，企業会計では，この責任の範囲を決める原則を㋐**企業実体**の公準という。これにより会計が行われる範囲つまり「会計単位」が決められる。資本提供者への計算書を対象とする財務会計では，企業実体といえば，法的形態としての企業が計算の単位となる。この公準に従い，会計計算書には必ず会計単位名（会社名など）が表示されなければならない。

　最近の企業間のさまざまな資本的結合の展開はこの公準を「連結集団」に拡張している。これを扱うのが「連結財務諸表」（第Ⅱ部第Ⅸ章）である。

2）　貨幣的評価の公準

　これまで，お金の委託・受託のもとに会計が成立すると述べてきたが，㋑**貨幣的評価**の公準は「企業が記録する対象は"貨幣"で評価・記録できるものに限る。」とするものである。これにより，共通の尺度がえられ，加算減算が可能となり，加減算した数値にも意味を見出される。

　この公準はさらに「貨幣価値は不変である」という実質的な意味を持つ公準（計算原則）であると解釈されることもある。そして，もし，貨幣価値一定の前提が破壊されるほどインフレーションが進んだ場合には，これに対処する会計すなわちインフレーション会計が導入される(注)。

(注) これについては，新田編著『大学院学生と学部卒業論文テーマ設定のための財務会計論・簿記論入門』第2版，白桃書房，2004年，第11章（壹岐担当）をみよ。

3）　会計期間の公準

企業活動は継続しており，計算書を作成するとき，期間を人為的に区切って計算せざるをえない。このように「会計計算が人為的に区切られた期間をもとに行われる。」ことを㋑会計期間の公準という。この公準に従い，会計計算書には，それが関わる期間（P/Lでは期間，B/Sでは時点）が明示される。

（2）　企業会計の計算：収支計算と貸借対照表（㋐～㋜を覚えること）

会計の必要性が"お金"の委託・受託関係の存在しているところにあることは，第Ⅰ章2.（1）で述べた通りである。したがって，会計計算は第一義的(注)に"収支"計算の形をとる。以下では，この計算が企業会計で，どのような形をとって現れるかをみていく。

(注) 会計に対する外部からの情報要求が高まってくると，収支を超えた情報要求が求められることもある（37ページをみよ）。

1）株主からの資本の調達―企業活動の出発点における貸借対照表の作成―

株式会社の会計は株主から資金つまり「財産ないし給付」（これらを一般に資本という）の委託を受けたところから始まる。この名称および委託額は，会社法により決められ，株主が払込みまたは給付をした金「額」を㋐資本金（capital stock）と表示する（第445条）。ただし，この金額の2分の1を超えない額を「資本金」とせず㋑資本準備金とすることもできる(注)（第445条2．3）。

(注) 資本金を減少させるとき，債権者が異議を申立てることができる。これに対し，資本準備金とすれば，この減少は，異議申立てを制限できる（第449条）。つまり，資本準備金とすることにより，会社は一定の範囲で株主の払込額の扱いを自由にできる利点がある。

会社が株主から資金を集め，株式の発行価額が1株当たり60,000円であり，200株発行した場合には，㋒資本金は，12,000,000円（¥60,000×200株）から6,000,000円（12,000,000×½）の間の金額になる。払込みはすべて現金で行われたとすると，㋓資本金を最大額とした貸借対照表と㋔最小額とした貸借対照表は次のようになり，ここから会計が始まる。

〈 資本金の額を最大額にした貸借対照表 〉

A商事株式会社　　　　　　　　　　　貸借対照表　　　　　　　　　　×1年2月1日

(借方)　　　　　　　　　　　　　　　　　　　　　　　　　　　　　(貸方)

現　　　金	12,000,000	資　本　金	12,000,000

〈 資本金の額を最小額にした貸借対照表 〉

A商事株式会社　　　　　　　　　　　貸借対照表　　　　　　　　　　×1年2月1日

(借方)　　　　　　　　　　　　　　　　　　　　　　　　　　　　　(貸方)

現　　　金	12,000,000	資　本　金	6,000,000
		資本準備金	6,000,000
	12,000,000		12,000,000

　資本金を最小とした貸借対照表は，企業が現金の形の支払手段を12,000,000円保有しているが，源泉は株主からの拠出であり，拠出額が会社法の規定により「資本金」(法定資本額) 6,000,000 円と「資本準備金」(資本拘束額) 6,000,000円に分けたことを示している。この仕訳は次のようになる。

　　2月1日 （借）現　　　金　12,000,000　（貸）資　本　金　6,000,000

　　　　　　　　　　　　　　　　　　　　　　　　資本準備金　6,000,000

　なお，会社法では払込まれる金額についての指示がなく，1円でも株式会社は設立できる(注)。

　　(注) ただし，会社の設立・開業にあたっては，そのための資金（第Ⅴ章 1. (1)の創立費等）が必要であり，その資金を借入れ等により手当てしなければならない。つまり，資金 1 円では実際には，会社はできない。
　　　　なお，会社設立後の資本調達(増資)は第Ⅴ章 1. (2)で扱う。

2）会計上の現金

　ここで，「現金」について説明する。企業にとって㋐現金とは，お金のように手渡すことにより"支払手段"として役立つものすべてをいい，紙幣や

コインだけでなく㋭ 他人振出当座小切手，送金小切手，郵便振替小切手，送金為替手形，預金小切手，郵便為替証書，郵便振替貯金払出書，期限到来公社債利札，株式配当金領収書 などが含まれる。このように会計学の項目（簿記の勘定）名は（15ページで説明したように）形ではなく，企業にとっての役立ちすなわち"機能"を示している（**機能的分類**）。

３）開始貸借対照表

このような現金の理解をもとに前の二つの貸借対照表の見方を進めると，現金を，現段階では，支払手段としての現金の形のままに留めていることを示している。つまり，貸借対照表の貸方には，株主からの拠出額（会計責任）が示され，借方には，得た拠出が現金の形になっていることを示している。

次の資本準備金を 2,000,000 円とした貸借対照表を，これからの営業活動の出発点とする。このように，企業会計を始めるにあたっては，最初の状態を確定する貸借対照表が作成される。これを㋺**開始貸借対照表**という。

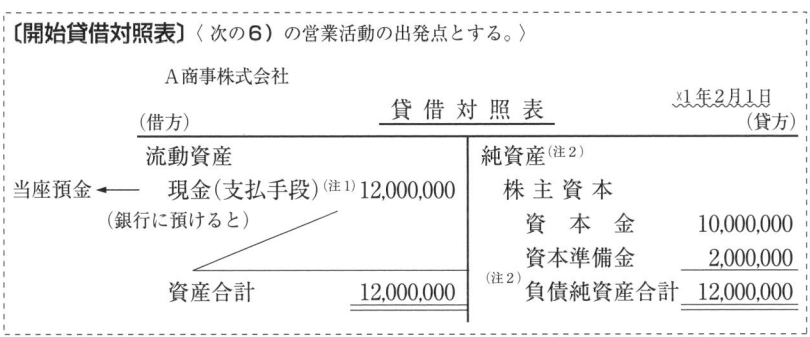

（注1）仕訳で示すと，次のように考える。

このように，会計上の「現金」は「紙幣・貨幣としての具体的な現金」ではない。さらに例えば，同じ現金でも，契約により社債の返済のために保有している現金は「減債基金現金」とされ，区別される。つまり通常の支払手段として使用できない。このように機能により扱いが異なる。

^(注2) 純資産という用語は資産から負債を引いた概念（**資産－負債＝純資産**—第Ⅶ章参照）なので，負債がないのはおかしい。現実には，会社設立に際して，お金が要るはずであるから，次のようになるであろう。なお，ここでは，現金は事業に必要な資産を取得するために必要なものとして手をつけず留保していると考えている。

〔開始貸借対照表〕（現実形）

貸借対照表

（借方）			（貸方）	
流動資産			流動負債	
現金（事業資金）	12,000,000		借　入　金	300,000
繰延資産			純資産	
創　立　費*	300,000		株主資本	
			資　本　金	10,000,000
			資本準備金	2,000,000
資産合計	12,300,000		負債純資産合計	12,300,000

＊創立費は会社設立にあたって必要な支出額である（第Ⅴ章1.(1)）。

　貸借対照表はその時点の状態を表すので，必ず<u>一定時点</u>（この例では，X1年2月1日）つまり<u>日付</u>を記すことになっている。ただし，<u>これ以降，会計単位</u>（この例では，A商事株式会社）と同様，<u>日付の表示も省いていく</u>。

〈 複式記入の考え方の違い 〉

　ここでは，開始貸借対照表が複式記録の出発点になっている。貸借対照表は株主から与えられた会計責任（資本金と資本準備金）と，投資された資産（現金）とを対応させている。この複式記入から始めるところに，前の現金から出発する会計（繰越高(会計責任の決定)が現金に従属する）との違いがある。つまり，前のサークルの会計では「現金出納帳」が主体で，「日記(誌)帳」と「元帳」の二つの役割を担っていた。これに対し，開始貸借対照表では，現金は資本金，資本準備金と同列（資本金，資本準備金と同等）になり，元帳の一つになる。したがって，（後述（54ページ以降）の）複式記入する「日記帳（仕訳帳）」が別に必要となる。このように複式記入でも，前の会計とここでの企業の会計とは構造が異なる。

4）貸借対照表の示す状態—流動・固定の区分と純資産の計算—

　貸借対照表が示す状態の面についてさらにみてみよう。

　通常，企業は現金を安全のために手許に保有せず，銀行などに預ける。当座預金，普通預金などがこれである。これらの預金も，必要があれば引き出して支払いにあてることができるので，支払手段である。現金を当座預金として預けたときには，次の仕訳をする。

〈当座預金の増加〉　　　　　　　　　　　　〈現金の減少〉
2月1日　（借）当 座 預 金　12,000,000　（貸）現　　　金　12,000,000

〈 参考 〉　当座預金は，利息はつかないが，「小切手」を振出し，銀行を通して決済することにより，決済取引の安全（および取引証拠の確保）のために利用される預金である。仕組みと小切手を図示する。

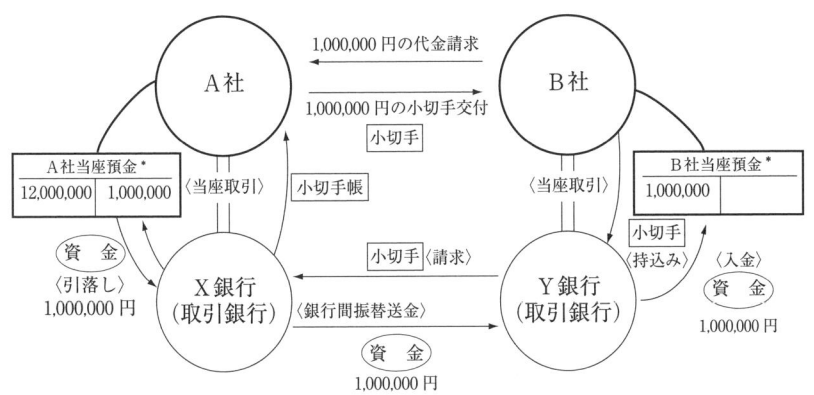

＊　A社の「当座預金勘定」の減少の記録は小切手の発行（作成）時に，B社の「当座預金勘定」の増加は銀行（Y銀行）への小切手の持込み（預入れ）時に行われる。
　　なお，B社が小切手を受取ったとき，B社は，その小切手（他人振出当座小切手）を支払手段として使用し，第三者に手渡すこともできるので，受取り保管している段階（他人振出当座小切手という。）では「現金勘定」の増加とされる（前の2)）をみよ）。

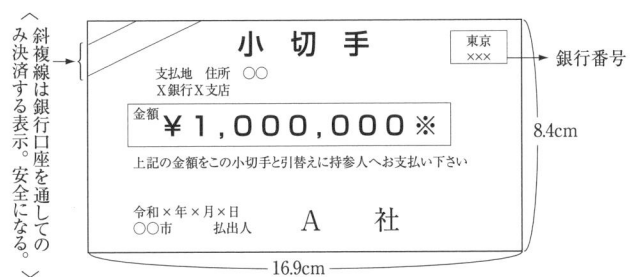

いま，利息を得ようと支払手段を長期の定期預金とした場合はどうであろ

うか。この定期預金を途中で解約することは考えない。つまり，支払手段と
しては使わない。そこで，このような企業の意図を明確にするため，貸借対
照表においてこの種の預金を支払手段として使用する「預金」と区別して表
示する。このように，各項目は企業にとっての機能（役立ち）を考えて表示
する。つまり前（15 ページ）に述べた「機能的分類」が行われる。

　この場合，企業の意図を明確に示すために，一定のルールが定められてい
る。これが資産と負債に適用される**流動固定の区分**と⑦**流動性配列法**である。

　流動と固定の区分については，営業活動にかかわっている資産と負債に適
用される㋒**営業循環基準**と，それ以外の（営業にかかわらない）資産負債に適
用される㋓**1年基準**とによって，それぞれ流動と固定に分けられる。

　「営業循環基準」は，営業活動にかかわる資産負債のうち，営業過程で循環
しているものを流動とし，それ以外のものを固定とする区分法である。商業
では，商品の仕入れから販売に至る循環の中で生じる資産負債を，流動とす
る。具体的には後（第Ⅲ章2.(1) 1)，3.(1)）に学習するが，「買掛金・支払
手形→商品→売掛金・受取手形→現金」の過程の中の資産負債を流動とする。
一方，店舗やショーケースなどの資産はこの循環過程の中にないので，固定
とされる。製造業の場合には，「買掛金・支払手形→原材料→仕掛品(注)→製品
→売掛金・受取手形→現金」の循環の中のものが流動とされ，工場・機械設
備，特許権などは固定とされる。

　「1年基準」は，資産のうち，貸借対照表日（貸借対照表を作成した日——一
般には決算日——）の翌日から起算して1年以内に現金預金（支払手段）となる
資産を流動，負債も，貸借対照表日翌日から起算して1年以内に消滅するも
の（つまりは，支払手段の出となるもの）を流動とし，これら以外の資産負債
を固定とする基準である。この基準の適用の結果，この基準による流動資産
負債は次期の貸借対照表作成時には消滅する(注)。

(注) 例えば，ウィスキー醸造業では，モルトを何年も熟成しなければならないが，
　　それでも流動資産である。つまり，この資産は何年も流動資産として存在する。

　さらに，流動の区分の中では，資産は現金になる速度が速い順序，負債は

現金の出となる順序が早い順に並べられる。これが「流動性配列法」である。

　表示において，営業循環基準と1年基準では営業循環基準が優先する。これについては第Ⅲ章の最後(6.)に示した貸借対照表をみて欲しい。

　ここで，流動性配列法で表示された貸借対照表情報の意義をみるために，前(3))の **[開始貸借対照表]** を動かしてみよう。

　まず，当座預金のうち1,000,000円を，利息の獲得または将来への備えのために，定期預金にしたとすると，次の記録が行われ，定期預金は1年基準により，固定資産とされる。

　（借）定 期 預 金　　　　1,000,000　（貸）当 座 預 金　　　　1,000,000

　また，不動産販売業の会社が，8,000,000円の小切手を振出し，販売用に土地を仕入れた場合，次の記録が行われ，この土地は流動資産とされる。土地（商品）が流動資産とされるのは，営業循環基準による[注]。

　（借）商品（仕入）[注]　　8,000,000　（貸）当 座 預 金　　　　8,000,000

　[注] 商品購入の簿記記録は，わが国では，のちの(4)1)，第Ⅲ章2.(1)で学ぶように商品勘定ではなく，**仕入勘定**（費用の勘定）を使うのが普通である。また，仕入れた商品は1年以内に売れるとは限らない（46ページ（注）参照）。しかし，仕入れから販売までの営業循環の中にあるので，流動資産とされる（営業循環基準）。また，この会社が土地を事務所などを建て営業のために使用する場合には，商品ではなく，土地とされ，固定資産とされる（機能的分類）。

　さらに流動性配列法で表示された貸借対照表の意義をみるために，銀行から6ヶ月後に返済しなければならない資金9,000,000円を借入れ，これを値上がりを予想し投機的利益を得ようとして，土地の購入にあてたとする。

　（借）当 座 預 金　　　　9,000,000　（貸）短 期 借 入 金　　　9,000,000
　（借）投 資 不 動 産　　　9,000,000　（貸）当 座 預 金　　　　9,000,000

　このような土地の取得は本業とは関係がない。既述のように，会計上の資産・負債の分類は企業活動に対する"機能"によっており，このような本業と関係のない土地は②「投資不動産」と表示される（本業のための土地は「土地」と表示され，上述のように不動産業であれば，販売用の土地は商品（ただし，慣行では「販売用不動産」と表示される）となる）。投資不動産も長期の定期預金も，

固定資産の部の中の「投資その他の資産」の区分に入れられる。これまでの一連の取引の記録より作成される貸借対照表は，次のようになる。

貸 借 対 照 表

(借方)			(貸方)
資産の部		**負債の部**	
流 動 資 産		流 動 負 債	
現金及び預金(注)	3,000,000	借 入 金	9,000,000
商　　品	8,000,000	**純資産の部**	
固 定 資 産		**株 主 資 本**	
(投資その他の資産)			
定 期 預 金	1,000,000	資 本 金	10,000,000
投 資 不 動 産	9,000,000	資本準備金	2,000,000
	21,000,000		21,000,000

〈プラス〉　〈マイナス〉　〈差額〉

(注) 実際の貸借対照表では，支払手段として使用される，現金や当座預金，普通預金などはまとめて「現金及び預金」と表示される。

　この貸借対照表は，流動固定の区分により，このままでは<u>支払いに困ること</u>を示す。つまり，もうすぐ銀行から短期借入金(額) 9,000,000 円の返済を迫られるが，それにあてることのできる支払手段は 3,000,000 円しかない。ただし，運用資本の一部は定期預金の形をとっているので，預金を中途解約し返済にあてることもできるが，それでもなお，資金は 4,000,000 円しかなく，5,000,000 円分の支払いに困ることは明らかである(注)。

(注) 銀行が借替えに応じなければ，資金の手当てとして，まず投資不動産（土地）を投げ売りする。投資不動産の金額は購入（支出）したときの値であるから，9,000,000 円で売れるとは限らない。もし，時価が下がっており，4,500,000 円でしか売れなかったときは，さらに商品を低い価格で投げ売りせざるをえない。これは本業にダメージとなる。

　このように貸借対照表を作成しておけば，銀行借入金を全額，<u>投機にあてることはさけた</u>はずである。貸借対照表により，<u>企業の支払状態を判定する</u>ことができる。つまり，貸借対照表では，（単に簿記の勘定が収容されるのではなく）<u>意図を持った表示が行われる</u>(注)。

(注) ここに，のちに示す簿記の「残高勘定」との一つの違いがある。

　さらに，貸借対照表は「資産－負債（マイナス資産）」という形で③**純資産**を計算しているといわれる。これが「資産負債アプローチ」といわれる昨今の貸借対照表の見方である（第Ⅶ章３.）。ここでは，ⓔ純資産の値は株主価値（持分）を表すとみる（第Ⅷ章４.）。純資産のうち株主資本の表示法は「会社法」に従う（本章（２）１），（５）および第Ⅴ章）。

５）利益獲得活動への資本投資

　| 話を元に戻す。 | 前（43ページ）の会社（株式を発行し，事業資金 12,000,000 円を得，それを当座預金としている会社）が商業をすることになった。商売を行うにあたり，店舗の賃借契約を結んだが，その際，敷金 4,000,000 円の差し入れを求められ，それを，小切手を振出し支払ったとすると，次の記録により，下の貸借対照表が得られる。なお，敷金は契約を解除した時，原則全額返還される。

　５月７日　（借）差入敷金　4,000,000　　（貸）当座預金　4,000,000

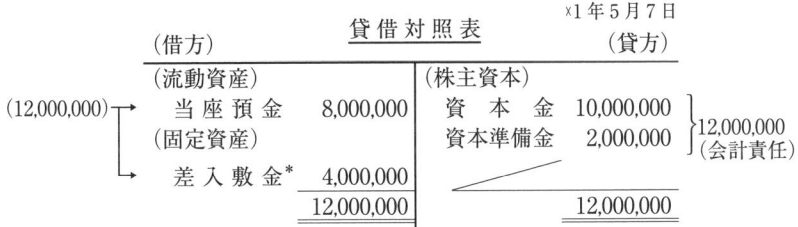

　＊ 会計上の表示では，受入れた敷金（受入敷金＝負債）と区別するため，「差入敷金」（資産）とする。

　この貸借対照表は，会社が株主から 12,000,000 円の出資"収入"を得，これを支払手段としての当座預金 8,000,000 円と店舗の賃借のための敷金 4,000,000 円に運用（"支出"）していることを示している。これを会計責任の見地からいうと，株主から⑦12,000,000 円の会計責任が与えられ，これを当座預金と差入敷金にしていることを示している。

６）簿記・会計の基本構造

　例を続ける。この企業が単価 45,000 円(@¥45,000)の商品 100 個を仕入れて，

商売を始めた。なお，代金は小切手を振出し支払う。

〈支出〉(原因)
6月1日　(借)　仕　　　　入　4,500,000　(貸)　当 座 預 金　4,500,000

上の商品すべて(100 個)を単価 50,000 円(@ ¥50,000)で販売した。代金
5,000,000 円は直ちに当座預金に振り込まれた。

〈収入〉(原因)
8月8日　(借)　当 座 預 金　5,000,000　(貸)　売　　　　上　5,000,000

さらに，収益を獲得するための費用として，給料 300,000 円，店舗の賃借料
50,000 円を当座預金より振込みにより支払ったとする。当座預金（支払手段）
の増加は左側に記録されるので，減少はその反対側（右側）に記録され，原
因は給料と支払家賃であると記帳（仕訳）する。

〈支　　出〉　　　　　　　　　〈減　　少〉
10 月 20 日　(借)　給　　　料　300,000　(貸)　当 座 預 金　300,000
〈支　　出〉　　　　　　　　　〈減　　少〉
11 月 23 日　(借)　支 払 家 賃　50,000　(貸)　当 座 預 金　50,000

　これまでの記録をまとめると，次の計算書が得られる。この計算書は，複
式記入を行ってきたので，借方側の合計額と貸方側の合計額が必ず一致する。
つまり，⑨'貸借一致'によってこれまでの記入の正しさが検証される。この
検証機能を持つ計算書を⑰試算表（ trial balance, T/B と略す）という(注)。

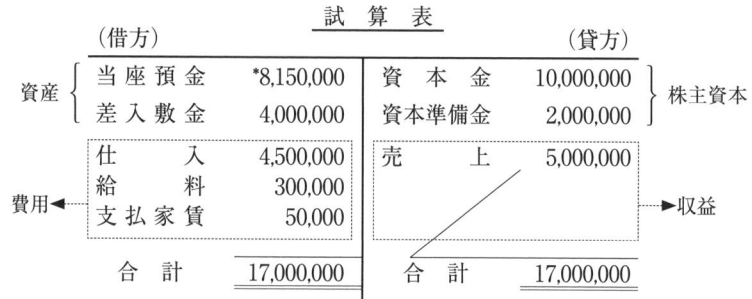

試　算　表

	(借方)			(貸方)	
資産	当 座 預 金	*8,150,000	資 本 金	10,000,000	株主資本
	差 入 敷 金	4,000,000	資本準備金	2,000,000	
費用	仕　　　入	4,500,000	売　　　上	5,000,000	収益
	給　　　料	300,000			
	支 払 家 賃	50,000			
	合　　計	17,000,000	合　　計	17,000,000	

＊ 当座預金：12,000,000 − 4,000,000 − 4,500,000 + 5,000,000 − 300,000 − 50,000 ＝ 8,150,000

(注) なお，各項目の動きについては，56−57 ページの元帳をみよ。この中の当座預金勘定の表示
で分かるように，残高(差額のみ)を示す試算表をとくに残高試算表という。

　この試算表から経営成績をみると，当期に企業が努力をしてえた対価（収入）すなわち㋪収益（revenue）が売上（売上高）5,000,000円であり，これに対し，収益を得るための犠牲（支出）すなわち㋦費用（expense）が仕入（売上原価）4,500,000円，給料300,000円と家賃50,000円であるから，これらを対比する計算書を作成すれば，当期の経営成績を示す「損益計算書」が得られ，収益と費用の差として㋬当期純利益（net income）150,000円が計算される。

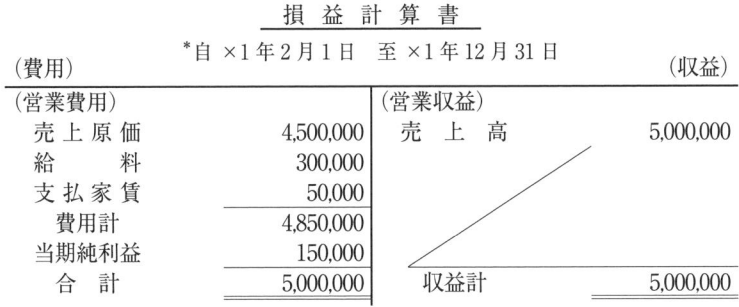

損 益 計 算 書

*自 ×1年2月1日　至 ×1年12月31日

（費用）		（収益）	
（営業費用）		（営業収益）	
売 上 原 価	4,500,000	売 上 高	5,000,000
給　　　料	300,000		
支 払 家 賃	50,000		
費用計	4,850,000		
当期純利益	150,000		
合　計	5,000,000	収益計	5,000,000

　＊　損益計算書は「期間」の経営成績を表示するので，期間が示される。

仕入は損益計算書では，売上原価，売上は売上高と表示される。このように簿記の表示と会計の表示は異なることがある。

　一方，試算表のうち残った部分は次のようになる。

x 計 算 書

（借方）		（貸方）	
当 座 預 金	8,150,000	資 本 金	10,000,000
差 入 敷 金	4,000,000	資本準備金	2,000,000
		（　？　）	150,000
	12,150,000	◀──〈貸借一致〉──▶	12,150,000

　この*x*計算書では，差額の150,000円の出所が不明であるが，これは，上の損益計算書をみれば明らかである。すなわち，収益5,000,000円と費用4,850,000円の差，企業が営業努力により獲得したもの（当期純利益150,000円）である。これを貸借対照表では㋧繰越利益剰余金と表す。この関係を図にすると，次のようになる。

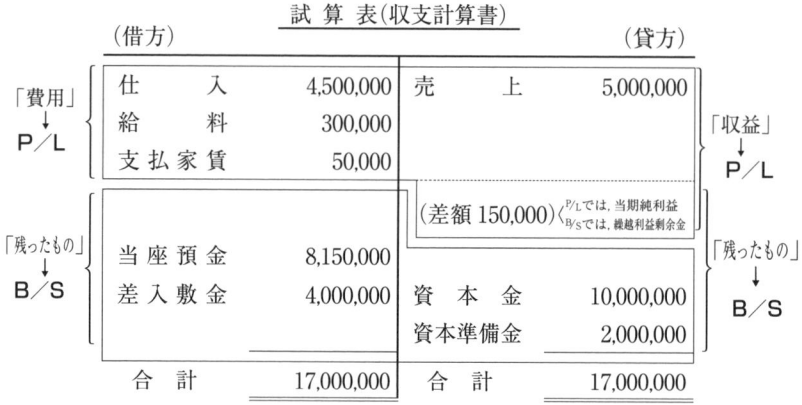

試　算　表(収支計算書)

（借方）　　　　　　　　　　　　　　　　　　（貸方）

「費用」
↓
P/L
{ 仕　　入　　4,500,000　売　　　上　　5,000,000
給　　料　　　300,000
支　払　家　賃　　50,000 }

「収益」
↓
P/L

（差額 150,000）< P/Lでは, 当期純利益
　　　　　　　　　B/Sでは, 繰越利益剰余金

「残ったもの」
↓
B/S
{ 当　座　預　金　8,150,000
差　入　敷　金　4,000,000　資　本　金　10,000,000
　　　　　　　　　　　　資本準備金　 2,000,000 }

「残ったもの」
↓
B/S

合　計　17,000,000　合　計　17,000,000

前の「*x*計算書」が貸借対照表である。

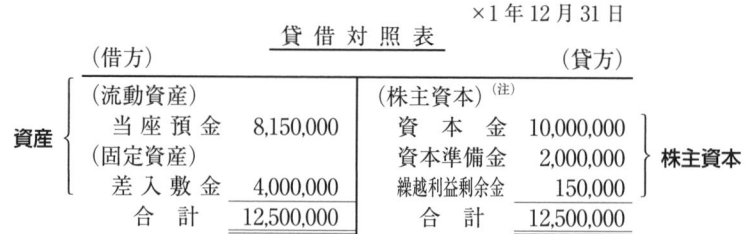

×1年12月31日

貸　借　対　照　表

（借方）　　　　　　　　　　　　　　　　　　（貸方）

資産
{ （流動資産）
当　座　預　金　8,150,000
（固定資産）
差　入　敷　金　4,000,000
合　計　12,500,000 }

（株主資本）(注)
資　本　金　10,000,000
資本準備金　 2,000,000
繰越利益剰余金　　150,000
合　計　12,500,000

}株主資本

(注) 企業の創造した資本（利益）を，株主の払込んだ**払込資本**（資本金と資本準備金）に対し**留保利益**（ここでは，繰越利益剰余金。その他は，81 ページをみよ。）ともいう。株主資本は，払込資本と留保利益からなる。

これまでの過程を簿記(複式簿記)では，㊁**精算表**（6 桁精算表→8 桁精算表（97 ページ））といわれる次の表で表す。

(6桁) 精 算 表

項　　　目	残高試算表 借方（支出）	残高試算表 貸方（収入）	損益計算書 借方（費用）	損益計算書 貸方（収益）	貸借対照表 借方（資産）	貸借対照表 貸方（負債・純資産）
当 座 預 金	8,150,000				8,150,000	
差 入 敷 金	4,000,000				4,000,000	
資 本 金		10,000,000				10,000,000
資本準備金		2,000,000				2,000,000
売 　 上		5,000,000		5,000,000		
仕 　 入	4,500,000		4,500,000			
給 　 料	300,000		300,000			
支 払 家 賃	50,000		50,000			
			費用合計	収益合計		→繰越利益剰余金
	17,000,000	17,000,000	4,850,000	5,000,000		150,000
当期純利益			150,000			
			5,000,000	5,000,000	12,150,000	12,150,000

←企業のこれまでの活動　　←　利 益 獲 得 活 動 →　←　期 末 の 状 態 →
　（取引）のまとめ→

(3)　会計学と簿記記録の関係（㋐〜㋡を覚える）

　これまでは，取引の場面場面で，貸借対照表を前提に，借方（左側）貸方（右側）に分けた表示をしてきた。このように，㋐取引を複式に記録する簿記を**複式簿記**という。複式簿記の実践は，次の1）から3）の過程となる。

1）　営業開始時および日々の企業活動の記録と仕訳帳

　次の帳簿は，営業開始の時および，その後の日々の活動の記録を行うとともに，各勘定（資産，負債，純資産，収益，費用）に記載すべき金額も決めている。この複式記録を行う帳簿を㋑**仕訳帳**（仕訳日記帳）という。ここでは，これまで（2）の1），3），4），5）で示した取引を記録している。

〈第 1 期首〉

A商事株式会社

仕 訳 帳

〈1 ページ〉

日付		摘 要	証憑	記帳	元丁	借方	貸方	確認
2	1	（当 座 預 金）			1	12,000,000		
		（資 本 金）			2		10,000,000	
		（資本準備金）			3		2,000,000	
		↓〈小書き〉 会社設立，株式 200 株発行	議事録第 1 号	西				南
5	7	（差 入 敷 金） ↑〈区切線〉	契約書第 201 号		4	4,000,000		
		（当 座 預 金）	小切手番号 0001		1		4,000,000	
		代理店契約		西				南
6	1	（仕 入）	注文票 No.1		5	4,500,000		
		（当 座 預 金）			1		4,500,000	
		東京商事		西				南
8	8	（当 座 預 金）			1	5,000,000		
		（売 上）	売上票 No.1, 2		6		5,000,000	
		大阪商事，福岡商店		西				南
10	20	（給 料）	勤務表 1, 2, 3		7	300,000		
		（当 座 預 金）			1		300,000	
		販売員，本年度分		西				南
11	23	（支 払 家 賃）	領収書 No.09		8	50,000 西 20,000 〈見え消し〉		
		（当 座 預 金） 預り金	小切手番号 0002		1		50,000	
		事務所, 本年度分, 港不動産 ×		西				南
				西		25,850,000	25,850,000	南 } 取引の終了

〈金額欄に単線を引いたとき，区切り線は引かない〉　　↑〈貸借一致〉↑ 〈元帳合計とも一致〉

　仕訳帳は取引を複式に記入をしているので，最終合計の貸借が一致する。これにより，期中記録の計算上の正しさが確認される。貸借の一致が確認されたら，合計を出し複線を引き，（期中の）⊚**取引の終了**を示す（12 ページも参照）。

仕訳帳の記入には，次の「約束」がある。

　一つの取引を記録したら，この記録が終わったことを示すために（他の取引と混同されないように），摘要欄に単線を引く。これを㋑区切線という。また，区切線の上には，取引の簡単な説明を行うことが多い。これを㋐小書きという。「小書き」は名のとおり小さく書く。ついでに述べれば，（訂正を考えて）勘定科目名を書く場合の文字の大きさは，行の3分の2の程度，数字は，2分の1程度とする。

　11月23日の取引で訂正の仕方を示しておいた。文字は「間違った文字」のみ，金額は「全部」を訂正する。さらに，訂正前の文字や金額が分かるように，複線を引き訂正する。これを㋕見え消しという。さらに，訂正者（責任者）が分かるよう「訂正印」をおす。これまで示した帳簿との形式上の違いとして「元丁」欄があるが，この役割は，次の2）で述べる。

〈 帳簿の社会制度および法律上の意義 〉

　帳簿の要件および記入法の約束について，なぜ，こだわるのかに疑問を持たれるかもしれない。そこで，簿記，帳簿の制度上の意義について述べておこう。

　「会社法」は，帳簿を作成すること，そして10年間帳簿を保存することを義務づけている（第432条）。これは，訴訟が生じたとき，証拠として帳簿を裁判所に提出しなければならないためである（第434条）。これは，他人（とくに裁判所）が帳簿をみることを意味している。したがって，企業は，証拠能力のある帳簿を作成しなければならない。記帳の約束もこのためにある（11ページ）。

　なお，帳簿を隠滅したり偽造したり改造した者（記帳欄や確認欄の印をみよ）は，破産したとき，「破産法」により3年以下の懲役刑か3,000,000円以下の罰金に処せられる（第270条）。

2）　勘定（各計算単位）の記録と元帳

　仕訳帳記録の当座預金をみてみよう。当座預金は2月1日から11月23日まで絶え間なく動いている。つまり，この動きを記録する帳簿を別に作成しないと，計算書作成のための情報が分からない。これを記録する帳簿を「元帳」といった。これは，資本金をはじめ当座預金以外の項目すなわち勘定（計算単位）についてもいえる。勘定を作成すると，次ページのようになる。

　勘定の見出し行の右上に〈　〉で示した数字は元帳の記入場所（ページ）を

表している。元帳には，各勘定の記録量を予測して，あらかじめ余白すなわち「勘定口座」(記入場所)が設けられ，これに**口座番号**がふられる。

　例示は，勘定の記録すべてを示すために(後に説明する)決算にかかわる記入と次期の開始のための記入も含んでいる。「決算の記入」と翌期首の「開始記入」は摘要欄の文字と金額を"斜体"で示したが，「期中記録」(前の仕訳帳の記録)とは関係がない。また，入門の簿記でしばしば行われているように，各勘定の相手勘定を摘要欄に記入したが，相手勘定の記載には(丁数をみれば仕訳帳から分かるので)意味がない(〈 **仕訳帳と元帳との関係図** 〉をみよ)。

　仕訳帳の記入をもとに，元帳が作成される。つまり，仕訳帳の記入を元帳に書き移す。これを**転記**という。転記が正しく行われるために，仕訳帳の②**元丁欄**には，転記した元帳の場所(ページ:正式には，勘定口座番号)が，元帳の⑦**仕丁欄**には，転記した仕訳帳の場所(ページ)が書かれ，帳簿の転記関係を明瞭に示し，誤りがないようにするのが，簿記の約束である。このとき，仕丁欄，元丁欄に記入されるそれぞれの帳簿の場所を示す数字を③**丁合番号**という。この関係を次ページの〈 **仕訳帳と元帳の関係図** 〉が例示している。

*次期繰越, 損益, 前期繰越 はのちに記入

(口座番号 001) 当 座 預 金　　　　　〈1ページ〉

	日付		摘　要	仕丁	記帳	確認	借　方	日付		摘　要	仕丁	記帳	確認	貸　方
開始→	2	1	営 業 開 始	1	西	北	12,000,000	5	7	(差入敷金)	1	西	北	4,000,000
	8	8	(売　　上)	〃	西	北	5,000,000	6	1	(仕　　入)	〃	西	北	4,500,000
日常取引								10	20	(給　　料)	〃	西	北	300,000
								11	23	(支払家賃)	〃	西	北	50,000
								12	31	*次 期 繰 越*	2	西	北	*8,150,000* ←決算
					西	北	17,000,000					西	北	17,000,000
開始→	1	1	*前 期 繰 越*[注]	3	西	北	*8,150,000*							

[注] 1月1日の「前期繰越」の記入については，61ページの仕訳帳(開始仕訳)をみよ。

(002) 資 本 金　　　　　〈2ページ〉

12.31. *次 期 繰 越* [2][注]	*10,000,000*	2. 1. 営 業 開 始 [1]	10,000,000
		1. 1. *前 期 繰 越* [3]	*10,000,000*

[注] [2] は，仕訳帳2ページからの転記を示す。

（003）　資 本 準 備 金

〈3ページ〉

12.31. 次 期 繰 越 [2]	2,000,000	2. 1. 営 業 開 始 [1]	2,000,000
		1. 1. 前 期 繰 越 [3]	2,000,000

（004）　差 入 敷 金

〈4ページ〉

5. 7. (当 座 預 金) [1]	4,000,000	12.31 次 期 繰 越 [2]	4,000,000
1. 1. 前 期 繰 越 [3]	4,000,000		

（005）　仕　　　　　入

〈5ページ〉

6. 1. (当 座 預 金) [1]	4,500,000	12.31. 損　　　益 [2]	4,500,000

（006）　売　　　　　上

〈6ページ〉

12.31. 損　　　益 [2]	5,000,000	8. 8. (当 座 預 金) [1]	5,000,000

（007）　給　　　　　料

〈7ページ〉

10.20. (当 座 預 金) [1]	300,000	12.31 損　　　益 [2]	300,000

（008）　支 払 家 賃

〈8ページ〉

11.23. (当 座 預 金) [1]	50,000	12.31 損　　　益 [2]	50,000

┌〈 仕訳帳と元帳の関係図―転記関係― 〉

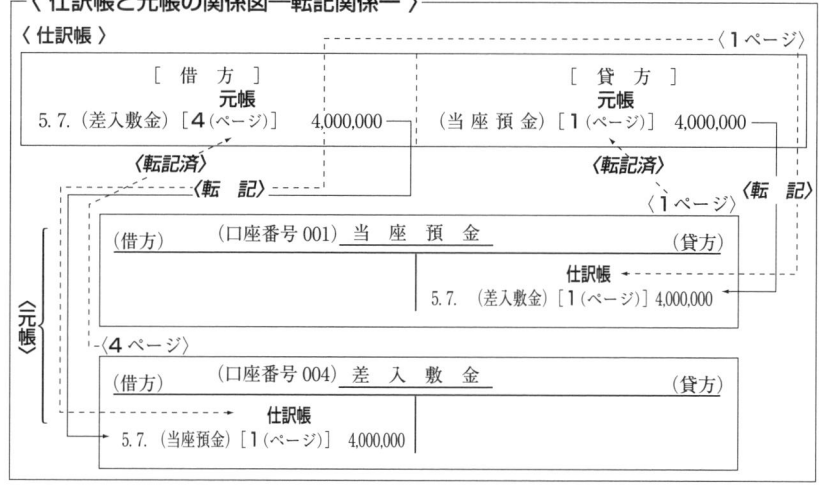

3）　決算の記録の概観

　この勘定記入ののち，収益と費用の勘定を選び出し，損益計算書のもとと
なる⑲損益勘定を作成する。このように一定期間を区切って損益を計算し，
あわせて帳簿すべての記録（この例では，仕訳帳と元帳）の正しさを確認し，
帳簿記入を終わらせる過程を⑳決算という。決算において，貸借対照表に対
応する㉑残高勘定も作成するのが理論的である（「大陸法」）。この一連の手続
きは次のようになる。なお，前に例示した各元帳にはこの転記記入もなされ
ている。決算では，証憑の必要がないので［証憑欄］は省いている。

仕　訳　帳

〈2 ページ〉

日付	摘　　　要	記帳	元丁	借　　方	貸　　方	確認
12 31	本日決算					
	（売　　　上）		6	5,000,000		
	（損　　益）	西	9		5,000,000	北
	（損　　益）		9	4,850,000		
	（仕　　入）		5		4,500,000	
	（給　　料）		7		300,000	
	（支払家賃）	西	8		50,000	北

＜次ページの仕訳帳記入へ続く＞

　上の仕訳帳の記入は，各収益勘定の貸方（超過）額を損益勘定の貸方（収益
側）へ，各費用勘定の借方（超過）額を同じく損益勘定の借方（費用側）へ転
記すべきことを指示している。このようにある勘定から他の勘定へ金額を転
記することを㉒振替という。この振替仕訳により，次ページの損益勘定が作成
される。損益勘定の「当期純利益」または「繰越利益剰余金勘定へ」（いずれ
の表記でもよい）150,000 円の記載は，損益勘定の差額（残高）の繰越利益剰余
金勘定への振替のときに行われる。つまり，次ページに示した仕訳帳の記入
により，損益勘定での当期純利益の計算作業(記入)と繰越利益剰余金勘定(の
貸方)への「振替」が行われる。

損　　　　益　　　　　　　　　　　　〈9ページ〉

日付	摘　要	仕丁	記帳	確認	借　方	日付	摘　要	仕丁	記帳	確認	貸　方
12 31	仕　入	2	㊂	㊗	4,500,000	12 31	売　上	2	㊂	㊗	5,000,000
	給　料	〃	㊂	㊗	300,000						
	支払家賃	〃	㊂	㊗	50,000						
	当期純利益（繰越利益剰余金勘定へ）	〃	㊂	㊗	150,000						
					5,000,000						5,000,000

⋮

＜前ページの仕訳帳記入の続き＞

⋮

（損　　　益）		9	150,000	
（繰越利益剰余金）	㊂	10		150,000 ㊗

＜ 61ページの仕訳帳記入へ続く＞

⋮

　これまでの過程を勘定間の振替を中心に図示すると，次ページの〈 **損益振替** 〉になる。この作業のあと，損益勘定に振替えられなかった勘定（51ページ）をまとめると，残高勘定が作成される。残高勘定は，複式記入を貫徹しているので，貸借が一致し，㋒これまでの一連の決算にかかわる記録が正しいことも示している。これを簿記では「残高（勘定）に残高なし。」という。一方，複式記入をしているから㋓決算手続記帳後の仕訳帳の貸借合計も一致する。こののち，㋔各勘定も締切られる。

　これにより決算の手続きが完了するが，通常は，次の期の記入のための準備，㋕**開始記入**が決算手続きの中で行われる（62ページ）。つまり，各勘定が期中取引を記入してよい状態にされる。前の期から繰越されてきた有高が期首に記入される。手続きとしては，期首の日付で，（繰越高が）仕訳帳に記入され，各勘定に転記される。

　翌期には，仕訳帳とともに元帳も新しくされる。ただし，これまでの仕訳帳と元帳の例では，記録の継続を説明するために，同じ仕訳帳と元帳で繰越

す（同じ仕訳帳と元帳を使い続ける）例によっている。

〈 損益振替 〉

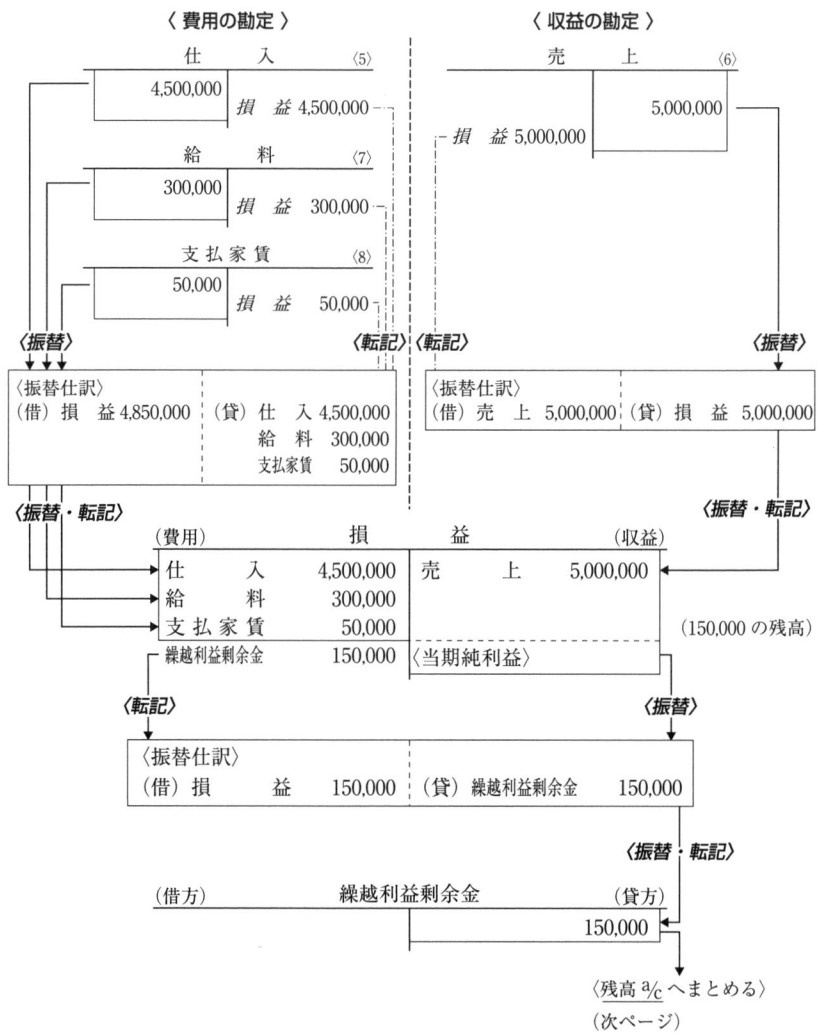

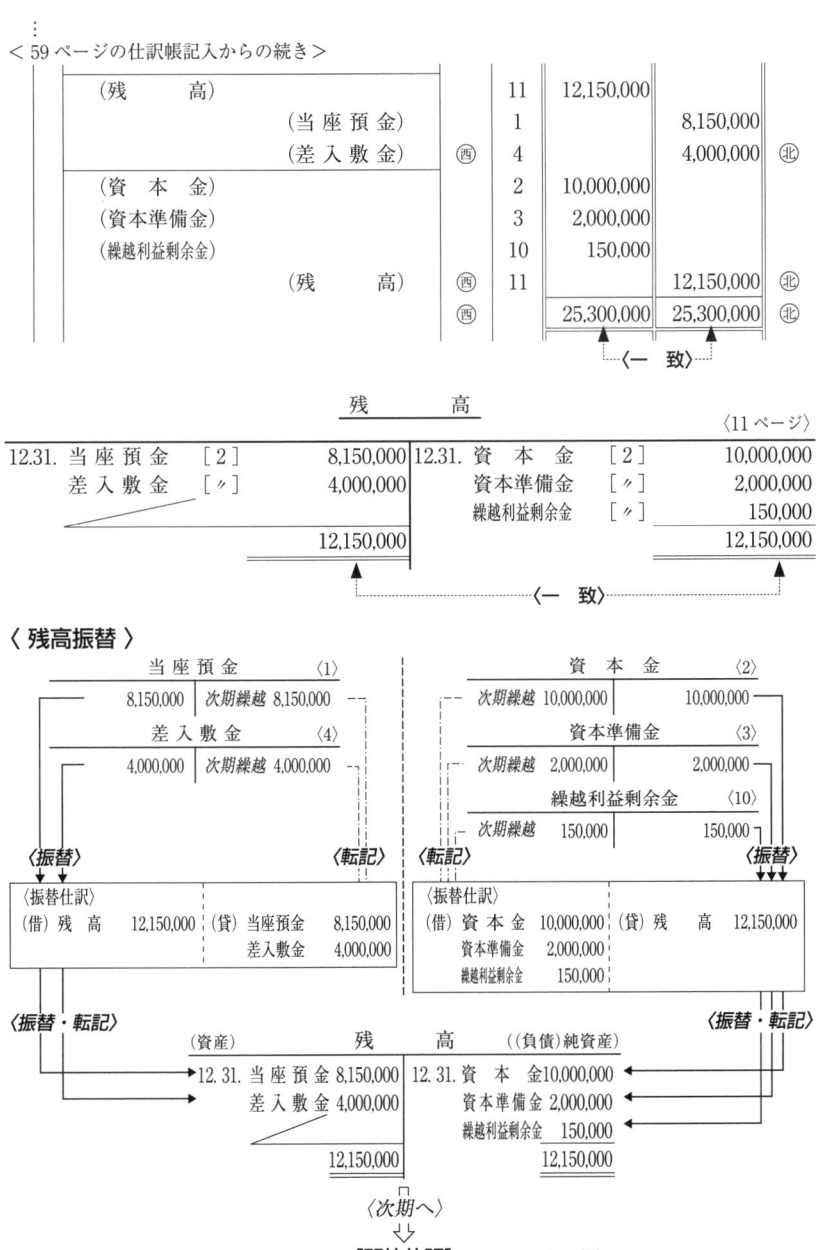

< 59 ページの仕訳帳記入からの続き＞

〈 第2期首 〉

仕　訳　帳

新〈1ページ〉

日付		摘　　要		記帳	元丁	借　方	貸　方	確認
1	1	（当座預金）			1	8,150,000		
		（差入敷金）			4	4,000,000		
			（資　本　金）		2		10,000,000	
			（資本準備金）		3		2,000,000	
			（繰越利益剰余金）		*5		150,000	
		前期繰越		（注）東				（注）南

＊新元帳になり，口座番号を変更した。

（注）当期から会計担当者が，西氏から東氏（記帳係）へ，北氏から南氏（確認者）に代わった。

（4）　会計学の課題（⑦～⑤を覚えること）

　前の(3)の例は，現金の動きがすべて当期の収益と費用と結びついていた。しかし，現実には，収入と支出が企業の成果つまり収益と犠牲を示す費用とはならない。ここに，会計学上の判断の必要性が出てくる。次に，これをみていく。

1）　当期の収入・支出と当期の収益・費用が一致しない場合—資産と負債の計上—の処理

　例えば，家賃は通常，1ヶ月前に前払いすることが求められるし，一方，当月の電気料金の支払いが翌月払いであることなどは私達の世界でも日常みられることである。例の商業では，仕入れた商品がすべて売れてしまうことはまれである。これらを考えるため，次に，収入支出と収益費用との関係を示した①から⑧までの取引を掲げた。ここで，収入支出と収益費用が期間的に一致しない場合には，資産と負債が出てくる。出てくる勘定をゴシック体で示した。

　なお，決算において簿記の数値を損益計算書と貸借対照表を作成するために必要な会計数値に変える過程を簿記では**決算整理**という。（　）内は取引日を示しているが，会計学の説明では日付は扱わない。日付はのちの簿記記録の説明で使用する。

①	当期に商品 140 個を売価 1 個あたり 50,000 円（@¥50,000），計 7,000,000 円で販売したが，当座振込みで受取った代金は 5,000,000 円で，2,000,000 円が未収であった（2 月 9 日）。⇨**売掛金**（資産）→ 関連項目：貸倒引当金（第Ⅱ章 3.（1）3）(2))
②	当期に単価 45,000 円（@¥45,000）の商品 150 個仕入れた。その代金 6,750,000 円のうち 4,500,000 円は小切手を振出し支払ったが，2,250,000 円は未払いであった（1 月 7 日）。⇨**買掛金**（負債） さらに，商品 10 個が売れ残った（12 月 31 日 − **決算整理** − 期末に記入）。⇨**繰越商品**（資産）
③	販売員の当期分の給料総額 400,000 円を当座預金から振込みで支払った（5 月 15 日）。
④	事務をとるのに使用する紙単価 5 円（@¥5）を 10,000 枚購入し，50,000 円を小切手を振出し支払った（7 月 20 日）。期末に調べてみたところ，1,000 枚残っていた（12 月 31 日 − **決算整理** − 期末に記入）。⇨**事務用消耗品**（資産）
⑤	接客のために，ソファー（「備品」）をそなえる。この代金 200,000 円を小切手を振出し支払う（1 月 1 日）。ソファーは 10 年間使用する予定で，10 年後には，0 円で廃棄する予定である（無価値となる）（12 月 31 日 − **決算整理** − 期末に記入）。⇨**備品**（資産）と**減価償却累計額**（評価項目）
⑥	事務所の家賃 60,000 円を当座預金より振込みで支払う（11 月 11 日）。うち，50,000 円が当期分であった（12 月 31 日 − **決算整理** − 期末に記入）。10,000 円を前払いしている（住む権利がある）。⇨**前払家賃**（資産）
⑦	新規の取引先より注文を受け，手付金として 10,000 円が当座預金に振込まれてきた（12 月 1 日）。10,000 円債（義）務がある。⇨**前受金**（負債）
⑧	ガスを引いたが，ガス料金の支払いは翌月になる。メーターで使用量を測り，料金を計算したところ，30,000 円となった（12 月 31 日 − **決算整理** − 期末に記入）。30,000 円が未払い（債務）である。⇨**未払光熱費**（負債）

　以上の取引は会計学上どのように考えられ，処理されるのであろうか。

　なお，まとめた元帳記録は 73 ページの〈 元帳の記録 〉に示す。

　① について　受取った金額（当座預金）は 5,000,000 円であるが，販売の成果（努力の成果）は 7,000,000 円である。まず，成果を当期の損益計算書（損益 a/c）に反映させるために，収益として 7,000,000 円の売上を計上しなければならない。

　売上高 7,000,000 円と受取額 5,000,000 円の差額 2,000,000 円は現在未だ収入<u>ではないが，将来受取ることができる権利である</u>（売渡し先が検収し，その権利が確定している—検収基準—）。ここでは，当座預金 5,000,000 円つまり収入<u>ではなく，7,000,000 円で売った事実つまり収益の計算</u>(“計算基準"—検収基準—)が会計上の数値を決めている。「販売上の未収金」には㋐売掛金(account receivable)という名称を使用する^(注)。

^(注) 例えば，貸借対照表上，帳簿価額 1,000,000 円の土地（47 ページ(注)）を同じ価額で売り，代金が未収の場合，次のように記録する。

　　　　　(借)未 収 金　1,000,000　　(貸)土　　　地　1,000,000

　①の取引は次の記録となる。

① | (借)当 座 預 金 | 5,000,000 | (貸)売　　　上 | 7,000,000
　 | 売 掛 金 | 2,000,000 | 〈収益—資産増加の原因〉 |
　 | 〈資産(収益・未収入)〉 | | |

　この関係を図示する。

　(働きかけるもの)収益： 140 個売上　*7,000,000* 円「売上高」
　　　　　　　　　　├————〈 当 期 〉————┤——〈 次 期 〉—→
　　　収入： 5,000,000 円「当座預金」　　決算
　　　　　　　　　　　　　　　　　　　　⇩ *2,000,000* 円(「回収」=解決)
　　　　　　　　　　　　　　　　　　　　[売掛金]^(注) B/S へ
　　　　　　　　　　　「2,000,000(7,000,000－5,000,000)円が未回収の権利」

^(注) 売掛金はさらに回収可能な金額にするために，貸倒れ(回収できない分)を見積り，貸倒引当金が設定される（第Ⅲ章 2.(1)で学ぶ）。
　　なお，次期に売掛金を回収し，当座預金としたときは，次の記録となり，解決する。
　　　(借)当 座 預 金　2,000,000　　(貸)売 掛 金　2,000,000

　② **について**　この取引は，2 つの側面に分けて考えなければならない。支出となっていない金額の扱い(②-1)と，費用計算(②-2)の問題である。
　　まず，<u>仕入活動の価額は 6,750,000 円(150 個×@¥45,000)であるが，支出</u><u>したのは 4,500,000 円であり，2,250,000 円が未払いになっている。</u>この未払いの処理である。これは，<u>未だ支出されてはいないが将来支出しなければな</u>

らない債務として，未払額を支出と同じ側すなわち貸方に，将来支出額（未支出項目）を計上する。「仕入上の未払金」には⑦**買掛金**（かいかけきん）(注)勘定を使用する。

(注) 例えば，営業用の土地を 1,000,000 円で購入し，その代金が未払いであった場合には，次のように記録する。

（借）土　　　　地　1,000,000　　（貸）未 払 金　1,000,000

　次に，費用計算の問題である。単価45,000 円の商品 10 個，450,000 円が売れ残っている。つまり，当期の費用は 6,300,000 円である。残っている期末の商品ここでは 450,000 円は⑦**繰越商品**(注)勘定を使用し，仕入価額 6,750,000 円から控除し，仕入額（費用となるものとしていた金額）を修正するとともに，費用とならなかった商品(未費用項目)の有高を示す。

(注) 貸借対照表では，「商品」と表示する（47 – 48 ページ）。

　②の取引は次の二つ（1，2）の記録になる。

②-1
```
（借）仕　　入　　　6,750,000　　（貸）当 座 預 金　4,500,000
    〈費用-資産減少と負債増加の原因〉              買 掛 金　2,250,000
                                              〈負債（費用・未支出）〉
```

この関係を図示する。

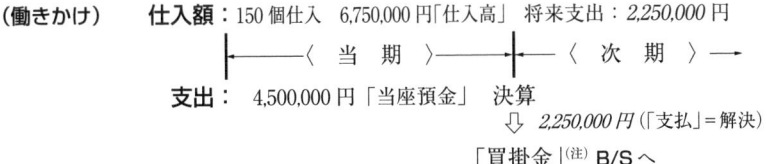

(注) 次期に買掛金を当座預金口座から振込みで支払ったときは，次の記録となる。つまり，買掛金は将来の支出である。

（借）買 掛 金　2,250,000　　（貸）当 座 預 金　2,250,000

②-2
```
（借）繰 越 商 品　　450,000　　（貸）仕　　入　　　450,000
    〈資産（支出・未費用）〉                〈費用の修正・支出の変更〉
```

この関係を図示する。

(働きかけ)　　費用：　*6,300,000円*（仕入，費用）　　将来費用：*450,000* 円

├────────〈 当 期 〉────────┤──〈 次 期 〉──→

　　　　　支出：　6,750,000 円

4,500,000 円「当座預金」+ 2,250,000 円「買掛金」決算
　当期支出　　　　　＋　　将来支出　　⇩　*450,000 円*（「費用」=解決）
　　　　　　　　　　　　　　　　　　　「繰越商品」(注) B/S（商品）へ

(注) 繰越商品は，簿記手続きでは，次期の期末（決算において）次のように記録され，仕入勘定に振替えられ解決される（消滅する）。（第Ⅲ章 **2.（1）2）**もみよ。）

　　　（借）仕　　　　入　　450,000　　　（貸）繰越商品　　450,000

③ **について**　当座預金の減少額全額が当期の費用になるので，問題はなく，次のように記入され，400,000 円がそのまま当期の費用となる。

③　（借）給　　　料　　　　400,000　　　（貸）当 座 預 金　　　400,000
　　　〈費用=支出-資産減少の原因〉

この関係を図示する。

(働きかけ)　　費用：　*400,000* 円（12ヶ月分）「給料」

├────────〈 当 期 〉────────── (次期に関係しない)

　　　　　支出：　400,000 円「当座預金」決算
　　　　　　　　　　　　　　　⇩
　　　　　支出と費用が一致［当座預金の減少に帰着］

④ **について**　事務作業のため，紙を購入したとき，この紙は簿記では「事務用消耗品」と記録する。

（借）事務用消耗品　　　　50,000　　　（貸）当 座 預 金　　　　50,000
　　　〈資産―支出〉

　この紙を期末に調査したところ，1,000 枚あった。つまり，9,000 枚消費したのであるから，この消費額分 9,000 枚×@¥5＝45,000 円が資産の減少として当期の費用となり，事務用消耗品(資産)は 5,000円(50,000-45,000)となる。

（借）事務用消耗品費　　　45,000　　　（貸）事務用消耗品　　　45,000
　　　〈費用―資産減少の原因〉　　　　　　　〈資産の減少〉

　このように一定時点に財(資産)が存在しているかどうかを調査する手続きを㋓**棚卸**という。棚卸は，決算に際して資産有高と費用を計算するために行

われるのが通常であるが，（とくに商品は）期中に行われることもある^(注)。

^(注) 店に「棚卸休業」という表示が出ることがあるが，この作業を行っている。

　棚卸手続きでは，実際在高(数量)を確かめ，この実際の数量に単価をかけて期末の実際有高(金額)を確定し，こののち，これを支出額(帳簿価額)から控除することにより，費用の値を間接的に計算する。このような計算法を㋑**棚卸法**といい，この方法が適用される資産を一般に㋺**棚卸資産**^(注)という。ここでは単価がすべて５円で問題がないが，単価が異なれば，どの単価をかけるべきかについて会計上の判断が必要になる。これは，第Ⅲ章2.（1)2）②で説明する。

^(注) 商品や製造業の製品，仕掛品，原材料が重要な棚卸資産である。

　これまでの記録をまとめると，次のようになる。

④　(借) 事務用消耗品[※]　　　50,000　　(貸) 当 座 預 金　　　50,000
　　　〈資産 (支出・未費用)〉

　　　事務用消耗品費　　　45,000 ◀──── 事務用消耗品[※]　　　45,000
　　　〈費用—資産減少の原因〉　　　　　　　〈資産の減少—費用化〉

[※]事務用消耗品 50,000 − 45,000 = 5,000

これは支出の一部が費用となったことも意味している。残りの事務用消耗品 5,000 円もいずれ消費され費用となるので，金額決定の見地では，支出であるが費用となっていないもの，資産（支出・未費用）である。

　この関係を図示する。

(働きかけ)　費用：9,000 枚 (消費)；45,000 円「事務用消耗品費」 ｜ 1,000 枚；5,000円 (消費＝解決)

├────────〈　当　期　〉────────┤────〈次期以降〉────

　　　　支出：50,000 円 (支出)(10,000 枚)「事務用消耗品」　　決算

　　　　　　　　　　　　　　　　　　　　　⇩
　　　　　　　　　　　　　　　　[事務用消耗品]　　B/Sへ
　　　　　　　　　　　　　　　「1,000 枚　5,000 円の残余」

⑤　**について**　ソファーを簿記では「備品」と表示し，小切手の振り出しにより取得したとき，

　(借) 備　　　　品　　　200,000　　(貸) 当 座 預 金　　　200,000
　　　〈資産—支出〉

と記録する。問題は，この費用（減少）の計算法である。

このソファーを接客用に10年間使用するものとすると，<u>10年間にわたり収益の獲得に貢献し，最終的には処分される</u>。このように長期間にわたって収益に貢献する資産も⊕**固定資産**という。これについて，前の定期預金や投資不動産は「1年基準」により固定資産とされた（48ページ）が，備品は「営業循環基準」により固定資産とされる。さらに，ソファーのような具体的な形のあるものを**有形固定資産**という。

ソファーが各期の収益に貢献するということは収益に対応して価値が減っていく，つまり費用となることである。そこで，費用とする記録を行う。この場合，価値の低下つまり費用のなり方が問題となる。というのは，通常，ソファーは廃棄されるまで，（座り心地は多少悪くなるかもしれないが）座れる<u>機能は変わらないし，形状も変わらない</u>。そして，10年後にはじめて接客用に使用しなくなる。そうであれば，形状の変形により（「事務用消耗品」のように量的に減少していくことなどから）減少(費用)を把握することは不可能である。そこで，このような場合には，使用可能な(使用しようとする)年数すなわち②**耐用年数**を見積もって，<u>各期に支出額のうちの費用分を配分する</u>。簡単な計算は200,000円を使用予定の10年で割ればよい。これによると，毎期の費用は20,000円となる。このように見積計算により資産（支出）額のうち毎期毎期の費用額を計算する方法を，減価分を消(却)していくという意味(注)で，②**減価償却**と名づけ，このように計算された費用を⊜**減価償却費**という。

　(注)　正確にいうと，このような費用計算が行われることにより，支出の金額が減っていくと同時に，備品に投下されてなくなった現金が収益となって回収され，再び現金に環流する(償われる)，つまり「償われていく」という意味で減価償却と称される。詳細な説明は，第Ⅲ章2.(1)3)③で行う。

有形固定資産は事務用消耗品(棚卸資産)のように形がなくなっているわけではない。ということは，事務用消耗品と同じ記録をするわけにはいかない。耐用年数の間，期間の収益への役立ちおよび形が変わらないこと示す表示をしなければならない。そのためには，備品の金額（取得原価）を変えない表

示が必要である。それを次のように行う。

⑤　(借)　減価償却費　　20,000　　(貸)　備品減価償却累計額　　20,000

取得からの元帳記入は次のようになる。

備　　　　品	備品減価償却累計額
1. 1.(購入)200,000	12.31.(決算整理) 20,000

　この記録は備品の金額を減らしていない。しかし一方で，備品の使用開始から終了までの<u>全期間の使用能力（給付能力）</u>をみると，<u>毎期毎期費用化された分だけ減少している</u>。つまり，<u>時点（決算の時点）でみると，残りの使用能力（価値）は減少している</u>。「備品減価償却累計額」はこの時点の減少額を示す項目である。貸借対照表では，次のように各期の役立ちは変わらないことを備品の金額（投資額）をそのままにしておくことにより示すとともに，決算時点では，価値つまり残りの役立ちが減っていることを示す。

　㋺**減価償却累計額勘定**のように，ある勘定に帰属し，その勘定の時点の状態を示す勘定を㋩**評価勘定**といい，このように，貸借対照表価額を示すのに評価勘定を用いる方法を「間接法」（第Ⅲ章2.(1) 3)③(3)もみよ）という。

　この貸借対照表の表示を，これまでの資産も加えて示してみる。

〈 **貸借対照表** 〉(資産の部のみ)

```
流 動 資 産
        ⋮                    ⋮
  売  掛  金         2,000,000 ←①
  事 務 用 消 耗 品      5,000 ←②
        ⋮                    ⋮
固 定 資 産
  備      品        200,000 ←各期への役立ちは変わらない。
  減価償却累計額      △ 20,000
  備品（純額）       180,000 ←時点でみると，残りの期への役
                            立ちは減っている。
```

　この有形固定資産の会計処理の説明を図示する。

（働きかけ）費用：当期負担 $1/10$；20,000 円「減価償却費」　将来の各期負担　20,000 円ずつ「減価償却費」

　　　　　　　├─────〈　当　期　〉─────┤←─〈　次期以降　9 年間　〉──→

　　　　支出：　200,000 円（10 年分）「備品」　決算
　　　　　　　　　　　　　　　　　　　　　　　　⇩
　　　　　　　　　　　　　　　　　［備品－減価償却累計額］B/S へ
　　　　　　　　　　　　　　「9/10＝180,000 円（200,000－20,000）の残余」

⑥　**について**　家賃費用の支払いは，

⑥	（借）支払家賃	60,000	（貸）当座預金	60,000
	〈費用＝支出〉			

と記録される。しかし，支払った金額 60,000 円のうち，当期分が，50,000 円であり，10,000 円の権利（事務所の使用権）が残っている。そこで，当期の費用を 50,000 円とするとともに，この権利を示す記録を行う。

　　　　（借）（　　？　　）　　10,000 ←　（貸）支払家賃　　10,000
　　　　　　　　　↓　　　　　　　　　　　　　　〈費用の修正〉

⑥	（借）前払家賃	10,000	（貸）支払家賃	10,000
	〈資産（支出・未費用）〉		〈支出＝費用の変更〉	

　前払家賃は次期には費用となる。この点では，無形でも，有形の事務用消耗品や備品と金額決定では同じであり，②資産（支出・未費用）である。
　この関係を図示する。

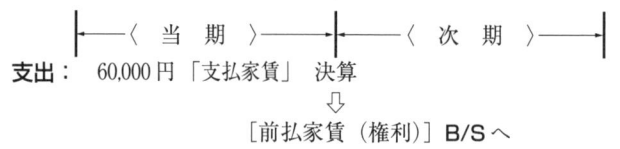

（働きかけ）費用：　50,000 円（**当期分**）「支払家賃」| 10,000 円（翌期分）（使用＝解決）

　　　　　　　├─────〈　当　期　〉─────┼─────〈　次　期　〉─────┤

　　　　支出：　60,000 円「支払家賃」　決算
　　　　　　　　　　　　　　　　　　　　⇩
　　　　　　　　　　　　　　［前払家賃（権利）］B/S へ
　　　　　　　　　　　　「10,000 円，次期分前払い」

　この記録を事務用消耗品や備品と比べてみよう。備品と事務用消耗品は，最初に資産つまり"支出・未費用"としてとらえられ，費用化はその後に行われる。一方，家賃は，最初に"費用"とされ，後で費用とならない部分すなわち未費用分つまり資産（前払家賃）が戻されている。つまり，違いは，

最初のとらえ方にある。

　これについて，事務用消耗品の場合，当期に消費される確率が高いのであれば，最初に費用と記録しても同じ結果になる（④'）。

```
④' (借) 事務用消耗品費        50,000    (貸) 当 座 預 金        50,000
       〈費用＝支出〉
       事 務 用 消 耗 品(注)    5,000        事務用消耗品費          5,000
       〈資産（支出・未費用）〉              〈費用＝支出の修正〉
```

　(注) 事務用消耗品が前払家賃に相当する。

この記録でも，事務用消耗品は 5,000 円となり，当期の事務用消耗品費は，45,000 円（50,000 − 5,000）となる。

　期中の記録（支出額）は，期末（決算時）になって，会計学上の判断により，「費用」と「資産」に分けられる。つまり，期中の記録は，会計学上は"仮"のものにすぎない。そして，④，⑤の場合のように，支出額を最初に資産と記録する方法を㋑**資産法**，⑥，④'（すべて費用となる③も同じ）のように費用として記録する方法を㋺**費用法**という(注)。期中の支出取引の記録はいずれかの方法による。

　(注) ②の方法も仕入の金額が最終的に（66 ページ（注））すべて費用となるので，費用法である。

　⑦ **について**　①と比べ，今度は収益より収入が先行する場合である。この場合には次のように前受けの事実を記録する。

```
⑦ (借) 当 座 預 金        10,000    (貸) 前 受 金        10,000
                                          〈負債（収入・未収益）〉
```

　前受金は将来，商品を売る（引渡す）約束つまり義務，負債であり，金額は収益に収入が先行しているので，"収入・未収益"と決められる。

　この関係を図示する。

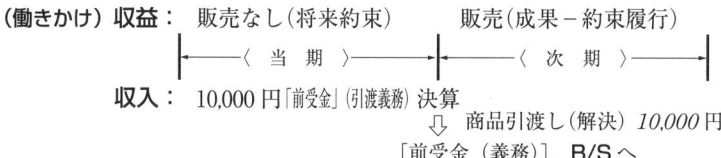

(注) 次期に商品 100,000 円を引渡(販売)したとき,次のように前受けの義務を消去する(第Ⅲ章 1.(2) 2)をみよ)。

(借)前 受 金	10,000	(貸)売　　　　上	100,000
売 掛 金	90,000		

⑧ について　ガス料金は支払っていない。ということは,企業には支払義務が発生している。これは,当期に負担すべき費用を支出,つまり期中の簿記記録が把握していない場合である。企業はガスを使用することにより収益を得ているのであるから,その未払額を調べ,費用を計上しなければならない。このように決算においては期中の記録にないものも把握しなければならない。

⑧ | (借)*支払光熱費 | 30,000 | (貸)**未払光熱費 | 30,000 |
| 〈費　　用〉 | | 〈負債(費用・未支出)〉 | |

* 支払は支払ったという意味ではなく,費用という意味である。同じように受取家賃は受取ったということでなく,収益という意味である。
** 広義では債務(負債)を示す「未払金」となる。

30,000 円は翌月に支払われる。この金額は"費用・未支出"として決められ,負債として貸借対照表に収容される。

　この関係を図示する。

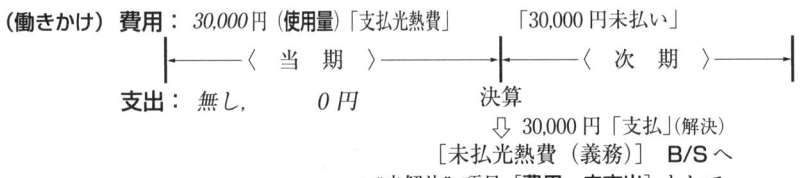

(働きかけ) 費用:30,000円 (使用量)「支払光熱費」　　「30,000 円未払い」
　　　　　　　　　　├──────〈 当　期 〉──────┼──────〈 次　期 〉──────┤
　　　　　　支出: 無し,　　　0 円　　　　　　　決算
　　　　　　　　　　　　　　　　　　　　　⇩ 30,000 円「支払」(解決)
　　　　　　　　　　　　　　　　　　[未払光熱費(義務)] B/S へ
　　　　　　　　　　　　　　　⇨ "未解決"項目 [費用・未支出] として

　これまでの取引(62ページの期首の仕訳と期中取引①〜⑧)により元帳を作成すると，次のようになる。

〈元帳の記録〉

[借方に残高があるもの]
〈資産・費用〉

当 座 預 金：資産　〈1〉

1. 1.	前期繰越	8,150,000	1. 1.	⑤	200,000
2. 9.	①	5,000,000	7.	②-1	4,500,000
12. 1.	⑦	10,000	5. 15.	③	400,000
			7. 20.	④	50,000
			11. 11.	⑥	60,000

差 入 敷 金：資産　〈2〉

1. 1.	前期繰越	4,000,000

売 掛 金：資産　〈9〉

2. 9.	①	2,000,000

仕 入：費用　〈7〉

1. 7.	②-1	6,750,000	12. 31.	②-2	450,000

繰 越 商 品：資産　〈20〉

12. 31.	②-2	450,000

給 料：費用　〈14〉

5. 15.	③	400,000

事務用消耗品：資産　〈15〉

7. 20.	④	50,000	12. 31.	④	45,000

事務用消耗品費：費用　〈21〉

12. 31.	④	45,000

備 品：資産　〈6〉

1. 1.	⑤	200,000

減 価 償 却 費：費用　〈22〉

12. 31.	⑤	20,000

支 払 家 賃：費用　〈16〉

11. 1.	⑥	60,000	12. 31.	⑥	10,000

前 払 家 賃：資産　〈24〉

12. 31.	⑥	10,000

支 払 光 熱 費：費用　〈25〉

12. 31.	⑧	30,000

[貸方に残高があるもの]
〈負債・純資産(株主資本)・収益〉

資 本 金：株主資本　〈3〉

1. 1.	前期繰越	10,000,000

資本準備金：株主資本　〈4〉

1. 1.	前期繰越	2,000,000

繰越利益剰余金：株主資本　〈5〉

1. 1.	前期繰越	150,000

売 上：収益　〈10〉

2. 9.	①	7,000,000

買 掛 金：負債　〈8〉

1. 7.	②-1	2,250,000

前 受 金：負債　〈19〉

12. 1.	⑦	10,000

未払光熱費：負債　〈26〉

12. 31.	⑧	30,000

〈資産に対する評価項目〉

備品減価償却累計額　〈23〉

12. 31.	⑤	20,000

（注）この後に，次の **2）** で，「土地〈18〉」「長期借入金〈17〉」，**（5）** で，「未払配当金〈11〉」「利益準備金〈12〉」「10周年記念事業積立金〈13〉」勘定が加わる。〈　〉は丁合番号。

　前ページの元帳記録をまとめると，次ページの⑨**整理後残高試算表**が得られる。これも複式記入をまとめて記入の正しさを検証しているので，試算表である。この場合，当座預金勘定をみれば明らかなように借方貸方の両側に数値があっても，差額つまり「残高」のみを集めてきている。このような試算表(T/B)を**残高試算表**（50ページ（注））という。この試算表は，費用収益（損益計算書項目）ならびに貸借対照表項目が当期の費用収益および期末の状態を示すように整理されているので，とくに（決算）「整理後残高試算表」という。

　この試算表では，「前期末の貸借対照表」(52ページのX1年12月31日のB/S(簿記では61ページの残高%))が「期首の貸借対照表」となり（これを**貸借対照表同一性の原則**という），これに，これまで説明した①から⑧までの「期中取引」と「決算整理」記録が加えられている。つまり，「整理後残高試算表」は**[期中の記録]**(収支計算書)(75ページ)に対し損益計算上必要な調整を加えたものである。

　期中取引の記録から得られる収支の計算書に損益計算の立場からの修正を加えた「整理後残高試算表」(75ページ)から，収益費用をぬき出し，「損益計算書」(76ページ) が作成される。なお，各項目（勘定）は利益獲得活動にとっての機能と重要性を考えて配列される。

　「整理後残高試算表」の残り（整理後残高試算表から損益計算書へ振替えた項目を除いた残りの項目）をまとめると，「貸借対照表」(76ページ)が得られる。この貸借対照表では，金額つまり価額決定過程を〈　〉で示している。

　以上の過程は，後の**2)**(79ページの「計算表」)でまとめられる。

〈 会計の構造 〉

[期中の記録]

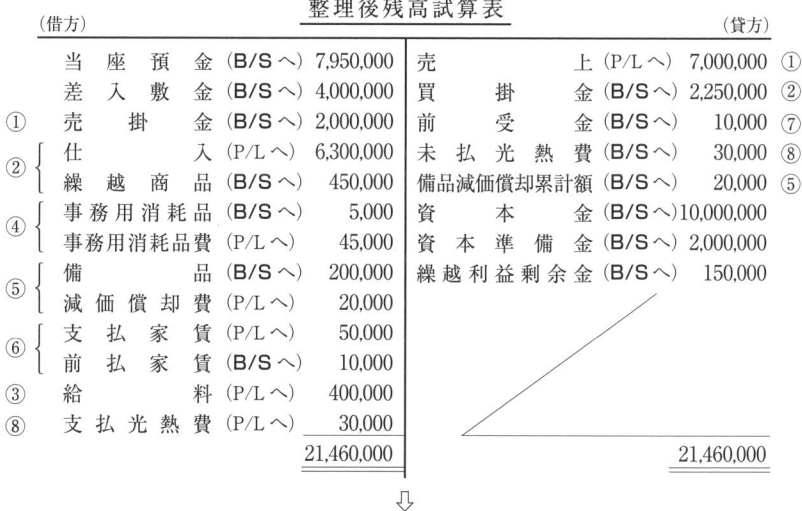

収支計算書

（支出＋払手段（当座預金））			（収入）
差 入 敷 金	4,000,000	資 本 金	10,000,000
仕 入	4,500,000	資 本 準 備 金	2,000,000
給 料	400,000	繰 越 利 益 剰 余 金	150,000
備 品	200,000	売 上	5,000,000
事 務 用 消 耗 品	50,000	前 受 金	10,000
支 払 家 賃	60,000		
小 計	4,710,000		
当座預金（払手段）(注)	7,950,000		
計	17,160,000		17,160,000

〈支出〉　〈収入〉

(注) 企業の複式簿記では，他の項目（勘定）と同じく元帳になっている。

⇩

[損益計算のための修正]（①～⑧）

⇩

整理後残高試算表

（借方）				（貸方）	
	当 座 預 金 （B/Sへ）	7,950,000	売 上（P/Lへ）	7,000,000	①
	差 入 敷 金 （B/Sへ）	4,000,000	買 掛 金（B/Sへ）	2,250,000	②
①	売 掛 金 （B/Sへ）	2,000,000	前 受 金（B/Sへ）	10,000	⑦
②	仕 入 （P/Lへ）	6,300,000	未 払 光 熱 費（B/Sへ）	30,000	⑧
	繰 越 商 品 （B/Sへ）	450,000	備品減価償却累計額（B/Sへ）	20,000	⑤
④	事 務 用 消 耗 品 （B/Sへ）	5,000	資 本 金（B/Sへ）	10,000,000	
	事務用消耗品費 （P/Lへ）	45,000	資 本 準 備 金（B/Sへ）	2,000,000	
⑤	備 品 （B/Sへ）	200,000	繰越利益剰余金（B/Sへ）	150,000	
	減 価 償 却 費 （P/Lへ）	20,000			
⑥	支 払 家 賃 （P/Lへ）	50,000			
	前 払 家 賃 （B/Sへ）	10,000			
③	給 料 （P/Lへ）	400,000			
⑧	支 払 光 熱 費 （P/Lへ）	30,000			
		21,460,000		21,460,000	

⇩

[損益計算書と貸借対照表への分解]

⇩

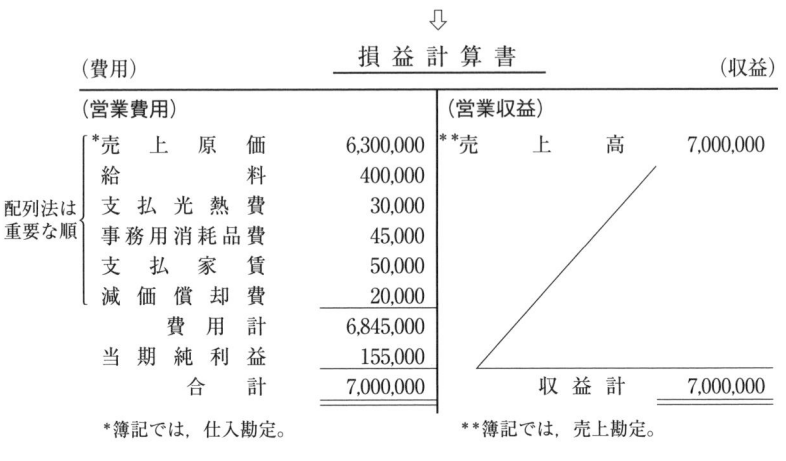

⇩

損 益 計 算 書

（費用）　　　　　　　　　　　　　　　　　　　　　　　（収益）

（営業費用）		（営業収益）	
*売 上 原 価	6,300,000	**売 上 高	7,000,000
給 料	400,000		
支 払 光 熱 費	30,000		
事 務 用 消 耗 品 費	45,000		
支 払 家 賃	50,000		
減 価 償 却 費	20,000		
費 用 計	6,845,000		
当 期 純 利 益	155,000		
合 計	7,000,000	収 益 計	7,000,000

配列法は重要な順

*簿記では，仕入勘定。　　　　　　　**簿記では，売上勘定。

⇩

〈 第2期末 〉

貸 借 対 照 表

（資産）　　　　　　　　　　　　　　　　　　　　　　　（負債純資産）

流動資産			流動負債		
当 座 預 金	〈支払手段〉	7,950,000	買 掛 金	〈費用・未支出〉	2,250,000
売 掛 金	〈収益・未収入〉	2,000,000	未 払 光 熱 費	〈費用・未支出〉	30,000
※商 品	〈支出・未費用〉	450,000	前 受 金	〈収入・未収益〉	10,000
事 務 用 消 耗 品	〈支出・未費用〉	5,000	純資産		
前 払 家 賃	〈支出・未費用〉	10,000	株主資本		
固定資産			資 本 金	〈収入・未支出〉	10,000,000
※※備 品	〈支出・未費用〉	180,000	資 本 準 備 金	〈収入・未支出〉	2,000,000
差 入 敷 金	〈支出・未収入〉	4,000,000	※※※繰越利益剰余金（前期分）	〈収入・未支出〉	150,000
			（当期分）〈=当期純利益〉		155,000
資 産 合 計		14,595,000	負債純資産合計		14,595,000

※繰越商品は商品と表示される。
※※備品180,000（200,000 － 20,000（減価償却累計額））の表示（間接法）は，69ページをみよ。
※※※繰越利益剰余金は合計して，305,000 円と表示される。

（注）〈　　〉は金額決定の仕方を示す。例えば，事務用消耗品の金額は支出額から費用額を引いた「支出・未費用」額として，前受金は収入額から収益となった金額を引いて「収入・未収益」額として決まる。

　「金融商品取引法」で求められる損益計算書（財務諸表等規則　様式第六号）は，次の「報告式」による。貸借対照表は，84 ページをみよ。

損 益 計 算 書
自×2年1月1日　至×2年12月31日

売上高	7,000,000
売上原価	
商品期首たな卸高	0
当期商品仕入高	6,750,000
合計	6,750,000
商品期末たな卸高	450,000
商品売上原価	6,300,000
売上総利益	700,000
販売費及び一般管理費	
給料	400,000
支払家賃	50,000
支払光熱費	30,000
事務用消耗品費	45,000
減価償却費	20,000
販売費及び一般管理費合計	545,000
営業利益	155,000
営業外収益	0
営業外収益合計	0
営業外費用	0
営業外費用合計	0
特別利益	0
特別利益合計	0
特別損失	0
特別損失合計	0
税引前当期純利益	155,000
法人税，住民税及び事業税	46,500
法人税等合計	46,500
当期純利益	108,500

＞売上原価計算過程（期首有高＋当期仕入高－期末有高）の表示*

　*決算整理において，この過程は次のように仕訳される。

12.31.　(借) 仕　　入　　0　(貸) 繰越商品　　0
　　　　　繰越商品　450,000　　　仕　　入　450,000

繰越商品

1.1. 前期繰越		12.31. 仕　入	0
12.31.	450,000	〃　次期繰越	450,000
	450,000		450,000

仕　　入

	6,750,000	12.31. 繰越商品	450,000
12.31. 繰越商品	0	〃　損　益	6,300,000
	6,750,000		6,750,000

仕入勘定が売上原価の計算過程を示す。

（注）実際の損益計算書では，このように企業活動（営業活動〈営業利益〉，営業外の活動〈営業外利益・費用〉そして臨時的特別な損益〈特別利益・損失〉）が分かるように分類表示される（第Ⅲ章 2．, 3．, 4．）。

　　ここでは税金も入れている。税金を小切手で支払ったときは，次のように仕訳され，貸借対照表の当座預金が減少する。

　（借）法人税，住民税及び事業税　46,500　　（貸）当 座 預 金　46,500

【会社に勤めたら】（その３）

　　損益計算書から分かるように，会社の利益は，第一に，'営業' すなわち販売活動から得られます。しかし，一方で，売上原価つまり安く商品を仕入れることも利益獲得に繋がります。つまり仕入の活動も重要です。さらに，これらを支える事務作業（一般管理費）のコスト削減も利益の獲得に繋がります。

　　自分が会社に勤めたら，どのような形で，会社に貢献しているかを考えましょう。そのためには就職した会社の損益計算書が役立ちます。利益（金額）に対する貢献を '数字' つまり確実な金額でみることができます。

2）　企業会計の仕組みのまとめ

　１）で示した〈 会計の構造 〉は次ページの「〈 会計構造のまとめ表 〉その１」の「計算表」にまとめられる。前の１）①～⑧では［損益計算のための修正］を専ら扱ってきた。しかし，損益計算書に直接かかわらない項目もある。

　そこで，次の，長期借入金 1,000,000 円を導入したが，その一部 300,000 円を返済した例（余裕ができたので，長期に借りる当初の意図を変え一部返済した。）と，利益獲得活動に欠かせないが，価値が減らないため費用計上の必要のない，営業用の土地購入（この購入資金不足のため，長期借入れをしたと考えている。―購入前の当座預金は 7,950,000 円（73 ページの当座預金%をみよ。）―）の例を加えた。それが次ページの「計算表」である。

11月17日　（借）当 座 預 金　　1,000,000　　（貸）長 期 借 入 金　　1,000,000
〈負債（支出・未費用）〉

　　　18日　（借）土　　　　地　　8,500,000　　（貸）当 座 預 金　　8,500,000

12月31日　（借）長 期 借 入 金　　300,000　　（貸）当 座 預 金　　300,000

　「計算表」をみると，支出・未費用など損益計算（収益費用の計算）が重要であることが分かる。このような "誘導されるもの" に計上される会計数値の決め方を㋑会計方針といい，会計基準では，この決め方も開示することを要求される。

〈 会計構造のまとめ表 〉 その１（その２は，98 ページ）

（会計の構造を示す）　計　算　表

〈単位 千円〉

"素材" → 収支（現金）　"働きかけるもの" → P/L　"誘導されるもの" → 整理前 B/S

項目	収支(現金)借方	収支(現金)貸方	P/L 費用	P/L 収益	整理前B/S 借方	整理前B/S 貸方	整理欄 借方	整理欄 貸方	B/S 資産	B/S 負債・純資産
当 座 預 金	150				150				150	
差 入 敷 金	4,000				4,000 支出・未収入				4,000	
仕 入	4,500		②6,300			1,800	②-1 2,250	②-2 450		
給 料	400		③ 400		0					
支 払 家 賃	60		⑥ 50		10 支出・未費用			⑥ 10		
備 品	200				200 支出・				200	支出・未費用
減価償却累計額	△ 0							⑤ 20	△ 20	
事 務 用 消 耗 品	50				50 支出・			④ 45	5	支出・未費用
※土 地	8,500				8,500 支出・未費用		(支出・未収入)		8,500	
前 受 金		10		⑦ 0	収入・未収益 10					10
長 期 借 入 金	300	1,000			収入・未支出 700					700
資 本 金		10,000			収入・未支出 10,000					10,000
資 本 準 備 金		2,000			収入・未支出 2,000					2,000
売 上		5,000		①7,000	収益・未収入 2,000			①2,000		
支 払 光 熱 費			⑧ 30		費用・未支出 30		⑧ 30			
減 価 償 却 費			④ 20		費用 20		⑤ 20			
事 務 用 消 耗 品 費			⑤ 45		費用 45		④ 45			
繰 越 利 益 剰 余 金		150	6,845	7,000	収入・未支出 305**					305
当 期 純 利 益			155 差額							
	18,160	18,160	7,000	7,000	14,910	14,910				
売 掛 金							①2,000		2,000	
買 掛 金								②-1 2,250	費用・未支出	2,250
繰 越 商 品							②-2 450		450	支出・未費用
前 払 家 賃							⑥ 10		10	
未 払 光 熱 費								⑧ 30		30
							4,850	4,850	15,295	15,295

↑「会計学の中での簿記の役割」　↑「収益費用の計算」（会計学）　→ ↑「決算整理」　「次期の記録へ」

※土地の解釈について，土地は企業活動にとって必要なものと考えれば，支出・未費
用である。しかし，費用化されないので，お金の流れだけでみると，減価せず支出
が回収されるので，支出・未収入となる。

** 150 +（7,000 − 6,845）= 305

（注）①～⑧の符号は，前の**(4)1**の符号に対応する。備品の減価償却累計額は簿
記の精算表では貸方に計上されるが，ここでは，備品の評価勘定であることを示
すため，△（マイナス）をつけて，借方に計上している。また，仕入（売上原価）欄
の価額決定は，売上原価 6,300 =（現金支出 4,500 + 仕入価額追加（買掛金）2,250）
−売れ残り高（繰越商品）450　によっている（整理欄）。

（5）　損益計算書と貸借対照表の結びつき―株主資本等変動計算書の作成―

(⑦～㋔を覚えること)

　これまでの例では，獲得された利益（繰越利益剰余金）は，そのまま次の期に送られていた。しかし，実際には，繰越利益剰余金は，株主に配当されるか（⑦未払配当金），あるいは，会社法の規定（第445条4）に従って留保されるか（利益準備金），または，将来のために留保されるか（④各種積立金）などに処理される。これを**剰余金の処分**といい，この過程を示す計算書，⑰**株主資本等変動計算書**が作成される。この計算書には，利益の処分のみではなく，その名のとおり，資本金や資本準備金の変動などすべての株主資本（第Ⅴ章1.）ならびに評価・換算差額等（第Ⅲ章5.）の純資産の部の変動が計上される。なお，剰余金の処分の仕方は会社法による（会社法第4節）。

　（3）で示した第1期に続けて，剰余金処分の過程を示そう。この企業は翌期（第2期）(62ページの仕訳帳をみよ)に，150,000円の前期の利益（繰越利益剰余金）のうち，配当に，100,000円をあて，35,000円を将来，10周年記念事業を行うために積立てるものとする。ところで，繰越利益剰余金から金銭による配当をする場合には，会社法の規定により，配当額に10分の1をかけた金額を資本準備金と合わせて資本金の4分の1になるまで㋓**利益準備金と**して積立てねばならない（第445条4）。この例では，10,000円（100,000円×1/10）を積立てなければならない。なお，会社は事業年度終了後一定の期間内（通常3ヶ月以内）に株主総会を開かなければならない（会社法第296条）。

3月20日	（借）繰越利益剰余金〈純資産〉	145,000	（貸）未払配当金〈負　債〉	100,000
			利益準備金〈純資産〉	10,000
			10周年記念事業積立金〈純資産〉	35,000

　これによる繰越利益剰余金勘定を示すと，次ページのようになる。なお，この勘定の借方の表示は相手勘定が分かるように，個別の勘定（未払配当金，利益準備金，10周年記念事業積立金）を表示したが，仕訳の借方の記録の金額145,000がそのまま転記され，「諸口145,000」と記載される。諸口とは

相手勘定が複数（この場合，3つの勘定）あることを示す符号である。

繰越利益剰余金

12.31.	次 期 繰 越	150,000	12.31.	（損　　　益）	150,000	
3.20.	※（未払配当金）	※100,000	1. 1.	前 期 繰 越	150,000	
	※（利益準備金）	※10,000				
	※（10周年記念事業積立金）	※35,000				

残り 5,000 円
も処分できる。

※簿記では，前ページの仕訳で見るように金額 145,000 が転記され，（未払配当金），
　（利益準備金），（10 周年記念事業積立金）はまとめて（諸口）と表示される。
（注）会社法では，配当は㋑剰余金から行われることになっている（第 453 条）。また，
　　剰余金の定義は複雑で第 446 条に規定されている。この段階（下の貸借対照表）
　　では「純資産－（資本金＋資本準備金＋利益準備金）」としている（第Ⅲ章 5.）。

　以上の取引より 83 ページの「株主資本等変動計算書」が作成される。

　便宜上，第 2 期の期首から株主総会の日（3 月 20 日）まで，資産・負債・
純資産(株主資本)の動きがなかった（1 月 1 日の備品購入，7 日の商品仕入，
2 月 9 日の商品売上の取引はあったが—86 ページの仕訳帳をみよ—なかった）も
のとする。言わば，第 2 期首の財政状態（62 ページ）—貸借対照表（52 ペー
ジ）—に変化がなかったと仮定すると，利益処分後，3 月 20 日の貸借対照
表は次のようになる。

繰越利益剰余金150,000円が，処分により，「未払配当金」(株主へ支払うべき負債) 100,000円，「利益準備金」(株主資本) 10,000円，「10周年記念事業積立金」(株主資本) 35,000円に振替わる。これらの項目は，利益が源泉であるから，利益に相当する現金が流入していると考え，収入・未支出と解釈される。配当金が支払われると，資金が流出し，貸借対照表の合計額も100,000円減る。

3月21日	(借) 未払配当金	100,000	(貸) 当 座 預 金	100,000
	〈負債(収入・未支出)〉			

　第2期に，当期純利益155,000円 (76ページのP/L)が計上されると，次の記録が行われ，繰越利益剰余金は160,000円((150,000-145,000)+155,000)となる。

12月31日	(借) 損　　　益	155,000	(貸) 繰越利益剰余金	155,000

繰越利益剰余金160,000円が再び第一[注]の処分の対象となる。

[注] 第一という意味は，剰余金としての10周年記念事業積立金のような他の積立金も処分の対象になるからである。また，資本金や資本準備金，利益準備金も株主総会の決議や債権者保護手続により，処分の対象とすることが可能である (会社法第449条)。しかし，最低300万円の純資産額は残さなければならない (第458条)。

　以上の手続きのあとの第2期末のこれまでの ((4)(5)の取引をまとめた)貸借対照表 (財務諸表等規則 様式第五号) は次(84ページ)のようになる[注]。

[注] 財務諸表等規則の様式の線の引き方 (〈 簿記会計の金額計算の仕方 〉ないし簿記の線の引き方) と異なっているので，注意のこと。とくに計算の終了を示す複線はない。

A商事株式会社

株主資本等変動計算書
自×2年1月1日　至×2年12月31日

| | 株主資本 | | | | | | | | | 評価・換算差額等 | | 新株予約権 | 純資産合計 |
| | 資本金 | 資本剰余金 | | | 利益剰余金 | | | | 株主資本合計 | その他有価証券評価差額金 | 評価・換算差額等合計 | | |
		資本準備金	その他資本剰余金	資本剰余金合計	利益準備金	その他利益剰余金 10周年記念事業積立金	その他利益剰余金 繰越利益剰余金	利益剰余金合計					
当期首残高	10,000,000	2,000,000	0	2,000,000	0		150,000	150,000	12,150,000	–	–	–	12,150,000
当期変動額													
新株の発行													
剰余金の配当					10,000	35,000	△145,000	△100,000	△100,000				△100,000
当期純利益							155,000	155,000	155,000				155,000
自己株式の処分												–	–
株主資本以外の項目の当期変動額（純額）										–	–	–	–
当期変動額合計	0	0	0	0	10,000	35,000	10,000	55,000	55,000	–	–	–	55,000
当期末残高	10,000,000	2,000,000	0	2,000,000	10,000	35,000	160,000	205,000	12,205,000	–	–	–	12,205,000

（注1）「評価・換算差額等」に計上されている「その他有価証券評価差額金」および「新株予約権」は、この時点で出てきていないので、「—」としている。「その他有価証券評価差額金」の動きについては、179ページ、新株予約権の動きについては、209ページをみよ。

（注2）様式は、財務諸表等規則　様式第七号による。

A商事株式会社

貸 借 対 照 表

×2年12月31日

資産の部
　流動資産
　　当座預金　　　　　　　　　　　　　　50,000
　　売掛金　　　　　　　　　　　　　2,000,000
　　商品　　　　　　　　　　　　　　　450,000
　　事務用消耗品　　　　　　　　　　　　5,000
　　前払家賃　　　　　　　　　　　　　　10,000
　　流動資産合計　　　　　　　　　　2,515,000
　固定資産
　　有形固定資産
　　　備品　　　　　　　　　　　　　　200,000
　　　減価償却累計額　　　　　　　△ 20,000
　　　備品（純額）　　　　　　　　　　180,000
　　　土地　　　　　　　　　　　　　8,500,000
　　　有形固定資産合計　　　　　　　8,680,000
　　投資その他の資産
　　　差入敷金　　　　　　　　　　　4,000,000
　　　投資その他の資産合計　　　　　4,000,000
　　固定資産合計　　　　　　　　　12,680,000
　資産合計　　　　　　　　　　　　15,195,000
負債の部
　流動負債
　　買掛金　　　　　　　　　　　　　2,250,000
　　前受金　　　　　　　　　　　　　　10,000
　　未払光熱費　　　　　　　　　　　　30,000
　　流動負債合計　　　　　　　　　　2,290,000
　固定負債
　　長期借入金　　　　　　　　　　　　700,000
　　固定負債合計　　　　　　　　　　　700,000
　負債合計　　　　　　　　　　　　2,990,000
純資産の部
　株主資本
　　資本金　　　　　　　　　　　　10,000,000
　　資本剰余金
　　　資本準備金　　　　　　　　　　2,000,000
　　　資本剰余金合計　　　　　　　　2,000,000
　　利益剰余金
　　　利益準備金　　　　　　　　　　　10,000
　　　その他利益剰余金
　　　　10周年記念事業積立金　　　　　35,000
　　　　繰越利益剰余金　　　　　　　　160,000
　　　利益剰余金合計　　　　　　　　　205,000
　　株主資本合計　　　　　　　　　12,205,000
　評価・換算差額等　　　　　　　　　　　－　　　179ページをみよ。
　新株予約権　　　　　　　　　　　　　　－　　　209ページ[注]をみよ。
　純資産合計　　　　　　　　　　　12,205,000
　負債純資産合計　　　　　　　　　15,195,000

（注）このような「報告様式」の貸借対照表は，「金融商品取引法」で要求される（財務諸表等規則第6条）。
　　　評価・換算差額等や新株予約権はまだ扱っていない。以上の簿記(仕訳帳)の記録は88ページをみよ。

（6）　簿記の一巡―これまでのまとめ―と大陸法と英米法（㋐〜㋒を覚えること）

これまで（（4）から（5）まで）は，会計学の立場で説明してきた。それで
は，複式簿記はどのように記録するのであろうか。これをまとめて示す。こ
の場合，とくに（4）で説明した事項（取引）が，どの段階でどのように記録さ
れるのかをみることが重要である。複式簿記記録の「一巡」は次のようにま
とめられる〈（　）内は参照すべきページを示す〉。

Ⅰ　**開始記入**　―期首の状態を確認する。会計学でいうと期首の貸借対照表を
　　　　　　　作成し，これを帳簿に記入する（**86** ページと **90** ページ）。

Ⅱ　**再振替記入**―前期の決算で，一時的に，会計学上，正しいものに修正した
　　　　　　　勘定を元の形に戻す（**90** ページ）。―収益費用の見越し・
　　　　　　　繰延べ ―この過程は存在する場合と存在しない場合がある。

Ⅲ　**営業取引（日常取引）の記録**（**86 – 87** ページ）

Ⅳ　**これまでの記録の正しさの確認**―仕訳帳の締切り（**87** ページ）と『**試
　　　　　　　　　　　　　　　　算表**』の作成（**95** ページ）

Ⅳ'　決算の概観―「**精算表**」の作成（**97** ページ）

Ⅴ　**決算の記録**（**87 – 88** ページ）

　1　**決算整理記入**―『**棚卸表**』（会計学上，必要な修正をまとめた表）の作成
　　　　　　　　　（**96** ページ）と，これに基づく勘定の修正

　2　**決算記入**　　―『**損益勘定**』（会計学でいう損益計算書）の作成
　　　　　　　　　「損益勘定と残高勘定の連けい」の記録
　　　　　　　　　『**残高勘定**』（会計学でいう貸借対照表）の作成

　3　**仕訳帳と各元帳の締切り**（**88** と **89** ページ）―ここで，簿記は終了する。

（Ⅵ）慣行上，翌期の日常取引の記入の準備をする。つまり，開始記入と再振
　　　替記入をしてしまう（**90** ページ）。

上の過程を**（4）（5）**の例により記入する。これをみると，一連の簿記
の記録は，会計学でいう貸借対照表（開始記入）から始まって，貸借対照表
（決算記入における残高勘定の作成－次の期首の貸借対照表になる－）に終わって
いる。このように前期末の貸借対照表が次期の出発点となることを「貸借対
照表同一性の原則」という。これにより，会計記録に継続性が得られる。

〈 仕訳帳と元帳の記入法 〉

※記帳欄，確認欄，証憑欄は省略する。―これが一般の教科書で示されている方法である―

〈第2期〉

仕　訳　帳

〈1ページ〉

日付		摘　　　　要	元丁	借　方	貸　方
1	1	(当 座 預 金)	1	8,150,000	
		(差 入 敷 金)	2	4,000,000	
		(資 本 金)	3		10,000,000
		(資本準備金)	4		2,000,000
		(繰越利益剰余金)	5		150,000
		前期繰越			
	〃	(備　　　品)	6	200,000	
		(当 座 預 金)	1		200,000
		接客用ソファー1組　P家具店			
	7	(仕　　　入)	7	6,750,000	
		(当 座 預 金)	1		4,500,000
		(買 掛 金)	8		2,250,000
		×商事150個@¥45,000			
2	9	(当 座 預 金)	1	5,000,000	
		(売 掛 金)	9	2,000,000	
		(売　　　上)	10		7,000,000
		Y商店140個@¥50,000			
3	20	(繰越利益剰余金)	5	145,000	
		(未払配当金)	11		100,000
		(利益準備金)	12		10,000
		(10周年記念事業積立金)	13		35,000
		第1期　株主総会			
	21	(未払配当金)	11	100,000	
		(当 座 預 金)	1		100,000
		全額即時払い			
5	15	(給　　　料)	14	400,000	
		(当 座 預 金)	1		400,000
		当期分全額一括払い			
7	20	(事務用消耗品)	15	50,000	
		(当 座 預 金)	1		50,000
		A商店より　紙10,000枚　@¥5			
		次　頁　繰　越	✓	26,795,000	26,795,000

左側に縦書きで：〈Ⅰの過程〉　〈Ⅲの過程〉

仕　訳　帳

〈2ページ〉

	日付		摘　　　要	元丁	借　方	貸　方
			前　頁　繰　越	✓	26,795,000	26,795,000
	11	11	（支 払 家 賃）	16	60,000	
			（当 座 預 金）	1		60,000
			事務所　賃借料			
		17	（当 座 預 金）	1	1,000,000	
			（長 期 借 入 金）	17		1,000,000
			W銀行　5年満期			
		18	（土　　　地）	18	8,500,000	
			（当 座 預 金）	1		8,500,000
			倉庫用　50坪　R不動産			
	12	1	（当 座 預 金）	1	10,000	
			（前 受 金）	19		10,000
			新規取引　Z商店			
		31	（長 期 借 入 金）	17	300,000	
			（当 座 預 金）	1		300,000
			W銀行　余裕分の臨時返済			
					36,665,000	36,665,000 →合計試算表
	12	31	本日決算			
			（繰 越 商 品）	20	450,000	
			（仕　　　入）	7		450,000 ②-2
			（事務用消耗品費）	21	45,000	
			（事務用消耗品）	15		45,000 ④
			（減 価 償 却 費）	22	20,000	
			（備品減価償却累計額）	23		20,000 ⑤
			（前 払 家 賃）	24	10,000	
			（支 払 家 賃）	16		10,000 ⑥
			（支 払 光 熱 費）	25	30,000	
			（未 払 光 熱 費）	26		30,000 ⑧
			（売　　　上）	10	7,000,000	
			（損　　　益）	27		7,000,000
			（損　　　益）	27	6,845,000	
			（仕　　　入）	7		6,300,000
			（給　　　料）	14		400,000
			（事務用消耗品費）	21		45,000
			（減 価 償 却 費）	22		20,000
			（支 払 家 賃）	16		50,000
			（支 払 光 熱 費）	25		30,000
			次　頁　繰　越	✓	14,400,000	14,400,000

〈Ⅲの過程〉〈Ⅳの過程〉〈V-1の過程〉〈V-2の過程〉

（注）②-2④⑤⑥⑧の付号は，**(4) 1)** の表（61ページ）によっている。なお，96ページの「棚卸表」および97ページの「精算表」の数字にも相応する。

仕 訳 帳

〈3 ページ〉

日付		摘　　　　　要	元丁	借　方	貸　方
		前 頁 繰 越	✓	14,400,000	14,400,000
12	31	(損　　　益)	27	155,000	
		(繰越利益剰余金)	5		155,000
		(残　　　高)	28	15,215,000	
		(当 座 預 金)	1		50,000
		(売 掛 金)	9		2,000,000
		(繰 越 商 品)	20		450,000
		(事務用消耗品)	15		5,000
		(前 払 家 賃)	24		10,000
		(差 入 敷 金)	2		4,000,000
		(備　　　品)	6		200,000
		(土　　　地)	18		8,500,000
		(買 掛 金)	8	2,250,000	
		(前 受 金)	19	10,000	
		(未 払 光 熱 費)	26	30,000	
		(長 期 借 入 金)	17	700,000	
		(備品減価償却累計額)	23	20,000	
		(資 本 金)	3	10,000,000	
		(資 本 準 備 金)	4	2,000,000	
		(利 益 準 備 金)	12	10,000	
		(10周年記念事業積立金)	13	35,000	
		(繰越利益剰余金)	5	160,000	
		(残　　　高)	28		15,215,000
				44,985,000	44,985,000

〈V-2 の過程〉

〈V-3 の過程〉

とくに順序は問わないが流動性配列法によっている

この仕訳帳から元帳に転記したいくつかの勘定記入を例示する。

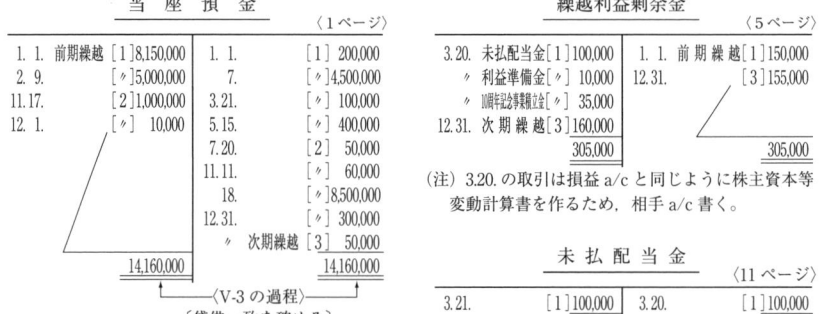

当 座 預 金　　　〈1 ページ〉

1. 1. 前期繰越 [1] 8,150,000	1. 1. [1] 200,000
2. 9. [〃] 5,000,000	7. [〃] 4,500,000
11.17. [2] 1,000,000	3.21. [〃] 100,000
12. 1. [〃] 10,000	5.15. [〃] 400,000
	7.20. [2] 50,000
	11.11. [〃] 60,000
	18. [〃] 8,500,000
	12.31. [〃] 300,000
	〃 次期繰越 [3] 50,000
14,160,000	14,160,000

〈V-3 の過程〉
〔貸借一致を確める〕
(他の a/c も同じ)

繰越利益剰余金　　　〈5 ページ〉

3.20. 未払配当金 [1] 100,000	1. 1. 前期繰越 [1] 150,000
〃 利益準備金 [〃] 10,000	12.31. [3] 155,000
〃 10周年記念事業積立金 [〃] 35,000	
12.31. 次期繰越 [3] 160,000	
305,000	305,000

(注) 3.20. の取引は損益 a/c と同じように株主資本等
変動計算書を作るため, 相手 a/c 書く。

未 払 配 当 金　　　〈11 ページ〉

| 3.21. [1] 100,000 | 3.20. [1] 100,000 |

事務用消耗品	〈15ページ〉
7.20. [2] 50,000	12.31.(決算整理)[2] 45,000
	〃 期期繰越[3] 5,000
50,000	50,000

事務用消耗品費	〈21ページ〉
12.31.(決算整理)[2] 45,000	12.31. 損　益[3] 45,000

支 払 家 賃	〈16ページ〉
11.11. [2] 60,000	12.31. [2] 10,000
	〃 損　益[3] 50,000
60,000	60,000

前 払 家 賃	〈24ページ〉
12.31. [2] 10,000	12.31. 次期繰越[3] 10,000

　さらに，仕訳帳の記入を続けると，ほんらいの「決算の手続き」には入らないけれども，決算の時に，新しい仕訳帳，元帳をそなえ，期首の記入を行い，㋑日常取引の記入をすぐにできる準備をしておくのが慣行である。この記人はⅡの段階の㋒「再振替記入」の必要性を説明するためにも必要である。

　簿記論として　決算のやり方　には，残高勘定を作成しない㋓英米法（簿記検定で行われている）と，期末に（ここで示した）残高勘定（これを閉鎖残高勘定という）を作成し，期首に再び期末と貸借が反対の残高勘定（これを開始残高勘定という）を作成する㋔大陸法とがある（99ページ[補注]で説明）。本書では，会計学の過程が明白でかつ必要な情報が得られる両者を折衷した方法（沼田方式）によった（沼田嘉穂『簿記教科書』四訂新版，同文舘出版，平成元年，第8章）。

　次の仕訳帳（〈第3期〉）　Ⅰ　の開始記入の過程は，これまでも述べてきた期首の貸借対照表を作成することであり，いまさら説明を必要としない（62ページ）。

　Ⅱ　の再振替記入の過程は，これまでの例（〈第2期〉）では存在していなかった。したがって，これが出てくる〈第3期〉の仕訳帳により説明する。

　まず，㋐未払光熱費の例（未払費用）—負債—から説明する。これは，前期に，期中の記録のない（支出されなかった）費用を計上したために生じた項目である。再振替をしなかったとしたら，実際に支払われたとき，どのように処理したらよいであろうか。2月3日に，前期の未払い分30,000円と当期分 10,000 円をまとめて当座振込みにより支払ったとすれば，前期分と当期分を分けて次のように記録しなければならない。

　2月3日　（借）未払光熱費　30,000　（貸）当 座 預 金　40,000
　　　　　　　　支払光熱費　10,000

しかし，再振替をしておけば（下の仕訳帳をみよ），次ページの元帳から明らかなように，2月3日の支払いの記録(仕訳帳をみよ)で，当期の負担分が自動的に 10,000 円(40,000 − 30,000)となる。

〈第3期〉

仕　訳　帳

新〈1ページ〉

	日付		摘　　　　要		元丁(注)	借　方	貸　方
〈Ⅰの過程〉	1	1	(当 座 預 金)		1	50,000	
			(売 掛 金)		9	2,000,000	
			(繰 越 商 品)		20	450,000	
			(事務用消耗品)		15	5,000	
			(前 払 家 賃)		24	10,000	
			(差 入 敷 金)		2	4,000,000	
			(備　　品)		6	200,000	
			(土　　地)		18	8,500,000	
				(買 掛 金)	8		2,250,000
				(前 受 金)	9		10,000
				(未払光熱費)	26		30,000
				(長期借入金)	17		700,000
				(備品減価償却累計額)	23		20,000
				(資 本 金)	3		10,000,000
				(資本準備金)	4		2,000,000
				(利益準備金)	12		10,000
				(10周年記念事業積立金)	13		35,000
				(繰越利益剰余金)	5		160,000
			前期繰越				
〈Ⅱの過程〉		〃	(支 払 家 賃)		16	10,000	
				(前 払 家 賃)	24		10,000
			再振替				
		〃	(未払光熱費)		26	30,000	
				(支払光熱費)	25		30,000
			再振替				
〈Ⅲの過程〉	2	3	(支払光熱費)		25	40,000	
				(当 座 預 金)	1		40,000
			前期分および当期分の支払い				
			⋮				
			〈以下，取引が続く〉				
			⋮				

(注) 元帳に，勘定口座を開設する(作る)とき，開設する丁合番号を新たにしてもよいが，同じ丁合番号にした方が丁合番号が継続し，管理上，有効である。ここでは，この方法をとった。88ページ，残高勘定への振替仕訳をみよ。

〈 元帳 〉

未払光熱費〈負債〉 〈26〉

1.1. 再 振 替 [1] 30,000	1.1. 前期繰越 [1] 30,000

支払光熱費〈費用〉 〈25〉

2.3. (当座預金) [1] 40,000	1.1. 再 振 替 [1] 30,000
	(30,000円は当期の費用とならない)

つまり，期中に，収支の増減の記録さえすれば，㋐再振替により期間配分が自動的に行われる。これが再振替の効果である。簿記記入の実務からみると，「前期の費用か当期の費用かの判断をせず，支出とその原因(ここでは，支払光熱費)の仕訳さえしておけばよい」。例では取り上げなかったが，㋑収益の未収 (**未収収益**)─資産─の場合にも同じである。これについて，当期の収益である未収の地代を例に示しておく。

［決算整理仕訳］	（借）未収地代	7,000	（貸）受取地代	7,000
［再振替仕訳］	（借）受取地代	7,000	（貸）未収地代	7,000
［前期分の受取］	（借）当座預金	7,000	（貸）受取地代	7,000

未収地代〈資産〉

決算整理	7,000	次期繰越	7,000
前期繰越	7,000	再 振 替	7,000

受取地代〈収益〉

損　益	7,000	決算整理	7,000
再 振 替	7,000	(当座預金)	7,000
		(7,000円はこの期の収益とならない)	

一方，㋒**前払費用**─資産─の場合には，当期に費用になるので，これも再振替により当期の費用にしておく。これにより，支払家賃勘定は（この段階での）当期の費用額を示すことになる。

［支　出　時］	（借）支払家賃	60,000	（貸）当座預金	60,000
［決算整理仕訳］	（借）前払家賃	10,000	（貸）支払家賃	10,000
［再 振 替 仕 訳］	（借）支払家賃	10,000	（貸）前払家賃	10,000

支 払 家 賃〈費用〉 〈16〉

11.11.(当座預金)[2] 60,000	12.31. 決算整理[2] 10,000
	〃 損　益〈〃〉 50,000
60,000	60,000
1.1. 再振替 [1] 10,000	
(当期の費用)	

前 払 家 賃〈資産〉 〈24〉

12.31. 決算整理[2] 10,000	12.31. 次期繰越[3] 10,000
1.1. 前期繰越[1] 10,000	1.1. 再振替 [1] 10,000
	(前期前払分の費用化)

　⑦収益の前受け（**前受収益**）―負債―の場合にも同じ処理がなされる。前受利息（10,000 円のうち当期分 6,000 円，翌期分 4,000 円）で説明する。

［収　入　時］	（借）当座預金	10,000	（貸）受取利息	10,000		
［決算整理仕訳］	（借）受取利息	4,000	（貸）前受利息	4,000		
［再 振 替 仕 訳］	（借）前受利息	4,000	（貸）受取利息	4,000		

受取利息〈収益〉

決算整理	4,000	（当座預金）	10,000	
損　　益	6,000			
	10,000		10,000	
		再 振 替	4,000	

（4,000円がこの期の収益となる）

前受利息〈負債〉

次期繰越	4,000	決算整理	4,000
再 振 替	4,000	前期繰越	4,000

　このように前期の決算において，費用収益の㋩「見越し」（支出・収入がないのに費用・収益を計上した場合）および㋥「繰延べ」（支出・収入が生じたが当期の費用・収益でないから次期に繰延べた場合）を行ったとき，つまり**未払費用, 未収収益, 前払費用, 前受収益**を計上したときには，再振替が行われる。それでは，|再振替の必要性|はどのように決まるのであろうか。これについて，事務用消耗品の処理に戻ってもらいたい（66 - 67, 70 - 71 ページ）。この処理には「資産法」と「費用法」の二つの処理があった。資産法では，日常取引と決算整理仕訳を次のように記録した。

［日 常 取 引］（7 月20日）	（借）事務用消耗品　50,000〈資　　産〉	（貸）当 座 預 金　50,000	
［決算整理仕訳］（12月31日）	（借）事務用消耗品費　45,000〈費　　用〉	（貸）事務用消耗品　45,000	

一方，費用法では，次のように処理した。

［日 常 取 引］（7 月20日）	（借）事務用消耗品費　50,000〈費　　用〉	（貸）当 座 預 金　50,000	
［決算整理仕訳］（12月31日）	（借）事務用消耗品　5,000〈資　　産〉	（貸）事務用消耗品費　5,000	
［再振替仕訳］（1 月 1 日）	（借）事務用消耗品費　5,000	（貸）事務用消耗品　5,000	

　二つの方法を比べると，㋬費用法では，上の再振替が必要になる。なぜなら，費用法で再振替をしておかないと，事務用消耗品の支出をしたときに，

事務用消耗品費とされるので，同じ事務用消耗品の支出について，事務用消耗品（前期分 5,000）と事務用消耗品費の二つの勘定が出てくるからである。つまり，再振替の意味は㋬「同一取引を同一勘定で処理する」（同一取引同一仕訳の原則という）原則に求められる。

　支払家賃についても再振替をさけようとすれば，次のように期中の家賃の支払いを「資産法」で処理すればよい。つまり，前払家賃と事務用消耗品の性格は会計上同じである。

| 11月11日 | （借）前 払 家 賃〈資　　産〉 | 60,000 | （貸）当 座 預 金 | 60,000 |
| ［決算整理仕訳］ | （借）支 払 家 賃〈費　　用〉 | 50,000 | （貸）前 払 家 賃 | 50,000 |

　収益の場合は，「負債法」（前受収益 a/c）で処理すればよい。

　Ⅲの日常取引の過程については問題はない。日常取引（営業取引）が終了したら，決算である。このとき，いきなり決算にはいるわけではない。簿記の慣習上，これまでの㋭記録の正しさが確認される。それがⅣの段階である。

　Ⅳのこれまでの記録の正しさの確認過程では複式記入の利点が利用される。まず，仕訳帳を締切り，㋮仕訳帳の合計の一致を確認する。さらに，これまでの仕訳はすべて元帳に転記されてきたから，㋯元帳すべての借方合計と貸方合計は一致するのはもちろん，㋰この元帳の合計は仕訳帳の合計とも一致する。そこで，元帳の借方・貸方の合計をまとめた表（95ページ）を別に作成する。これを合計試算表という。㋱合計試算表は貸借が一致すると同時に，この試算表の合計が仕訳帳の合計（87ページ）と一致する。これにより，これまでの複式記入の正しさが確認される。例では，次の「Ⅳ'の過程」のために使用する残高試算表もあわせて示した（95ページ）。これらは決算整理前の試算表であるから，とくに㋲「整理前試算表」ともいわれる。実際の決算では，「Ⅳ'の決算の概観」を示す精算表が作成される。しかし，これは，簿記'論'としては必要な過程ではない。よって，これは，決算の過程をすべて説明したあとで取り上げる。そこで，「Ⅴの決算の記録」に

はいる。

　Ｖ の**決算の記録**の過程は，損益勘定（会計学では‘損益計算書’）と残高勘定（会計学では‘貸借対照表’）を作成するために，元帳記録を修正する過程：ⓗ**決算整理記入**と，損益勘定と残高勘定を作成する過程：ⓣ**決算記入**，および，最終的に「元帳を締め切る」三つの過程からなっている。

　Ｖ-1 の**決算整理記入**では，まず，損益計算をするために，「会計学上必要な修正をまとめた表」が作成される。これをⓗ**棚卸表**という。〈 棚卸表 〉（96ページ）に基づき，②④⑤⑥⑧に示した（63ページ）必要な元帳記録の修正が行われる。この修正仕訳（87ページ）を**決算整理仕訳**という。

　この修正ののち， Ｖ-2 の**決算記入**の過程に入り，まず，ⓧ「損益勘定」を作成するための記録が行われる。この過程では，収益勘定の貸方残が損益勘定の貸方，費用勘定の借方残が損益勘定の借方に振替えられる（87ページ）。この結果，損益勘定で，利益が計算され，ⓨこれが繰越利益剰余金へ**振替**られる(88ページ)。

　最後に，‘残った’勘定をまとめてⓩ「残高勘定」が作成される（76ページ）。これまで複式記入が貫徹されてきた。したがって，残高勘定の貸借は一致する。ⓐ決算記入の形式的な正しさは，残高勘定の貸借一致によって確かめられる。もちろん決算の仕訳帳の合計も一致する。さらに，各元帳の貸借の一致も確認され，元帳が締め切られる。この元帳の締切りが決算の最終段階である。したがって，ⓑ簿記の‘決算’は**「元帳の締切りである」**とも言われる。以上が Ｖ-3 の**仕訳帳と各元帳の締切り**の過程である。

　示した例は簡単である。しかし，現実には，様々な決算整理項目が存在し，決算整理記入が複雑になるうえに，これにともない損益勘定，残高勘定へ振替える項目の選択に困難をきたすことが多い。そこで，実務上，これらの記入に先立ち，決算の過程を概観する表が作成される。これが， Ⅵ' の決算の概観の過程であり，ここで作成される表が，97ページに示したⓒ**精算表**（金額の記入桁(欄)が8桁あるので，**8桁精算表**という）である。実際の決算は，この表をみながら行われる。

　以上で，簿記の一巡を説明した。最後に，79 ページの表に続けて，これまでのすべてをまとめた「〈**会計構造のまとめ表**〉その 2」を示しておく（98 ページ）。

〈 決算整理前試算表 〉

合計・残高試算表

×2年 1 月 1 日 〜 12月31日

勘 定 科 目	丁数	合 計 試 算 表 借 方	合 計 試 算 表 貸 方	残 高 試 算 表 借 方	残 高 試 算 表 貸 方
当　座　預　金	1	14,160,000	14,110,000	50,000	
差　入　敷　金	2	4,000,000	0	4,000,000	
備　　　　　品	6	200,000	0	200,000	
売　掛　金	9	2,000,000	0	2,000,000	
仕　　　　　入	7	6,750,000	0	6,750,000	
給　　　　　料	14	400,000	0	400,000	
事 務 用 消 耗 品	15	50,000	0	50,000	
支　払　家　賃	16	60,000	0	60,000	
土　　　　　地	18	8,500,000	0	8,500,000	
売　　　　　上	10	0	7,000,000		7,000,000
買　掛　金	8	0	2,250,000		2,250,000
前　受　金	19	0	10,000		10,000
長 期 借 入 金	17	300,000	1,000,000		700,000
未 払 配 当 金	11	100,000	100,000		0
資　本　金	3	0	10,000,000		10,000,000
資 本 準 備 金	4	0	2,000,000		2,000,000
利 益 準 備 金	12	0	10,000		10,000
10周年記念事業積立金	13	0	35,000		35,000
繰 越 利 益 剰 余 金	5	145,000	150,000		5,000
	仕2	36,665,000	36,665,000	22,010,000	22,010,000

　（注）各勘定の丁数欄の数字は，（原資料）の元帳のページを示す。合計欄の最終行の丁数欄の記入，仕 2 は，仕訳帳の合計と合計試算表の合計とを照合したことを示している。つまり，'仕 2' は仕訳帳の 2 ページの合計と照合したことを示している。ただし，一般に，このような丁数は記入されない。

〈 棚卸表 〉

棚　卸　表

×2 年 12 月 31 日現在

	借 方 勘 定	貸 方 勘 定	摘　　要	仕丁	金　額
②	繰 越 商 品	仕　　　入	商品 10 個，単価 45,000 円	2	450,000
④	事務用消耗品費	事 務 用 消 耗 品	紙在高 1,000 枚　消費高 @￥5×9,000 枚	〃	45,000
⑤	減 価 償 却 費	備品減価償却累計額	耐用年数 10 年　残存価額 0 円　定額法	〃	20,000
⑥	前 払 家 賃	支 払 家 賃	当期分 50,000 円，前払分 10,000 円	〃	10,000
⑧	支 払 光 熱 費	未 払 光 熱 費	当期分 30,000 円，未払分 30,000 円	〃	30,000
					555,000

(注 1) この様式では，決算整理仕訳をやりやすいように，借方貸方の勘定欄を設けたが，通常，下の□の表で示したように，この欄は「整理科目」欄とされ，一方の勘定科目のみが記載される。また，仕訳が行われたことを確認するために，仕丁欄も加えたが，これも通常は設けられない。

会計理論上，棚卸表はすべての勘定を対象に作成される。例えば，売上 7,000,000 円は当期の収益として合理的かどうか，売掛金 2,000,000 円は期末の値として妥当かどうか，当座預金 50,000 円の残高は銀行側の当座預金の記録と一致しているかどうかなどである。しかし，帳簿上の数値と会計上合理的な数値が一致していれば，決算整理は必要なく，棚卸表にも表さない。

(注 2) ②④⑤⑥⑧は，次ページの「精算表」決算整理欄での同じ○数字の記録の指令を表す。なお，②は「計算表」(98 ページ)では，65 ページの会計上の仕訳に合わせて②-2 と表示しているが，行っていることは同じである。

通常の方法：

棚　卸　表

×2 年 12 月 31 日現在

整理科目	摘　　要	金　額
繰 越 商 品	商品 10 個，@￥45,000	450,000
事務用消耗品	棚卸高 1,000 枚@￥5)	5,000
減 価 償 却 費	定額法，耐用年数 10 年，残存価額 0 円	20,000
前 払 家 賃	事務所家賃 1 ヶ月分	10,000
未 払 光 熱 費	ガス代	30,000
		515,000

〈 8桁精算表 〉〈 第2期 〉

精　算　表

x2年12月31日現在
〈単位　千円〉

(注3) 勘定科目	元丁	残高試算表 借方	残高試算表 貸方	決算整理 借方	決算整理 貸方	損益勘定 借方	損益勘定 貸方	残高勘定 借方	残高勘定 貸方
当　座　預　金	1	50						50	
差　入　敷　金	2	4,000						4,000	
備　　　　　品	6	200						200	
備品減価償却累計額	23		0		⑤ 20				20
売　　掛　　金	9	2,000						2,000	
仕　　　　　入	7	6,750			② 450	6,300			
給　　　　　料	14	400				400			
事務用消耗品	15	50			④ 45			5	
支　払　家　賃	16	60			⑥ 10	50			
土　　　　　地	18	8,500						8,500	
売　　　　　上	10		7,000				7,000		
買　　掛　　金	8		2,250						2,250
前　　受　　金	19		10						10
長　期　借　入　金	17		700						700
未　払　配　当　金	11		0						
資　　本　　金	3		10,000						10,000
資　本　準　備　金	4		2,000						2,000
利　益　準　備　金	12		10						10
10周年記念事業積立金	13		35						35
繰　越　商　品	20			② 450				450	
事務用消耗品費	21			④ 45		45			
減　価　償　却　費	22			⑤ 20		20			
前　払　家　賃	24			⑥ 10				10	
支　払　光　熱　費	25			⑧ 30		30			
未　払　光　熱　費	26				⑧ 30				30
(注1) 繰越利益剰余金	5/27		5			6,845	7,000		160
(注2) 当 期 純 利 益						155		15,215	15,215
		22,010	22,010	555	555	7,000	7,000	15,215	15,215

「棚卸表」　　「損益計算書」「貸借対照表」

(注1)　この表の構造では，損益勘定（丁合番号27）は繰越利益剰余金勘定（丁合番号5）の明細（下位勘定）となる。つまり，繰越利益勘定内で，残高（前期繰越高）5に，当期総増加（＝収益）7,000が加えられ当期総減少（＝費用）6,845が控除され，期末残高160になる。→ 5＋(7,000−6,845)＝160

(注2)　当期純利益は，差額として計算されるものに対する名称であり，勘定ではない。したがって，元丁欄に丁合番号（口座番号）は記入できない。

(注3)　勘定の並べ方は，本文の説明に応じた丁合番号順にしているが，実際には貸借対照表と損益計算書の会社計算書規則，財務諸表等規則による様式を意識し行われる。

(注4)　簿記検定では，精算表が出題される。この正解の近道として，棚卸表により修正した残高勘定（貸借対照表）を作成しておいてから，修正すべき決算整理を書き込み，損益勘定（損益計算書）を誘導する方法も考えられるので，試して欲しい。

〈 会計構造のまとめ表 〉その2 （その1は，79ページ）

計　算　表

×2年12月31日現在

〈単位　千円〉

計算書 項目	[簿記]〈日々の記録〉T/B 借方	貸方	[会計学]〈会計を主導〉P/L 費用	収益	〈T/B, P/L から誘導〉整理前B/S 借方	貸方	〈正しい B/S項目へ〉整理記入 借方	貸方	B/S 資産	負債純資産
当 座 預 金	50				50				50	支払手段
差 入 敷 金	4,000				4,000				4,000	支出・未収入
備 品	200				200				200	支出・未費用
減価償却累計額		0				0		⑤ 20		20 |*
売 掛 金	2,000				2,000				2,000	
繰 越 商 品	0				0		②-2 450		450	支出・未費用
仕 入	6,750		6,300		450			②-2 450		
給 料	400		400		0					
事 務 用 消 耗 品	50				50			④ 45	5	支出・未費用
支 払 家 賃	60		50		10			⑥ 10		
土 地	8,500				8,500				8,500	支出・未費用
売 上		7,000		7,000	0					
買 掛 金		2,250				2,250				2,250
前 受 金		10				10				収入・未収益 10
長 期 借 入 金		700				700				収入・未支出 700
未 払 配 当 金										
資 本 金		10,000				10,000				収入・未支出 10,000
資 本 準 備 金		2,000				2,000				収入・未支出 2,000
利 益 準 備 金		10				10				収入・未支出 10
10周年記念事業積立金		35				35				収入・未支出 35
事務用消耗品費			45		45		④ 45			
減 価 償 却 費			20		20		⑤ 20			
支 払 光 熱 費			30		30		⑧ 30			
繰 越 利 益 剰 余 金		5	6,845	7,000	160					収入・未支出 160
当 期 純 利 益			155							
			7,000	7,000						
前 払 家 賃							⑥ 10		10	支出・未費用
未 払 光 熱 費								⑧ 30		費用・未支出 30
	22,010	22,010			15,260	15,260	555	555	15,215	15,215

＊貸借対照表では下のように表示され，全体（180千円）として“支出・未費用”を表す。

備　　　品	200
減価償却累計額	△20
備品（純額）	180

(注1) 上の表は原則的な考え方を示したものである。「資産負債アプローチ」の会計で
　　　は，収益費用の計算法だけでなく，資産負債の決定法も会計数値決定に影響を及
　　　ぼす（第Ⅶ章3．参照）。また，純資産の中で株主資本の決定は会社法の規定に
　　　よる。

(注2) 「精算表」の残高試算表と「計算表」のT/B，同じく決算整理と整理記入の金
　　　額は同じである。

[補注] 決算手続き―英米法と大陸法の違いについて

1. **英米法**―この方法は，イギリスやアメリカの決算の方法であり，損益勘定のみを作成し，残高勘定を作成せず，資産負債純資産の残高は直接その勘定（元帳）の上で繰越す方法である。したがって，仕訳帳は，損益勘定作成の仕訳に続く，損益の繰越利益剰余金勘定への振替仕訳までで締切られる。例（87ページ）では，合計 14,555,000 円（14,400,000＋155,000）が最終の値になる。また，翌期首の開始仕訳も行われない。この方法の差入敷金（借方）と繰越利益剰余金（貸方）勘定の決算時と翌期首の記入を例示しておく。

丁数欄（[ ]）の✓印から分かるように，残高勘定は作らず，元帳の上で，直接，有高を繰越す。

なお，残高勘定が作成されないので，残高勘定の"貸借一致"（「残高（勘定）に残高無し」）による決算過程の正しさは確認できない^(注)。

差　入　敷　金		〈2〉		繰越利益剰余金		〈5〉
1. 1. 前期繰越 [✓] 4,000,000	12.31. 次期繰越 [✓] 4,000,000		3.20. [1] 145,000	1. 1. 前期繰越 [✓] 155,000		
1. 1. 前期繰越 [✓] 4,000,000			12.31. 次期繰越 [✓] 160,000	12.31. [3] 150,000		
			305,000	305,000		
				1. 1. 前期繰越 [✓] 160,000		

この方法は，元帳の繰越記録からも分かるように，資産・負債・純資産の項目がそのまま続いていく，つまり，会計単位(店)が継続しているという考えに基づいている。

(注) 実務上，決算の正しさを確認するため，元帳の次期繰越の数値をまとめた**繰越試算表**と呼ばれる表（内容は，残高勘定と同じもの）が作成される。また，精算表（96ページ）を作成すれば，自動的に残高勘定（繰越試算表）は作成される。つまり表面的には，仕訳帳に，残高勘定を作成する仕訳を記載しないだけである。

しかし，仕訳帳に開始仕訳（62ページ）をしない（元帳の前期繰越の金額を記載しない）ので，日常取引記入終了後の仕訳帳合計（87ページ）と元帳から作成する合計試算表の合計（95ページ）とが一致しない照合上の短所がある。

なお，簿記検定では，手続きが簡単な英米法が出題されるので，注意すること。

2. **大陸法**―この方法はドイツ，フランスなどヨーロッパ大陸で行われる方法であり，決算で「閉鎖残高勘定」(本書の「残高勘定」)と翌期首に「開始

残高勘定」を作成する。決算の仕訳は本文と同じなので，下に，翌期首の開始仕訳と開始残高勘定および差入敷金と繰越利益剰余金勘定を示す。期首に開始残高勘定，期末決算で閉鎖残高勘定が作成されるので，繰越の記入は「閉鎖残高」「開始残高」となる（本書の「残高勘定」では88ページの当座預金と繰越利益剰余金勘定で見るように次期繰越・前期繰越であった）。

　　この方法は，決算により一旦，店(会計単位)を閉め，資産・負債・純資産の状態を確認し（閉鎖残高勘定の作成），翌期に再び，店を開ける(開始残高勘定の作成)という考えに基づいている。閉鎖残高勘定と開始残高勘定は，その区切りに，資産・負債・資本（純資産）を確認している。

　　<u>本書の沼田方式は開始残高勘定を作成しない方法である</u>（90ページ）。

開 始 残 高　〈1〉

1.1.買 掛 金 [1]	2,250,000	1.1.当 座 預 金 [1]	50,000
前 受 金 [〃]	10,000	売 掛 金 [〃]	2,000,000
未払光熱費 [〃]	30,000	繰 越 商 品 [〃]	450,000
長期借入金 [〃]	700,000	事務用消耗品 [〃]	5,000
備品減価償却累計額 [〃]	20,000	前 払 家 賃 [〃]	10,000
資 本 金 [〃]	10,000,000	差 入 敷 金 [〃]	4,000,000
資本準備金 [〃]	2,000,000	備 品 [〃]	200,000
利益準備金 [〃]	10,000	土 地 [〃]	8,500,000
10周年記念事業積立金 [〃]	35,000		
繰越利益剰余金 [〃]	160,000		
	15,215,000		15,215,000

(注)　前期の閉鎖残高 a/c と貸借が反対になる。
　　　97ページの精算表の残高勘定参照。

仕 訳 帳　〈新1ページ〉

日付	摘　　　要	元丁	借 方	貸 方
1 1	(当 座 預 金)	2	50,000	
	(売 掛 金)	10	2,000,000	
	(繰 越 商 品)	21	450,000	
	(事務用消耗品)	16	5,000	
	(前 払 家 賃)	25	10,000	
	(差 入 敷 金)	3	4,000,000	
	(備 品)	7	200,000	
	(土 地)	18	8,500,000	
	(開 始 残 高)	1		15,215,000
〃	(開 始 残 高)	1	15,215,000	
	(買 掛 金)	9		2,250,000
	(前 受 金)	20		10,000
	(未払光熱費)	27		30,000
	(長期借入金)	18		700,000
	(備品減価償却累計額)	24		20,000
	(資 本 金)	4		10,000,000
	(資本準備金)	5		2,000,000
	(利益準備金)	13		10,000
	(10周年記念事業積立金)	14		35,000
	(繰越利益剰余金)	6		160,000

(注)　元帳の口座番号は，開始残高が「1」となるので，当座預金が「2」となるように，1番ずつずれる。

差 入 敷 金　〈3〉

1.1.開始残高 [1]	4,000,000	12.31.閉鎖残高 [3]	4,000,000
1.1.開始残高 [新]	4,000,000		

繰越利益剰余金　〈6〉

3.20. [1]	145,000	1.1.開始残高 [1]	150,000
12.31.閉鎖残高 [3]	160,000	12.31. [3]	155,000
	305,000		305,000
		1.1.開始残高 [新]	160,000

(注)　英米法の元帳記入と比較すると，閉鎖残高と次期繰越，開始残高と前期繰越の金額は同じである。

Ⅲ. 収益費用の計算基準とこれにともなう資産負債の決定

1. 収益費用の計算基準とこれにともなう資産負債の決定

(1) 損益計算の概観

　企業の目的は利益を獲得することである。そのため，利益がどのような活動によって，どれだけ生み出されたのかを知ることは非常に重要である。利益は，一会計期間に得られた**収益**から，同じく一会計期間に生じた**費用**を引いた差額として計算されるが，これがプラスである場合には利益，マイナスである場合には損失が記録される。利益と損失をまとめて**損益**といい，その計算プロセスが**損益計算書**に記録される。

　一会計期間に生じた収益や費用を計算するためには，一定のルールが必要である。具体的に，収益や費用を「どのようなときに計上するのか」を定めるために**認識基準**が必要であり，認識された収益や費用を「いくら計上するのか」を定めるために**測定基準**が必要となる。

　このうち，とくに収益の認識基準については，伝統的に**実現主義**と呼ばれる考え方に依拠して典型的な商業活動の記録が行われてきた。これに対し，2018 年 3 月，新しい会計基準（企業会計基準第 29 号「収益認識に関する会計基準」）が公表されたことで，そのルールが精緻化されることとなった（詳細は後述）。

　収益および費用についての認識・測定に関するルールが定められてきた背景には，現金の収入・支出のみに基づいた「収支差額」では企業活動の実態を十分に表現できないということがある。例えば，ある期間に商品を 100,000 円分仕入れたとして，その期間にこれらすべてを 150,000 円で売りきったが，代金は翌年に回収することとしたとしよう。このとき，現金収支の事実だけに基づけば，企業は商品仕入のために 100,000 円の支出を行ったが，現金を回収していないため収入はなく，営業成果は，商品を売り上げた

のにもかかわらず，100,000円の赤字（マイナス）ということになる。代金が
ほぼ確実に回収されることが予想される場合，このままでは「商品を売り上
げた」という企業の真の活動成果を示せていないといえるだろう。

　企業実態を適切に表現するために収益・費用の計算ルールが整備されるこ
となり，そうして成り立った今日の計算体系は**発生主義会計**と呼ばれている。
これは，原則的には財やサービスを提供したり消費したりしたという事実に
基づいて収益や費用を計算するという考え方に基づくものであり，さきに示
した新しい収益認識基準においても，この基本的な考え方は踏襲されている
といえる[注1]。

　　[注1]　なお，「発生主義」には狭義のものと広義のものがある。狭義には発生基
　　準と同義であって，貨幣価値のある財・サービスが創り出されたり消滅し
　　たりする際に収益や費用を認識する認識基準をさす。広義にはここでいう
　　「発生主義会計」のことであり，発生基準をはじめとして，現金収支によっ
　　て収益や費用を認識する「現金基準」なども一部含まれることとなる。

　以下，本書ではもっとも一般的な商業（商品販売業）を例にして収益や費
用の計算基準を学んでいく。本書での学習は損益計算書における計上項目に
沿って行われるため，損益計算書の雛形をはじめに示しておく。なお，ここ
で示される損益計算書の開示形式は**報告式**という形態をとっている。これは
損益の計算過程を示したものである。一方，本書でこれまでに言及してきた
損益計算書は**勘定式**と呼ばれるものであり，収益費用の対応関係がわかりや
すいように左右に分けて表示するものであった。

　損益計算書には，3種類の収益（売上高，営業外収益，特別利益），4種類の
費用（売上原価，販売費及び一般管理費，営業外費用，特別損失），そして5種
類の利益（売上総利益，営業利益，経常利益，税引前当期純利益，当期純利益）
が記載されている。報告式の損益計算書において，段階的に利益が計算され
ていることを確認してほしい（表中の太字で示したものが計算される利益であ
る）。これらの関係性を数式で表すと，次のようになる。

損 益 計 算 書

自 令和×1年4月1日　至 令和×2年3月31日

（単位：千円）

対売上高割合
（商社を想定）

売 上 高	1,000,000	100%
売上原価		80%
商品期首たな卸高	64,000	
当期商品仕入高	802,000	
合計	866,000	
商品期末たな卸高	66,000	
商品売上原価	800,000	
売上総利益	200,000	20%
販売費及び一般管理費		
給料	90,000	
貸倒引当金繰入額	1,000	
広告宣伝費	9,000	
減価償却費	80,000	
販売費及び一般管理費合計	180,000	
営業利益	20,000	2%
営業外収益		
受 取 利 息	2,000	
その他（不動産賃貸料など）	5,000	
営業外収益合計	7,000	
営業外費用		
支 払 利 息	6,000	
その他（有価証券運用損など）	3,000	
営業外費用合計	9,000	
経常利益	18,000	1.8%
特別利益		
固定資産売却益	100	
投資有価証券売却益	110	
特別利益合計	210	
特別損失		
固定資産売却損	50	
災害による損失	150	
特別損失合計	200	
税引前当期純利益	18,010	1.8%
法人税，住民税及び事業税	5,400	
当期純利益	12,610	1.2%

売上高（収益）－売上原価（費用）　　　　　　　＝売上総利益

売上総利益－販売費及び一般管理費（費用）　　　＝営業利益

営業利益＋営業外収益（収益）－営業外費用（費用）＝経常利益

経常利益＋特別利益（収益）－特別損失（費用）　　＝税引前当期純利益

税引前当期純利益－法人税，住民税及び事業税（費用）＝当期純利益

　なお，ここで法人税，住民税及び事業税の３種類の税（まとめて**法人税等**と呼ばれる）は，企業にとって費用であると考えられている。企業は，税引前当期純利益に類似した「課税所得」に，一定の利率（実効税率という。2023年現在，約30％）を乗じた金額を法人税等として収めることとなる。法人税等は，企業の利益（課税所得）に応じて課せられるものであるため，税引前当期純利益を計算した後（下段）に掲載される点を確認されたい。

　また，法人税等以外に企業が収めるべき税金（固定資産税，印紙税，自動車税など）については，大半が「租税公課（販売費及び一般管理費）」として処理され，税引前当期純利益の計算過程で費用とされる（消費税は費用ではなく，立替金や預り金と同じ処理が行われる）。

（2）　営業収益の計算基準と営業上の資産・負債：商業の場合

1）　企業の営業活動とその記録方法

　一般に，商業活動は次のプロセスを反復的に行うものである。

1．調達活動：資金を投下し商品を仕入れる。
2．移送・保管・広告宣伝活動：需要が生じることが予想される場所に商品を移送し，保管するとともに広告宣伝により新たな需要を創造する。
3　販売活動：商品を販売する。
4　回収活動：商品販売金額分の対価（現金など）の受け取りをもって投下資金を回収する。

　このような一連のプロセスを**営業循環**と呼び，ここで獲得された資金の一部は，通常新たな営業循環に再投下されることとなる。

　これら一連の活動は会計上，どのように記録されるのだろうか。企業の経営成績を示す計算書である損益計算書（報告式）をみてみよう。損益計算書の1行目には**売上高**が記録されている。これは，企業が商品を販売し成果をあげたことを示す収益項目である。ここから**売上原価**が差し引かれ**売上総利益**が計算される。売上原価とは，販売に伴う犠牲である商品の減少を表す費用項目であり，売上総利益は，商品の販売活動から直接得られた利益を示す。

　さらにここから**販売費及び一般管理費**が差し引かれ営業利益が計算されている。これは，例えば販売員を雇うためのコストや，商品の移送・保管・広告宣伝に対する支出，商品企画や販売戦略の策定などの本社の管理に関わる活動を示す費用項目の総称である。売上総利益から販売費及び一般管理費を差し引くことで，企業の主たる活動の業績が**営業利益**としてあらわれることとなる。

　損益計算書ではこれにさらに種々の収益・費用を加減算し，最終的に**当期純利益**が計算される（ゆえに当期純利益は「ボトムライン」とも呼ばれる）が，上記に示した営業循環のプロセスにある活動（**営業活動**）は，営業利益を計算するまでの領域で記録される。

2）「売上高」の計算基準：基本的な考え方

　さきに示した，商品の調達（仕入）活動に始まる営業循環とは時系列が前後することになるが，損益計算書の一番上に記載される「売上高」から説明する。売上高は営業循環のプロセスにおいて，企業がどれだけ成果をあげたのかということを金額的に示すものである。この金額は損益計算書の最初，すなわち「トップライン」に掲載され，また，多くの企業にとって最も金額が大きく，経営成績を決定づける主たる活動の成果を示す「収益」の情報であることから，形式的にも実質的にも重要性が高いものである。

　これを会計上で「いつ計上するのか（認識基準）」を定めるルールとして，いくつかの考え方が存在しており，次のように大別できる。第1に**発生基準**，第2に**販売基準**（実現主義の一形態），第3に**回収基準**（実務上は回収期限到来基準）である。

1. **発生基準**：企業が仕入れた財・サービス（商品）の価値が増加したと考えられる時点（例えば，商品の市場価格が上昇したと認められる場合が該当）において収益を認識するという考え方。

2. **販売基準**（実現主義）：企業が財やサービスを提供（商品を販売）し，売掛金や現金等の資産を得た時点で収益を認識するという考え方[注2]。

3. **回収基準・回収期限到来基準**：回収基準は，実際に代金の入金があった時点で収益を認識する考え方[注3]。ただし，新収益認識基準においてこれを用いることは認められていないため，学習上の重要性は相対的に低いと考えてよい。

[注2] 厳密には販売基準中でも，①商品を発送した時点（出荷基準），②商品を相手方が受け取った時点（引渡基準），③受け取り後，検収が完了した時点（検収基準）というように細分化されるが，ここでは大枠を説明するにとどめる。国際的には③の考え方が標準となっているが，日本では①の考え方が原則とされてきた。

[注3] 回収期限到来基準は，回収期限が到来した時点で収益を認識する考え方。従来，代金の回収が長期間にわたり，販売後の代金回収費用などのアフター・コスト（事後費用）が大きく，また回収可能性が高いという特徴を有する**割賦販売**において，これを適用することが認められていた。

　上記のうち，もっとも早期に収益が認識されるものは発生基準であり，もっとも後期に収益が認識されるものが回収基準である。このなかで，原則的な処理は販売基準（実現主義）である。この考え方によった場合の会計処理を設例を用いてみていこう[注4]。

[注4] なお，取引の記帳方法として**三分法**を用いている。これは商品を販売した際，その売価をもって「売上」収益を計上する方法である。商品売買の記帳方法としてはその他に**分記法**，**総記法**，**売上原価対立法**などがある。

設例：10月5日　A商品を，5,000,000円分販売した。代金は後日受け取ることとした。

（売　　掛　　金）	5,000,000	（売　　　　　上）	5,000,000

　設例のように，商品販売時点に現金等の対価を直接に受け取っていない場合には，**売掛金**と呼ばれる債権が発生する。なお，売掛金は商品販売以外の取引からは生じない（商品売買以外から生じた場合には，**未収金**あるいは**未収入金**という勘定が用いられる）。売掛金は一定の時点に集計され，通常，その日から1-2ヶ月後に支払われる。代金の受け取りが次のように行われたとしよう。

設例：11月25日　Ａ商品の掛け代金5,000,000円を当座預金への振込みにより受け取った。

（当　座　預　金）　　　　5,000,000　　　（売　　掛　　金）　　　　5,000,000

　このように，販売基準のもとでは，販売の時点で資金的な裏付けのある収益を認識することとなる。売掛金の決済日に支払側の企業に当座のお金がない場合には，支払側企業は**手形**を振り出すことにより支払いを先延ばしにすることができる。

設例：11月25日　Ａ商品の掛け代金5,000,000円の決済として，売掛金と同額の約束手形を受け取った。

（受　取　手　形）　　　　5,000,000　　　（売　　掛　　金）　　　　5,000,000

　これは，企業間で発生した（2者間での約束事として生じた）債権である売掛金が，客観的で流通可能な手形債権へ変換されたことを示している。販売活動により得た手形は**受取手形**とし，他の営業活動以外から生じた手形債権と区別する。

　手形の決済時には，例えば次の設例に示されるような処理が行われる。

設例：12月25日　支払期日をむかえ，約束手形の代金が当座預金に振り込まれた。

（当 座 預 金）	5,000,000	（受 取 手 形）	5,000,000

　売掛金と受取手形をまとめて**売上債権**という。以上，商品を掛けで販売してから代金を回収するまでの流れを示した。ただこれ以外にも，企業は注文を受ける段階で商品代金の一部を受け取ることがある。

設例：9月20日　販売に先立ち，A商品の予約金として 1,000,000 円が当座
　　　預金口座に振り込まれた。

（当 座 預 金）	1,000,000	（前 受 金）	1,000,000

　この時点では商品を実際に販売していないため，売上収益を認識することはできない。そのため，貸方には**前受金**という負債が計上される(注5)。商品の引き渡し時点では，次のように記帳される。

　(注5) 前受金と同じ性質を持つものとして，**商品券**がある。商品券を販売した時には，前受金勘定の代わりに商品券勘定を使用する。なお，新収益認識基準の下で前受金は，**契約負債**という名称で扱うことができる。

設例：10月5日　商品 5,000,000 円を引き渡し，商品代金から予約金
　　　1,000,000 円を差し引いた残額は掛けとした。

（前 受 金）	1,000,000	（売 上）	5,000,000
（売 掛 金）	4,000,000		

3）　今日の収益認識基準

　1．公正な市場において，2．財・サービスの提供が行われると同時に3．流動性ある資産（現金，売掛金等）の受領がなされた時点において収益を認識する**実現主義**ないし販売基準は，伝統的に売上高等の営業収益を認識するための基準として世界的に用いられてきた。一方，2014年に国際会計基準審議会および米国財務会計基準審議会から公表された会計基準『顧客との契約から生じる収益』は現在，営業収益の認識基準として世界的に用いら

れているが，日本においても 2018 年，これを参考にして作られた企業会計基準第 29 号『収益認識に関する会計基準』が公表された。この基準は 2020年の改訂を経て 2021 年 4 月より実務適用されているが，次の 5 つのステップにより顧客との契約から生ずる収益（売上高）を認識することを基本とするものである。

1．顧客との契約を識別する。

2．契約における履行義務を識別する。

3．取引価格を算定する。

4．契約における履行義務それぞれに取引価格を配分する。

5．履行義務を充足した時点で，または充足するにつれ収益を認識する。

　具体例を用いてこの 5 ステップを説明する。決算日を 3 月 31 日とする当社は x1 年 9 月 15 日に，設置・試運転サービスおよび 2 年間の無償修理サービスを付帯した A 機械を 100 万円で X 社に販売する契約を結んだ。10 月1 日 A 機械を X 社に設置の上試運転を済ませ，10 月 31 日 100 万円を現金で受領した。なお，機械 A，設置・試運転サービス，2 年間の補修サービスをそれぞれ独立に販売する場合の金額は，100 万円，5 万円，4 万円である。

　伝統的な実現主義に基づく会計処理を仕訳で示すと次のようになる。

```
x1. 9.15.  仕 訳 な し
x1.10. 1.  （売 掛 金）   1,000,000      （売    上）   1,000,000
x1.10.31.  （現    金）   1,000,000      （売 掛 金）   1,000,000
x2. 3.31.  （製品保証引当金繰入）  5,000      （製品保証引当金）      5,000
```

（補修サービス残存期間 1 年半に対して，過去の実例等を参考に 5,000 円の引当金を設定）

　一方，現行の新しい収益認識基準を適用すると次のようになる。

```
x1. 9.15.  仕訳なし（ただし，何らかの簿外記録を行う）
x1.10. 1.  （顧客との契約から生じた債権）  1,000,000      （売    上）    963,300
```

				（契　約　負　債）	36,700
x1.10.31.	（現　　金）	1,000,000	（顧客との契約から生じた債権）	1,000,000
x2. 3.31.	（契約負債）	9,175	（売上（補修サービス料収益））	9,175

　ステップ1は，この例の場合，9月15日に締結された契約を識別することで成立するが，財・サービスを提供する時点以前に販売契約がない場合においても，販売の直前に契約が結ばれ，瞬時に履行されたと考えることとなる。また，実質的に1つの契約を形式的に複数の契約に分けているような場合，1つの契約として識別する必要があるし，逆に，実質的に複数の契約が1つの契約にまとめられている場合には，契約を複数に分割して識別する必要がある。次に**ステップ2**では契約により履行すべき義務を識別するが，この例の場合，機械Aの提供，設置・試運転サービスの提供，2年間の補修サービスの提供という3つの履行義務が識別されることになる。そして**ステップ3**において上記3つの履行義務と引き替えに受領する金額すなわち100万円が識別される。**ステップ4**ではステップ2で識別された3つの履行義務それぞれにステップ3で識別された金額を配分する。履行義務それぞれの独立販売価格がわかっている場合，その比率で取引価格が案分されるが，独立販売価格が不明な場合であっても可能な限りの手法を用い，必ず各履行義務に対して取引価格を配分しなくてはならない。この例で，100万円の取引価格を3つの履行義務の独立販売価格比である100対5対4に案分すると，機械Aが917,400（=1,000,000 × 100/109）円，設置・試運転サービスが45,900（=1,000,000 × 5/109）円，2年間の補修サービスが36,700（=1,000,000 × 4/109）円となる（100円未満は四捨五入）。そして10月1日に機械Aと設置・試運転サービスが同時に提供されるため，**ステップ5**として，この2つの履行義務に配分された金額の合計額963,300円が収益として認識される。そして，決算日のx2年3月31日において販売後2年間（24ヶ月間）のうち24分の6である6ヶ月が経過したため同じく**ステップ5**として36,700円の6/24である9,175円が収益として認識される。

　なお，現行収益認識基準に基づく仕訳例に登場する勘定科目のうち，「契約負債」は「前受金」としてもよい（前項注5参照）。また「顧客との契約から生じた債権」は，ほとんどの場合，「売掛金」と同義の債権である。ただ売掛金とは顧客に対して財・サービスを提供した際に生ずる債権を意味するものであるため，まだ財・サービスを提供してないにも関わらず生ずる債権については，厳密には売掛金ではなく未収金である。したがって，こうした未収金と売掛金を合わせて「顧客との契約から生じた債権」と呼ぶこととなった。本例の10月1日に登場する「顧客との契約から生じた債権」の場合，提供した機械Aならびに設置・試運転サービスについての債権部分（963,300円）は売掛金として処理しても良いが，補修サービス相当額の36,700円に付いては売掛金とは呼べないため，両者を合わせて「顧客との契約から生じた債権」として処理している。

2．営業費用の計算基準と営業上の資産・負債

（1）商業の場合

1）　営業費用の計算基準：基本的な考え方

　営業費用とは，営業収益としての売上高を獲得するために要した犠牲（コスト）であり，売上高との対応関係に基づいて認識される。営業費用は，売上原価と販売費及び一般管理費から構成されるが，このように営業費用が売上原価と販売費及び一般管理費に分類されるのは，売上高との**対応**関係が異なるからである。

　売上高と1対1の対応関係を有する営業費用がある。商品を販売した場合，商品代金として販売収益が得られる反面，販売した商品に投下した資金は失われる。それゆえ，販売収益と販売した商品のコストは，1対1の対応関係を有している。このような対応関係を**個別的対応**と呼ぶ。売上高との個別的対応関係を有する営業費用が，**売上原価**である。

　他方，売上高との個別的対応関係は認められないものの，期間帰属の観点

から認識される費用がある。例えば，広告宣伝に対するコストは，広告宣伝
が行われた期間に獲得された収益との対応関係に基づいて広告宣伝費として
認識される。また，固定資産に対するコストは，それが過去の支出であった
としても，固定資産の利用期間に獲得された収益との対応関係に基づいて減
価償却費として認識される。さらに，従業員の労働に対するコストは，退職
一時金のように，それが将来の支出であったとしても，従業員の労働給付に
よって獲得された収益との対応関係に基づいて退職給付費用として認識され
る。それゆえ，これらのコストは，その支出がいつ行われたかという観点で
はなく，どの期間に認識された収益に関係するかという観点に基づいて認識
される。このような対応関係を**期間的対応**と呼ぶ。売上高との期間的対応関
係を有する営業費用が，販売費及び一般管理費である。

2）　売上原価の計算基準

　損益計算書の売上高から差し引く第一の項目が，売上高と個別的対応関係
を有する売上原価である。売上原価の計算は，①取得原価の決定，②払出原価
の決定，③棚卸減耗費および商品評価損の認識というプロセスで進められる。

①　取得原価の決定

　商品を購入した場合，商品自体の値段を**購入代価**（主費）といい，商品が
販売されるまでの間に商品の価値を高めるためのさまざまな付加的な費用
（支出）を**付随費用**（副費）という。付随費用には，引取運賃・購入手数料・
外部での保管料・関税などの企業に入る前に支払われる外部副費と，購入事
務費・検収費・選別費・手入費・内部での保管費などの企業内部での管理に
かかる内部副費の二種類がある。商品の値は，これらの合計額，すなわち購
入代価に商品が販売される直前まで商品に費やされたすべての支出額を加算
して決められる(注)。このように，企業に入ってきた財の値を，対価として
支出した総ての金額で評価する方法を**取得原価主義**という。この手続きにつ
いて，設例をみてみよう。

(注) ただし，質的・金額的に重要でない項目については，簡便な方法が認められる。例えば，商品調達に関する事務費用などは，まとめてその期の費用とする場合がある。このような簡便な会計処理を認める原則を**重要性の原則**という。

設例：9月20日　購入代価2,360,000円（@¥59；40,000個）の商品を買い入れ，代金は掛けとした。なお，引取運賃など40,000円（1個当たり1円）を小切手を振出して支払った。

（仕 入)	2,400,000	（買 掛 金)	2,360,000
		（当 座 預 金)	40,000

　設例の仕訳が示すように，商品勘定は使用されない。企業に入ってきた財は，その期に資産となって残る金額が大きいか，それとも費用となる金額が大きいかにより最初の記録（**当初認識**）が決まる。商品は，仕入れた期に販売され費用となる金額が大きいため，費用である仕入勘定で当初認識を行うのが，わが国の慣行（**三分法**）である。この**仕入**勘定は，取得原価主義に基づき，購入代価に付随費用を加算した金額で記録される。

　また，商品購入時点に現金等の対価を直接的に支払っていない場合には，**買掛金**と呼ばれる債務が発生する。なお，買掛金は商品購入以外の取引からは生じない（後払いで商品以外の物品を購入した場合には，**未払金**という勘定を用いる。）。買掛金も売掛金と同様に，一定の時点に集計され，通常，その1－2ヶ月後に支払われる。代金の支払いが次のように行われたとしよう。この手続きについて，設例をみてみよう。

設例：10月25日　買掛金2,200,000円について，小切手を振出して支払った。

（買 掛 金)	2,200,000	（当 座 預 金)	2,200,000

　決済日において支払資金が不足しているときには，取引銀行に電子記録債務の発生記録を請求して，支払いを繰り延べることもできる。この際，**電子記録債務**という商品購入取引から生じた債務（商品以外の物品に関する取引で電子

記録債務の発生記録を請求した場合には，**営業外電子記録債務**という勘定が用いられる。）が発生する。買掛金と電子記録債務および支払手形（2026 年に廃止予定）をまとめて，**仕入債務**という。この手続きについて，設例をみてみよう。

設例：10 月 25 日　買掛金 160,000 円について，取引銀行に電子記録債務の
　　　　発生記録を請求し，仕入先に発生記録を通知した。

（買　　　掛　　　金）　　160,000　　　　　（電 子 記 録 債 務）　　160,000

　商品代金の後払いとは別に，商品を仕入れるにあたって，前もって商品代金の一部を支払う場合もある。この際，**前払金**という商品の引き渡しを請求できる権利が発生する。この権利は，商品の仕入代金と相殺される。この手続きについて，設例をみてみよう。

設例：1 月 10 日　商品代金の内金 200,000 円について，小切手を振り出して支払った。

（前　　　払　　　金）　　200,000　　　　　（当 座 預 金）　　200,000

　　　1 月 23 日　商品 3,200,000 円を買い入れ，内金を相殺した残額は掛けとした。

（仕　　　　　　入）　　3,200,000　　　　　（前　　払　　金）　　200,000
　　　　　　　　　　　　　　　　　　　　　（買　　掛　　金）　　3,000,000

②　払出原価の決定

　買い入れた商品は，通常，倉庫など一定の場所に保管され，販売に応じて出庫される。この商品の増減と在庫高を把握する帳簿を**商品有高帳**という。この帳簿により払出原価と期末有高を計算する。通常，商品の払い出しと販売は同時点であり，払い出したことは販売したことを意味する。その結果，売上原価が決まる。このように把握された売上原価を売上高から差し引いて計算される利益が売上総利益である。なお，商品有高帳のように，個別の財

産に関する情報を詳しく記録する帳簿を**補助簿**という。

　払出原価の決定にあたって，商品の個別性が存在する場合には，**個別法**が用いられる。例えば，一つ一つの形態・品質・単価が異なる高価な宝石や，それぞれの企業用にカスタマイズされた機械などである。このような個別性が求められる場合には，商品にタグなどをつけ，商品と原価との1対1の対応を求める払出原価の計算方法が採用される。

　商品は形態・品質などが同じで個々の区別ができない場合は，ある一定の仮定を設け，払出原価を決定する必要がある。このようにある一定の仮定を設ける方法としては，先入先出法，移動平均法，総平均法が一般的に用いられている。

　先入先出法とは，先に仕入れたものを先に払い出すという仮定に基づき払出原価を計算する方法である。また，移動平均法と総平均法は，いずれも平均単価を用いて払出原価を計算する点で共通するが，**移動平均法**は仕入れの度に平均単価を計算し直すのに対して，**総平均法**は一定期間ごとに平均単価を計算する点で両者は異なる。これらの手続きについて，設例をみてみよう。

設例：次の資料は，当期の商品売買に関する記録である。

4月1日	期首在庫	10個	@50千円	
9月20日	仕　入	40個	@60千円	
10月5日	売　上	40個	@70千円	（売価）
1月23日	仕　入	50個	@64千円	
2月4日	売　上	50個	@70千円	（売価）

　先入先出法：

　先入先出法は個別の商品に個別の（口別の）実際の単価を跡付けているので，**口別法**と呼ばれ，単価の個別性を認めない平均法と対比される。先入先出法による売上原価には先に仕入れた価格が算入されるから，売上総利益は前期（過去―期首在高―）の仕入活動の「よしあし」の影響を受け，資産の

値は期末の時価に近いものとなる（当期の最後の仕入価格を反映する）。これは商品の一般的な流れに相応する原価の計算方法であり，売価（販売価格）を決定する際の考え方に適合しているともいわれる。設例の資料について，先入先出法により商品有高帳を作成すると，次のようになる。

商　品　有　高　帳

日	付	摘　要	入庫 数量	単価	金額	出庫 数量	単価	金額	在庫 数量	単価	金額
4	1	前 期 繰 越	10	50	500				10	50	500
9	20	仕　　入	40	60	2,400				50 { 10	50	500
									40	60	2,400
10	5	売　　上				40 { 10	50	500	10	60	600
						30	60	1,800			
1	23	仕　　入	50	64	3,200				60 { 10	60	600
									50	64	3,200
2	4	売　　上				50 { 10	60	600	10	64	640
						40	64	2,560			
3	31	払出原価合計				90		5,460			
〃		次 期 繰 越				10	64	640			
			100		6,100	100		6,100			
4	1	前 期 繰 越	10	64	640				10	64	640

〈数量単位：個，単価単位：千円，金額単位：千円〉

移動平均法：

移動平均法は「商品の払出時における払出原価の収益への貢献は，単価すなわちこれまでの個別の仕入活動の違いに関わらず，均一である」という考え方に基づいて払出原価を決定する方法である。この方法によれば，仕入活動の個々の単価の違いがその時々の利益の計算に影響を与えない。設例の資料について，移動平均法により商品有高帳を作成すると，次のようになる。

商　品　有　高　帳

日	付	摘　要	入庫 数量	単価	金額	出庫 数量	単価	金額	在庫 数量	単価	金額
4	1	前 期 繰 越	10	50	500				10	50	500
9	20	仕　　入	40	60	2,400				50	58	2,900
10	5	売　　上				40	58	2,320	10	58	580
1	23	仕　　入	50	64	3,200				60	63	3,780
2	4	売　　上				50	63	3,150	10	63	630
3	31	払出原価合計				90		5,470			
〃		次 期 繰 越				10		630			
			100		6,100	100		6,100			
4	1	前 期 繰 越	10	63	630				10	63	630

〈数量単位：個，単価単位：千円，金額単位：千円〉

総平均法：

　総平均法は「期間中の払出原価の総額は，期中（前期も含む）の個々の仕入活動（単価）に左右されず均一である」という考え方に基づいて払出原価を決定する方法である。この方法は，これまでの個別の仕入活動の「よしあし」が払出原価の決定に与える影響を排除している。つまり，個々の仕入単価が異なっても，収益に対する商品の貢献度は同じであると考えている。この方法によると仕入価格の上下が平準化されるので，企業努力とは無関係の価格変動が激しい商品について，全体としての成果をまとめて計算しようとする場合に適切な方法であるといわれる。設例の資料について，総平均法により商品有高帳を作成すると，次のようになる。

商　品　有　高　帳

日	付	摘　　　要	入　庫			出　庫			在　庫		
			数量	単価	金額	数量	単価	金額	数量	単価	金額
4	1	前 期 繰 越	10	50	500				10		
9	20	仕　　　　入	40	60	2,400				50		
10	5	売　　　　上				40			10		
1	23	仕　　　　入	50	64	3,200				60		
2	4	売　　　　上				50			10		
3	31	払 出 原 価 合 計				90	61	5,490			
	〃	次 期 繰 越				10		610			
			100	61	6,100	100		6,100			
4	1	前 期 繰 越	10	610	610				10		

〈数量単位：個，単価単位：千円，金額単位：千円〉

　先入先出法，移動平均法および総平均法により，払出原価は異なり，売上総利益の金額に相違が生じる。次に示す損益計算書は，その計算過程を示したものである。

〈 損益計算書 〉	先入先出法	移動平均法	総平均法
売上高	6,300,000	6,300,000	6,300,000
売上原価			
商品期首たな卸高	500,000	500,000	500,000
当期商品仕入高	5,600,000	5,600,000	5,600,000
合計	6,100,000	6,100,000	6,100,000
商品期末たな卸高	640,000	630,000	610,000
商品売上原価	5,460,000	5,470,000	5,490,000
売上総利益	840,000	830,000	810,000

　企業（会計人）は自己の営業活動の特質をみて，業績を測定するのにふさ

わしい払出原価の計算方法を考え選択しなければならない。しかし，この選択を自由に行うことを認めれば，企業は恣意的に会計方法を変え，利益を操作するおそれがある。そこで，会計学では複数の会計方法が認められる場合，一度採用した会計方法を継続して適用するという規制を設けている。これを**継続性の原則**といい，会計学上，重要な原則となっている。会計上の数値は継続性の原則に基づいた数値であるから，その解釈にあたっては，前期の数値と比較しなければならない。そこで，財務諸表では，当期の数値に加えて，前期の数値も表示し，比較できるようにしている。

③　棚卸減耗費および商品評価損の認識

先述した先入先出法，移動平均法および総平均法などの払出原価の決定方法は，継続記録法とよばれ，商品について正規の払出に関する原価を計算する方法である。しかし，さまざまな理由により，帳簿上把握されている商品有高が実際に存在しない場合や商品の収益力が低下し利益を獲得できない状態にある場合もある。それゆえ，継続記録に加えて，実地棚卸を援用して期末における商品の状態を数量面と価格面において調査する必要がある。

実地棚卸の結果，帳簿上把握されている商品有高と実地棚卸により把握されている実際在高に数量面の差異（**棚卸減耗**）が存在する場合，棚卸減耗に係る原価を費用（**棚卸減耗費**）または損失（**棚卸減耗損**）として計上する必要がある。この際，**原価性がある**（営業上不可避な原因で発生した）場合には，棚卸減耗費を売上原価に算入し，**原価性がない**（営業活動とは関係ない臨時的・偶発的な原因により発生した）場合には，棚卸減耗損として営業外費用または特別損失に計上する。

帳簿上把握されている商品有高と実地棚卸により把握されている実際在高に価格面の差異が存在する場合がある。商品の期末時価（**正味売却価額**：売価から見積追加製造原価及び見積販売直接経費を控除した価額）が取得原価よりも下落している場合，それを販売しても利益を得ることができない状態（**収益性が低下している状態**）にある。このような商品を取得原価で評価してお

くと，当期に発生した保有損失を翌期以降に繰り延べることになる。そこで，この商品を正味売却価額で評価し，評価損（**商品評価損**）を当期に認識する（**低価法**）。この際，臨時の事象に起因し，かつ，多額である場合には特別損失として計上し，それ以外の場合には，売上原価に算入する。なお，低価法は，商品，製品，仕掛品，材料といった棚卸資産に適用される。商品の実地棚卸の手続きについて，設例をみてみよう。

設例：次の資料は，当期の決算における実地調査によって作成した棚卸表である。ただし，期首商品棚卸高は 500,000 円であったものとする。なお，棚卸減耗費については原価性が認められ，商品評価損については通常生じうるものである。

棚　卸　表

勘定科目	摘　　　　　要	金　　額
棚卸減耗費	商品帳簿有高：10 個，実際有高：9 個，帳簿上の単価＠62 千円	62,000
商品評価損	商品期末正味売却価額＠60 千円	18,000

（仕　　　　　入）	500,000	（繰　越　商　品）	500,000
（繰　越　商　品）	540,000	（仕　　　　　入）	540,000

　この決算整理記入により，棚卸減耗費と商品評価損を含んだ売上原価を，仕入勘定残高において計算することができる。いま，期首に 1 個の商品があり，当期に 10 個の商品を仕入れ，期末に 2 個の商品が残っていたとすると，当期に販売した商品は何個と推定されるであろうか。おそらく多くの人が 1 個（**期首の数量**）＋10 個（**当期に増加した数量**）－2 個（**期末の数量**）＝9 個と計算するだろう。これと同様に**売上原価**は**期首有高＋当期仕入高－期末有高**という計算式で求められる。

　簿記上は，次のように説明できる。決算整理前の仕入勘定残高は，当期仕入高を反映している。そして，この金額が 5,600,000 円であったとしよう。そこで，設例の仕訳により，決算整理前の仕入勘定の残高に期首商品有高を加算し，期末商品棚卸高を差し引くことで，仕入勘定の残高は売上原価

（5,600,000 円＋500,000 円－540,000 円＝5,560,000 円）を示すようになる。また，決算整理前の**繰越商品**勘定の残高は，期首商品棚卸高の金額を反映している。そこで，設例の仕訳により，繰越商品勘定は，当期末時点の実在高（500,000 円－500,000 円＋540,000 円＝540,000 円）にアップデートされる。

　ただし，設例の決算整理記入では，棚卸減耗費と商品評価損を個別に把握することができない。これらの情報は，経営管理上，有用な情報であるため，次の決算整理記入により，個別に示すこともできる。この決算整理記入を行なった場合でも，繰越商品勘定の残高（540,0000 円）は，当期末の実際数量と時価（正味売却価額）を反映する（実際数量 9 個×時価 60,000 円＝540,000 円）。

（仕　　　　　　　入）	500,000	（繰　越　商　品）	500,000
（繰　越　商　品）	620,000	（仕　　　　　　　入）	620,000
（棚　卸　減　耗　損）	62,000	（繰　越　商　品）	62,000
（商　品　評　価　損）	18,000	（繰　越　商　品）	18,000

　なお，商品評価損の会計処理方法としては，**切放法**と**洗替法**がある。切放法とは当期末の時価を翌期の帳簿価額とする方法であるのに対して，洗替法とは取得原価を翌期の帳簿価額とする方法である。それゆえ，切放法では再振替仕訳が不要であるのに対して，洗替法では，翌期首に次の再振替仕訳を行い，帳簿価額を取得原価に修正する必要がある。この仕訳により，翌期首の繰越商品勘定は，その取得原価に修正される（実際数量 9 個×取得原価 62,000 円＝558,000 円）。

（繰　越　商　品）	18,000	（商　品　評　価　損）	18,000

3）　販売費及び一般管理費の計算基準

　売上高から差し引く第二の項目は，売上高との期間的対応関係を有する販売費及び一般管理費である。販売費及び一般管理費は，原則として，経過時間や費消量などを基準に，支出額を配分して認識される。このように，時間や物量に基づいて費用を認識する方法を**発生基準**（狭義の発生主義）という。なお，販売費及び一般管理費の具体例は次のように示される。

販売費：
販売手数料，荷造費，販売のための運搬費，広告宣伝費，見本費，納入試験
費，販売業務に従事する役員・従業員の給料・手当・ボーナス・福利厚生費，
販売のための交際費・旅費・交通費・通信費・光熱費および消耗品費・租税
公課，販売にかかわる車両運搬具・備品などの固定資産の費用つまり減価償
却費および修繕費，保険料，不動産賃借料

一般管理費：
企業の維持・管理業務に従事する役員・従業員の給料・手当・ボーナス・福
利厚生費，この活動のための旅費・交通費・通信費・光熱費および消耗品
費・租税公課，本社の建物のように一般管理活動にかかわる建物など固定資
産の費用つまり減価償却費，修繕費，保険料，不動産賃借料

①　時間に基づく費用認識

　時間に基づく費用認識を行う具体例として，店舗の家賃がある。通常，家
賃は，月末に翌月分が前払いされるため，期中に記録した**支払家賃**勘定が当
期分の費用を示すように決算時に修正しなければならない。これらの手続き
について，設例をみてみよう。

設例：4月25日　2年間にわたって翌月分の家賃100,000円を毎月25日に
　　　　当座預金より振り込む契約を締結し，5月1日から店舗の使用を開始
　　　　した。

　この設例において，毎月25日に家賃を支払うたびに，次の仕訳が行われ
る。

（支　払　家　賃）　　　100,000　　　　（当　座　預　金）　　　100,000

　ただし，会計期間中最終月の25日に支払った家賃は，その翌月分，すな
わち次期の費用として認識しなければならない。そこで，決算時に次の整理
記入を行い，支払家賃の金額を適正な値に修正するとともに，家賃の前払い

に起因する権利を認識する。

（前 払 家 賃）	100,000	（支 払 家 賃）	100,000

　家賃の他，時間を基準に費用認識を行うものとしては，給料がある。一般に，従業員の給料は，月給（固定給）と残業代（時間給）からなり，残業代については，毎月末に計算され，翌月の給料に加算して支払われる。それゆえ，期中に記録した**給料**勘定が当期分の費用を示すように期末に修正しなければならない。これらの手続きについて，設例をみてみよう。

設例：4月1日　250,000円の月給と前月中に発生した残業代（2,000円×残
　　　　業時間で計算）を，毎月20日に当座預金より従業員の口座に振り込
　　　　む契約を締結した。

　この設例において，会計期間中最終月の20日に，その前の月の20時間分の残業代とともに給料を支払った場合，次の仕訳が行われる。

（給 料）	290,000	（当 座 預 金）	290,000

　ただし，この会計期間中に認識された給料には，最終月分の残業代が含まれていない。仮に，最終月の残業時間が30時間であったとすると，決算時に次の整理記入を行い，給料の金額を適正な値に修正するとともに，未払いの給料に関する債務を認識する。

（給 料）	60,000	（未 払 金）(注)	60,000

(注) 契約に従った役務の提供が完了しておらず，かつ，その契約の代金が支払われていない場合に「未払費用（給料）」勘定を使用するのに対して，契約に従った役務の提供が完了し，かつ，その契約の代金が支払われていない場合には「未払金」勘定を使用する。この設例においては，従業員による最終月分の役務提供は完了しているため，「未払金」勘定を使用しなければならない。

②　物量に基づく費用認識

　物量（消費量）を測定基準として費用認識を行う具体例として，事務用消耗品がある。事務用消耗品は，期中に購入した分を**消耗品費**勘定として記録するが，期末に未使用分が存在することがある[(注)]。そこで，期中に記録した消耗品費勘定が当期分の費用を示すように決算時に修正しなければならない。これらの手続きについて，設例をみてみよう。

　設例：4月5日　50,000円の事務用消耗品を購入し，代金は現金で支払った。

（消　耗　品　費）　　　50,000　　　（現　　　　　金）　　　50,000

> [(注)] このように当初認識において費用勘定を使用する方法を「費用法」と呼び，一方で，当初認識において「消耗品」勘定といった資産勘定を使用する方法を「資産法」と呼ぶ。資産法を採用する場合，決算時に資産から費用に振替える決算整理記入が必要となる。

　ただし，ここで認識された消耗品費が全て期中に使用されるとは限らない。仮に，3,000円分の消耗品が期末に残っていたとすると，決算時に次の整理記入を行い，消耗品費の金額を適正な値に修正するとともに，次期の営業活動に使用可能な経済的資源を認識する。

（消　　耗　　品）　　　3,000　　　（消　耗　品　費）　　　3,000

　消耗品の他，物量を測定基準として費用認識を行う具体例としては，水道光熱費がある。一般に，電力会社は，期中の検針日にメーターにより月の費消量を測定し，翌月に請求する。それゆえ，電気代は，請求額支払時に**水道光熱費**勘定を用いて前計算期間分の電気代が記録されるが，最終月の前月の検針日以降の電気代は水道光熱費勘定に含まれていない。そこで，決算整理記入を行い，水道光熱費の金額を適正な値に修正するとともに，未払いの電気代に関する債務を認識する。これらの手続きについて，設例をみてみよう。

設例：3月23日　電力使用料15,000円の請求を受け，請求額を現金で支払った。

| （水 道 光 熱 費） | 15,000 | （現　　　　金） | 15,000 |

　ただし，ここで認識された水道光熱費には，前月の検針日から決算日までの電気代は含まれていない。仮に，メーターにより，前月の検針日から決算日までの電気代が18,000円であったとすると，決算時に次の整理記入を行い，水道光熱費の金額を適正な値に修正するとともに，未払いの電気代に関する債務を認識する。

| （水 道 光 熱 費） | 18,000 | （未払水道光熱費） | 18,000 |

③　有形固定資産に関する費用認識

　発生基準により客観的な一つの数値が得られる営業費用とは異なり，数値が一つとはならず，二種類以上の数値が計算される営業費用がある。その一つが減価償却費である。企業が営業のために用いる建物，設備，備品，車両といった**有形固定資産**は，長期利用を目的として取得され，時の経過や使用によってその価値が減少する。それゆえ，これらの資産の取得原価を取得時あるいは廃棄時に全額費用として計上することは適切ではない。そこで，これらの資産には**減価償却**，すなわち，その使用期間に取得原価を費用として配分する手続きを適用する。なお，減価償却を適用する固定資産を**償却資産**，土地や骨董品等のように時の経過や使用により価値が減少しない資産を**非償却資産**という。

　減価償却は，表現上は価値が減少するという形をとるが，実質上は要償却額を耐用年数に配分するという**期間配分**の手続きである。これを図示すると，次のようになる。

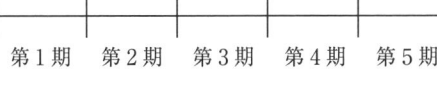

要償却額：
取得原価—残存価額

配分

第1期　第2期　第3期　第4期　第5期

耐用年数

⑴減価償却のキーワード

　減価償却費を計算するにあたっては，**取得原価**と使用期間たる**耐用年数**を決定しなければならない。しかしこれでは十分ではない。特に有形固定資産については，使用後の売却により収入がもたらされることがある。この場合，使用期間に費用として配分すべき金額は，使用後の売却収入額である**残存価額**を取得原価から控除した金額となる。この金額を**要償却額**という。したがって，取得原価，残存価額，耐用年数，要償却額が減価償却を考えるうえでのキーワードとなる。

取得原価：

　企業は，固定資産を利用するために，購入代価に加えて，購入手数料，運送費，荷役費，据付費，試運転費といった費用を負担する。そこで固定資産を利用する直前までに支出したすべての金額を取得原価に算入する（取得原価主義）。それゆえ，固定資産の取得原価は，購入代価だけでなく，その使用開始までに支出した付随費用のすべてを含んでいる。この手続きについて，設例をみてみよう。

設例：4月1日（期首）　商品の配送用に，本体価格（購入代価）1,900,000円

のトラックを 20 回払いの月賦で購入し，第 1 回の賦払金 95,000 円と
改装費用 100,000 円について小切手を振出して支払った。

| （車　　　　　両） | 2,000,000 | （未　　払　　金） | 1,805,000 |
| | | （当　座　預　金） | 195,000 |

　5 月 1 日　第 2 回の賦払金 95,000 円について，小切手を振出して支
払った。

| （未　　払　　金） | 95,000 | （当　座　預　金） | 95,000 |

耐用年数：

　使用期間を見積ったものを耐用年数という。販売活動のために購入したト
ラックが 2 t（トン）積みである場合，エンジンが古くなったり荷台などが
摩耗したりして 2 t の荷物を運べなくなるまで，この配送能力（物的給付能
力）は変わらない。それゆえ，このトラックに係る費用計算としては，使用
した各期に取得原価を負担させればよい。すなわち，次の式で期間費用を計
算すればよい。

$$期間費用＝取得原価×\frac{その期間に運んだ商品の重量}{積載できなくなるまで運ぶことができる商品の総量}$$

　しかし，現実はこう単純ではない。分母の総量見積りの困難さだけでなく，
競争社会にいる企業にとって認識しなければならない重要な減価要因が物的
給付能力の低下以外に存在するからである。減価要因は，次の(a)～(d)に
まとめることができる。

　(a)使用による物質的消耗（減価）：営業上の使用による摩耗など，企業の
　　意図的な（利益を獲得する目的での）使用を原因とする減価であり，こ
　　れが本来の減価である。
　(b)自然の作用による物質的消耗（減価）：雨ざらしによる腐食など，使用
　　しなくても発生する自然の作用による減価である。
　(c)機能的減価（経済的減価）：物理的には利用可能であるが，経済的に利

用できなくなることから発生する減価である。これには，他社との競争関係など企業の外的要因により利用できなくなる陳腐化と，生産ラインの変更など企業の内的要因により利用できなくなる不適応化がある。ただし，不適応化も企業が競争の中で生き残ることに起因していることから，これも外的要因に帰着する。

(d)偶発的原因による消滅（減価）：(b)と同様に自然の作用によるものでも，台風，洪水，地震，津波，落雷など全くの偶発的な原因で「減失」してしまうものであり，(a)～(c)の減価とは区別される。つまり，資産の外見（形状）が変わらない(a)～(c)とは異なり，資産の形状そのものが変化し，使用不可能になるか，資産そのものが消滅してしまう。この減価は「損失」（特別損失）として処理され，減価償却の対象とはならない。

(a)(b)(d)は，固定資産の物質的性質の変化を問題にしているので，物質的減価と呼ばれ，他方，(c)は物質的に利用可能であっても経済的に利用できなくなる過程を問題にしているので，経済的減価と呼ばれる。

また，(a)(b)(c)の減価は企業が通常の活動を行っていれば毎期反復的に発生するものであるから，経常的減価と呼ばれ，これに対して(d)は偶発的減価と呼ばれる。経常的減価のうち，(a)(b)は，何らかの物理的基準によって減価の程度を測定することができるが，(c)は何らかの物理的基準を見出すことは困難である。そこで，この減価は，それを経済的に何年間利用するのかという「期間」（年数）に配分基準を求める。期間を単位として決められた利用可能期間を耐用年数と呼び，経済的視点で決められた耐用年数を特に経済的耐用年数という。競合他社が新車を取得し，より質の高いサービスを提供しはじめた場合，企業は競争に負けないために新車購入を検討しなければならない。したがって，競争社会にいる企業にとって最も重要な減価要因は経済的減価となる。一般に，固定資産の費用化は，この経済的耐用年数に取得原価を配分する手続といえる。

残存価額：

　使用終了後の収入（回収）見込額を残存価額という。通常，使用期間を終えた固定資産が売却されれば収入をもたらし，取得原価（投資額）の一部が回収される。この金額を**残存価額**という。この部分は減価しないため，これを使用期間に配分してはならない。使用期間に配分すべき金額は，取得原価から残存価額を控除した金額であり，これを「償却を必要とする金額」という意味において，**要償却額**という。

⑵減価償却の方法

　耐用年数と要償却額が決まれば，期間配分の方法を決めなければならない。ここで，一度採用した減価償却の方法は，継続して適用し（「継続性の原則」），原則として途中での変更は認められない。これを認めると，利益操作の可能性が高まり，会計数値の信頼性が失われるからである。

　一般に，減価償却の方法としては，**定額法**，**定率法**および**級数法**の三つの方法がある。ただし，級数法はわが国の実務では使用されていないため，定額法と定率法を説明する。

①定額法

　要償却額を耐用年数に配分する最も単純な方法は，要償却額を各期間に均等に配分する方法であろう。この方法は，各期の減価償却費が一定であるため，定額法といわれる。定額法は，固定資産が提供するサービスは毎期均等であり，毎期均等額の価値を費消するという仮定が当てはまる資産の減価償却費の計算に適している。

　定額法を適用する場合，減価償却費は，残存価額は0として，次のプロセスで計算される。すなわち，減価償却費は，1を耐用年数(n)で除した償却率(r)を取得原価に乗じて計算される。この手続きについて，設例をみてみよう。

設例：決算時　取得原価 2,000,000 円，耐用年数 10 年の車両について，定額
　　　法により減価償却を行う。なお，残存価額は 0 円とするが，減価償却
　　　は備忘価額の 1 円まで行う。

　この設例では，第 1 期から第 9 期までの減価償却費は，取得原価 2,000,000
円に償却率（r = 1/10 年 = 0.100）を乗じて 200,000 円と計算される。つまり，こ
こでは残存価額を 0 円として減価償却を行っている。そこで，第 1 期から第
9 期まで，次の決算整理記入を行う。

（減 価 償 却 費）　　　　　200,000　　　（車両減価償却累計額）　　　　　200,000

　ただし，最終年度（設例では第 10 期）の減価償却費については注意が必要
である。残存価額を 0 円として各期の減価償却費を計算すると，最終年度の
期末帳簿価額は 0 円となる。これでは，現実には償却済の有形固定資産を保
有していても，当該資産は会計数値上存在していないことになる。そこで，
このような資産の実在性を会計上認識し，資産管理に役立てるため，減価償
却は帳簿価額が備忘価額の 1 円になるまで行う。したがって，最終年度の減
価償却費は，未償却残高である 200,000 円から備忘価額の 1 円を差し引いた
199,999 円となる。
　なお，平成 19 年 3 月 31 日以前に取得した有形固定資産について定額法を
適用する場合は，残存価額を取得原価の 10% とし，これを取得原価から差し
引いた金額を耐用年数で除して減価償却費を計算する旧定額法が適用される。

　②定率法
　トラックや設備などの有形固定資産は，新しいうちは収益獲得能力（ある
いはサービス提供能力，給付能力）が高いが，古くなるに従い，その能力は急
速に下落する。このような資産には，初期の収益獲得能力の低下に合わせて
費用が逓減する方法を適用すべきであろう。これを可能にする方法が定率法
である。

　定率法を適用する場合，減価償却費は次のプロセスで計算される。まず，①帳簿価額に通常償却率（r）を乗じた値（**通常償却額**）と②取得原価と償却保証率を乗じた値を比較する。①≧②の場合，当該期間の減価償却費は①の値となる。①＜②の場合，当該期間以降の減価償却費は，①＜②となった時点の帳簿価額に改定償却率を乗じた値となる。なお，改定償却率は，残存耐用年数を償却期間とした定額法の償却率と同値であるため，①＜②となった後は，帳簿価額を定額法で償却することとなる。それゆえ，定率法による減価償却とは，通常償却額と定額法による償却額のうち，いずれか大きい金額を減価償却費とする方法ともいえる。

　通常償却率は定額法の償却率の200％であり，この償却率にちなんで，定率法は200％定率法と呼ばれることもある。耐用年数がn年の有形固定資産の定率法の通常償却率の計算方法を示したものが次の式である。

$$r = \frac{1}{n} \times 200\%$$

　償却保証率と改定償却率は『減価償却資産の耐用年数等に関する省令』に示されている。これに基づいて，定額法における償却率，定率法における通常償却率，改定償却率，償却保証率をまとめたものが次の表である。

耐用年数	定額法 償却率	定率法 通常償却率	改定償却率	償却保証率
2 年	0.500	1.000	－	－
3 年	0.334	0.667	1.000	0.11089
4 年	0.250	0.500	1.000	0.12499
5 年	0.200	0.400	0.500	0.10800
6 年	0.167	0.333	0.334	0.09911
7 年	0.143	0.286	0.334	0.08680
8 年	0.125	0.250	0.334	0.07909
9 年	0.112	0.222	0.250	0.07126
10 年	0.100	0.200	0.250	0.06552

　定率法の手続きについて，設例をみてみよう。

設例：決算時　取得原価 2,000,000 円，耐用年数 10 年の車両について，定
　　　率法により減価償却を行う。

　設例について，定率法に基づく減価償却費の計算プロセスを示したものが
次の表である。このケースでは，第 7 期に①＜②となっているため，これ以
降は帳簿価額が改定償却率で償却される。なお，最終年度の減価償却費は未
償却残高 131,072 円から備忘価額である 1 円を差し引いた 131,071 円となる。

会計期間	期首帳簿価額	通常償却額	償却保証額	改定償却額	減価償却費
第 1 期	2,000,000	400,000	131,040		400,000
第 2 期	1,600,000	320,000	131,040		320,000
第 3 期	1,280,000	256,000	131,040		256,000
第 4 期	1,024,000	204,800	131,040		204,800
第 5 期	819,200	163,840	131,040		163,840
第 6 期	655,360	131,072	131,040		131,072
第 7 期	524,288	104,858	131,040	131,072	131,072
第 8 期	393,216		131,040	131,072	131,072
第 9 期	262,144		131,040	131,072	131,072
第10期	131,072		131,040	131,071	131,071
				合計	1,999,999

　なお，平成 19 年（2007 年）4 月 1 日から平成 24 年（2012 年）3 月 31 日まで
に取得した有形固定資産については，通常償却率を定額法の償却率の250％
とする250％定率法が適用されることがある。また，平成 19 年（2007 年）3
月 31 日以前に取得した有形固定資産については，国税庁が示す「耐用年数の
適用等に関する取扱通達の付表」に基づく償却率を帳簿価額に乗じて減価償
却費を計算する旧定率法が適用されることもある。

③定額法と定率法の比較

　定率法による減価償却費の金額は，初期に多額となり，後期に非常に少な
くなる。そのため，定率法は初期に資産の収益獲得能力あるいは給付能力が
高く，以降，急激にその能力が低下する資産の減価償却費の計算に適してい
る。ただし，定率法によると，初期に非常に高い減価償却費を計上すること
で，資産の帳簿価額が急激に下落すると批判されることもある。次の図は，
先の車両の帳簿価額がいかに推移するかを示している。これにより，定率法

を採用すると，定額法を採用する場合に比して，帳簿価額が急激に下落することが明らかであろう。

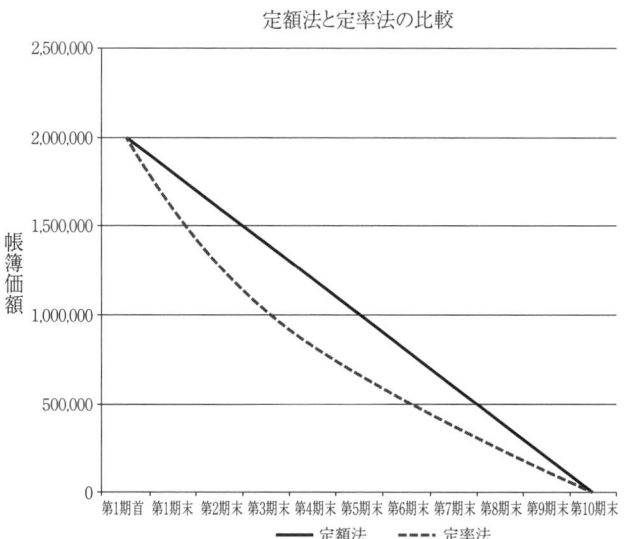

【補注】減価償却費と修繕費の関係—固定資産費用の平準化

　設備や車両などの有形固定資産を最適最良な状態で使用するために，適正な修繕維持が行われる。通常，**修繕費**は，有形固定資産が新しい間は少額ですむが，老朽化に伴い多額になる。それゆえ，有形固定資産については，修繕費と減価償却費の合計で費用負担を考えるのが合理的である。

　修繕費の大小を図示すると，通常，次ページの図のように逓増する。これに，点線で示した定率法の減価償却費を合算すると，全体としての有形固定資産に係る費用が相対的に平準化される。つまり，全体としてみると，この方法の方が，有形固定資産が各期の収益へ均等に貢献している様子を反映させることができる。これが，定率法を採用する一つの理由である。

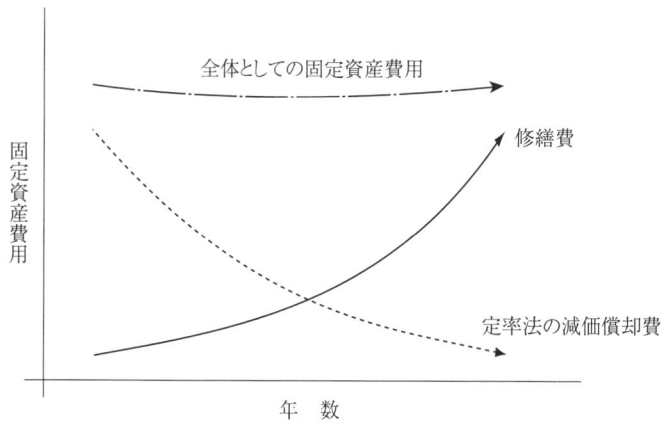

④資本的支出と収益的支出

　有形固定資産の使用において，さまざまな支出がなされる。これらの支出の中には，単なる修繕ではなく，固定資産の機能を高めるもの，具体的には，耐用年数を延長させたり，各期のサービス提供能力つまり収益獲得能力や生産能力を高めたりするものがある。このような支出は，資産価値を高めているので，修繕費のように各期の費用とせず，固定資産の価額に加算しなければならない。このような支出を，固定資産（イギリスでは固定資産を capital asset という）に加える支出という意味で，**資本的支出**（capital expenditure）という。一方，修繕費は，当期の費用として当期の収益（revenue）に負担させるので，**収益的支出**（revenue expenditure）という。

設例：車両（取得原価 2,000,000 円，耐用年数 10 年，定額法により償却）について，第 3 期首に修繕を行い修繕代 650,000 円については小切手を振出して支払った。
　この場合，修繕時に次の記録が行われる。

（車　　　　　両）　　　650,000　　　　（当　座　預　金）　　　650,000

　当該修繕により，積載能力等の機能が向上した場合（耐用年数に変化はない），第3期以降の減価償却費は281,250円（（2,000,000円 − 200,000円 × 2年 + 650,000円）÷ 8年）と計算される。一方，当該修繕により，耐用年数が3年伸びた場合（機能に変化はない），第3期以降の減価償却費は，204,545円（（2,000,000円 − 200,000円 × 2年 + 650,000円）÷（8年 + 3年），端数切捨て）と計算される。

⑤資産除去債務

　企業会計基準第18号「資産除去債務に関する会計基準」により，資産除去債務に関する会計処理が求められるようになった。固定資産を廃棄するには，資産除去費用が法令または契約によって発生することがある。この場合，将来の除去費用を見積り，その現在価値を負債として計上するとともに，その同額を関連する有形固定資産の帳簿価額に加える。これにより，資産計上された除去費用は，減価償却を通じて，その残存耐用年数にわたり，各期に配分される。この手続きについて，設例をみてみよう。

　設例：期首に車両（取得原価2,000,000円，耐用年数10年，定額法により償却）を小切手を振出して取得し，この車両について，資産除去債務90,000円（取得時の現在価値）が見積もられた。

　この設例において，取得時に次の仕訳を行う。

| （車　　　　両） | 2,090,000 | （当 座 預 金） | 2,000,000 |
| | | （資 産 除 去 債 務） | 90,000 |

　このように認識された除去費用は，減価償却を通じて耐用年数に配分される。また，資産除去債務の現在価値は，除去時に向けて増加していく。この増加分が20円であったとすると，決算時に次の決算整理記入が行われる。

| （減 価 償 却 費） | 209,000 | （車両減価償却累計額） | 209,000 |
| （利 息 費 用） | 20 | （資 産 除 去 債 務） | 20 |

(3)償却資産の表示法－直接法と間接法－

これまでは，減価償却費の相手勘定として「～減価償却累計額」と記録する方法を示してきた。このような方法を**間接表示法**あるいは**間接法**という。この表示法による貸借対照表上の表示（一部）を示すと，次のようになる。

建物	300,000,000
減価償却累計額	△ 10,000,000
建物（純額）	290,000,000

この貸借対照表上の表示が示すように，減価償却累計額は，償却資産の帳簿価額を示すために使用されている。このように，ある勘定の数値を加算または減算するために用いられる項目，勘定を**評価項目**，**評価勘定**という。

他方，減価償却費の記録としては，次の決算整理記入も考えられる。

（減 価 償 却 費）	10,000,000	（建　　　　物）	10,000,000

このように，償却資産の金額を直接的に減額する方法を**直接表示法**あるいは**直接法**という。この方法は，建物それ自体の価値が減少していることを仮定している。この方法による貸借対照表上の表示（一部）を示すと次のようになり，その仮定が明らかであろう。

建物	290,000,000

ただし，直接法は有形固定資産に採用されない。その理由は，商品と違って，減価償却費が計上されても有形固定資産が物理的に減少するわけではないからである。

【参考１】 生産高比例法と減耗償却

有形固定資産の取得原価は，通常，耐用年数を基準として期間に配分される。しかし，中には，固定資産の利用により提供されるサービスの総量を見積ることができ，かつ，当期の使用量も把握することができるものもある。このような固定資産では，提供されるサービスの総量と当期の使用量の比率により，取得原価を配分することができる。この方法を**生産高比例法**という。

商業において，この方法が採用されることは稀であるが，総埋蔵量があらか
じめ判明しており，当期の採掘量が把握できる鉱山業における採掘用設備や，
法律で定められた総飛行可能時間と当期の飛行時間が把握できる航空業にお
ける航空機などに利用される。この手続きについて，設例をみてみよう。

設例：取得原価 500,000,000 円，残存価額 0 円，法律で定められた総飛行可
　　　能時間 10,000 時間の航空機について，生産高比例法により，減価償
　　　却を行う。なお，当期の飛行時間は 2,000 時間であった。

$$減価償却費：500,000,000円 \times \frac{2,000時間}{10,000時間} = 100,000,000円$$

　鉱山業における「鉱脈」や林業における山林は，採取量に応じて消却して
いく**減耗償却**（depletion）という方法が採られる。この方法は，生産高比例法
による減価償却（depreciation）と似ている。しかし，減耗償却の対象となる
資産は鉱脈における埋蔵量や山林における樹木の保有量といった物自体が減少
しているのに対して，減価償却の対象となる資産は形も給付能力も変化しない。
それゆえ，これらの方法は，いずれも給付量に基づいて費用を認識するもので
あるが，それぞれの意味は異なる。

【参考2】廃棄法と取替法

　形状や物的な給付能力が変化しない使用期間中は，取得原価をそのままに
して費用を計上せず，廃棄されたときに，取得原価を一度に費用として計上
する方法を**廃棄法**という。これに対して，鉄道業におけるレール，枕木，信
号機，電力業における送電線，ガス事業における需要者用ガス計量機などの
ように同種の物品が多数集まって一つの全体の機能を構成し，常に取替が行
われることで全体の機能が維持される固定資産について，元の資産の取得原
価をそのまま帳簿価額とし，取り替えた資産の支出額を費用として計上する
方法を**取替法**という。この手続きについて，設例をみてみよう。

設例：4月1日（期首）　送電事業の開業にあたり，1本50,000円の電柱を
　　　80,000本立て，代金は小切手を振出して支払った。

（設　　　　　　備）　4,000,000,000　　　　（当　座　預　金）　4,000,000,000

　その後，1,000本の電柱を1本あたり51,000円で取り替え，小切手を振出
して代金を支払った場合，取替法によると次の仕訳が行われる。

（設 備 取 替 費）　51,000,000　　　　（当　座　預　金）　51,000,000

　また，廃棄法では次の仕訳が行われる。

（設 備 取 替 費）　50,000,000　　　　（設　　　　　　備）　50,000,000
（設　　　　　　備）　51,000,000　　　　（当　座　預　金）　51,000,000

　この取り替えにより，廃棄法では，先に取得した電柱の取得原価に基づい
て50,000,000円の費用が認識され，設備の帳簿価額は新しい電柱の取得原価
を加えた4,001,000,000円となる。一方，取替法では，取り替えに要した金額
に基づいて51,000,000円の費用が認識され，設備の帳簿価額は4,000,000,000
円のまま維持される。

　これらの方法のうち，費消した資産の取得原価に基づいて費用を把握する
という点で，廃棄法は減価償却の手続きと共通している。しかし，この方法
によると，送電設備の給付能力は一定（電柱80,000本による送電能力）である
にもかかわらず，電柱の取り替えにより設備の資産価額が変動する。それゆ
え，この方法によると資産価額は固定資産の給付能力を必ずしも反映すると
は限らない。この問題を解決するのが取替法である。取替法によると，電柱
の取り替えを行っても，設備の資産価額は4,000,000,000円のまま維持され
る。つまり，資産価額を変動させないことで給付能力が変化しないことを示
す点で取替法は合理的な方法であるといえる。

【研究】減価償却の金融的効果

　有形固定資産を取得すると，企業の資金はその取得に要した分だけ「固定化」される。しかし，有形固定資産に「固定化」された資金は減価償却費相当分だけ「流動化」する。なぜならば，減価償却費は支出を伴わない費用項目であるため，企業が利益を計上している限り，その分だけ何らかの対価（現金，売掛金，電子記録債務あるいは受取手形（2026 年に廃止予定））を獲得するからである。つまり，有形固定資産に「固定化」された資金が，対価として流入した現金等の流動資産に転化する。この現象を「固定資産の流動化」という。そして，企業は流動化した資金を元手に他の資産を購入できるため，減価償却は資金調達と同じ効果をもたらす。この効果を，減価償却の金融的効果もしくは財務的効果という。読者の諸君は，各自で例を設定し，この効果を確認して欲しい。

⑷有形固定資産に係る臨時的・偶発的な損益

①廃棄損

　これまでは，経常的減価を説明してきたが，有形固定資産について，(d) 偶発的原因による消滅に関する損失（特別損失）を認識しなければならないことがある。この手続きについて，設例をみてみよう。

設例：4 月 1 日（期首）　取得原価が 2,000,000 円，減価償却累計額が 1,800,000 円の車両が洪水により行方不明になったため廃棄処分の手続きを行った。

（車両減価償却累計額）	1,800,000	（車　　　両）	2,000,000
（固定資産廃棄損）	200,000		

②減損損失

　これまでは，順調に収益を獲得すると見込まれる固定資産に関する費用認識

を説明してきた。しかし，固定資産に対する投資は，常に成功するとは限らない。固定資産に対する投資が失敗した場合，減損会計が適用される。この減損会計の会計処理は複雑であるため，ここでは基本的な考え方のみを概説する(注)。

　(注) 詳しくは，新田編著『大学院学生と学部卒業論文テーマ設定のための財務会計論・簿記論入門』第2版，6章（川村担当）を参照して欲しい。

　減損会計とは，固定資産の収益性の低下により，投資額が回収できなくなった場合，その帳簿価額を回収可能価額まで減額する手続きをいう。この回収可能価額とは，資産又は資産グループの時価から処分費用見込額を控除した金額である**正味売却価額**と，その継続使用と使用後の処分によって生ずると見込まれる将来キャッシュ・フローの現在価値である**使用価値**のうち，いずれか高い方の金額をいう。このように正味売却価額と使用価値のうち，いずれか高い方を回収可能価額とするのは，経営者は企業にとって有利な選択を行うと仮定されているからである。この手続きについて，設例をみてみよう。

設例：4月1日（期首）　取得原価が2,000,000円，残存価額0，耐用年数10年，定額法による減価償却を行ってきた車両について，第3期首に収益性の低下が認められ，その時点における正味売却価額が770,000円，使用価値が740,000円であった。

　この設例において，減損損失は，帳簿価額（2,000,000円−200,000円×2年）と回収可能価額（770,000円と740,000円のいずれか高い金額）との差額（1,600,000円−770,000円＝830,000円）として計算され，次の仕訳が行われる。

（減 損 損 失）　　　830,000　　　　　（車　　　両）　　　830,000

　この減損損失は，「特別損失」として処理される。減損損失の計上により，車両の帳簿価額は，その回収可能価額の770,000円となる。

④　無形固定資産に関する費用認識
　企業の利益獲得活動に長期にわたって貢献する固定資産には，物理的な形

態を持たない**無形固定資産**もある。ここでは，商標権や意匠権，特許権など，法律上の権利と市場販売目的のソフトウェアを説明する。これらの無形固定資産は，実体が消滅していくと考えることができるため，表示方法として直接法が適用される。また，費用の勘定科目名も，慣習上「減価償却費」ではなく，「××償却」という表現が採用される。

　法律上の権利は，その有効期限が法律によって定められており，会計上「経済的耐用年数」により償却する点は有形固定資産と同じであるが，償却法が定額法に限定される点が有形固定資産と異なる。償却法として定額法が適用される根拠は二つある。第一に，法律上の権利が各期の収益に対する貢献度が一定であるという考え方があり，各期の負担を均等にする定額法が支持される。第二に，法律上の権利そのものには保守や修繕など，維持に係る追加的費用が不要であるため，初期に高い費用を負担させる定率法を適用する根拠が相対的に弱い。無形固定資産の償却について，設例をみてみよう。

設例：決算時　2,000,000 円で取得した商標権について，耐用年数を 10 年として償却を行う。

（商 標 権 償 却）　　　200,000　　　　（商　　標　　権）　　　200,000

　なお，間接法による有形固定資産の貸借対照表上の表示と直接法による無形固定資産のそれを比較すると，次のようになる。

```
            固定資産
              有形固定資産
                建物                    300,000,000
                  減価償却累計額          △10,000,000
                建物（純額）             290,000,000
              無形固定資産
                商　　標　　権             1,800,000
```

コンピュータを機能させるように指令を組み合わせて表現したプログラム

等のことを**ソフトウェア**という。企業は，市場で販売する目的あるいは自社で利用する目的でソフトウェアを保有する。一般に，自社利用目的のソフトウェアに対しては，法律上の権利と同様の会計処理が行われる。しかし，市場販売目的のソフトウェアに対しては，若干の考慮を要する。そこで，市場販売目的のソフトウェアの会計処理を説明する。

　市場販売目的のソフトフェアは，その製作費の総額から研究開発に係る部分を除いた金額を取得原価とし，資産として計上しなければならない。そして，ソフトウェアの取得原価は，そのソフトウェアの性格に応じて，見込販売数量に基づく償却方法その他合理的な方法により償却しなければならない（ただし，毎期の償却額は，残存有効期間に基づく均等配分額を下回ってはならない）。ソフトウェアに関する手続きについて，設例をみてみよう。

設例：いま，市場販売用のソフトウェアの製作費500,000円（研究開発に係る部分140,000円を含む）を小切手を振り出して支払い，このソフトウェアの有効期間3年，見込販売数量が第1期に1,800個，第2期に1,300個，第3期に1,400個，見込販売数量法により償却を行う。

　この設例において，取得時に次の記録が行われる。

| （ソフトウェア） | 360,000 | （当 座 預 金） | 500,000 |
| （研 究 開 発 費） | 140,000 | | |

　第1期末に次の決算整理記入が行われる。

| （ソフトウェア償却） | 144,000 [注1] | （ソ フ ト ウ ェ ア） | 144,000 |

　なお，第2期のソフトウェア償却額は108,000円[注2]，第3期のソフトウェア償却額は108,000円[注3]と計算される。

（注 1）　$360{,}000 円 \times \dfrac{1{,}800 個}{1{,}800 個 + 1{,}300 個 + 1{,}400 個} = 144{,}000 円 \cdots ①$

　　　　$360{,}000 円 \div 3 年 = 120{,}000 円 \cdots ②$

　　　　①＞②　　∴144,000 円

（注 2）　$(360{,}000 円 - 144{,}000 円) \times \dfrac{1{,}300 個}{1{,}300 個 + 1{,}400 個} = 104{,}000 円 \cdots ①$

　　　　$(360{,}000 円 - 144{,}000 円) \div 2 年 = 108{,}000 円 \cdots ②$

　　　　①＜②　　∴108,000 円

（注 3）　360,000 円 － 144,000 円 － 108,000 = 108,000 円

⑤　売上債権の貸倒れに関する費用認識

　今日の企業間取引は，信用取引を中心にしている。信用取引によって発生した売掛金や電子記録債務および受取手形（2026 年に廃止予定）といった売上債権は，確実に収入に結び付くとは限らない。つまり，回収不能（貸倒れ）となる可能性がある。そこで，売上債権の貸倒れに関する会計処理を説明しておかなければならない。売上債権の貸倒れに関する会計処理は，(1)当期発生の売掛金が当期に貸倒れた場合の会計処理，(2)貸倒引当金を見積もる際の会計処理，および(3)貸倒引当金が不足する場合の会計処理に分けて説明できる。そこで，以下，これらの会計処理を説明する。

(1)当期発生の売掛金が当期に貸倒れた場合の会計処理

　当期の販売活動によって発生した売上債権の貸倒れが，当期に発生した場合，この回収不能額を，**貸倒損失**勘定を用いて，当期の販売費及び一般管理費に計上する。この手続きについて，設例をみてみよう。

設例：3 月 20 日　得意先の F 社が倒産し，当期の販売活動によって発生した売掛金 305,000 円が回収できなくなった。

（貸　倒　損　失）　　　305,000　　　　（売　　掛　　金）　　　305,000

⑵貸倒引当金を見積もる際の会計処理

　当期に発生した売上債権は，次期以降に貸倒れる可能性もある。この場合，次期の貸倒れの原因は当期の販売にあるため，販売収益を認識する当期にその貸倒れにかかる費用を計上する。そこで，予想される売上債権の回収不能額に対して，決算時にあらかじめ貸倒実績率に基づいて回収不能額を見積もり，回収不能額分の費用を，**貸倒引当金繰入**（額）勘定を用いて，当期の販売費及び一般管理費として費用計上しておく(注)。この手続きについて，設例をみてみよう。

　　(注)　売上債権に対する貸倒引当の設定に関する費用（貸倒引当金繰入）は，わが国の会計では，掛売りにより売上が増加すると考え販売促進費と解釈するか，「掛」は販売上の慣行と考え掛販売に伴う必要コストと解釈する。それゆえ，表示区分上は販売費及び一般管理費に記載されるが，貸倒引当金繰入（貸倒引当費）は販売費と解釈されている。

　設例：決算時　期末の売掛金残高14,650,000円に対して，貸倒引当金を計上する。なお，貸倒率は，過去の貸倒実績率により２％と見積もられる。

（貸倒引当金繰入）　　　293,000　　　　　（貸 倒 引 当 金）　　　　293,000

　この会計処理を資産の側からみると，貸倒引当金の設定は，売上債権の金額を確実に回収できる金額に評価し直すことを意味している。つまり，期末の売掛金残高14,650,000円のうち，見積回収不能額が293,000円あるため，回収可能性を反映した売掛金は14,357,000円（14,650,000円－293,000円＝14,357,000円）と評価される。この評価の過程は，貸借対照表では，原則として，この評価の過程を示すように，次のように表示される。

売　掛　金	14,650,000
貸倒引当金	△293,000
売掛金（純額）	14,357,000

　貸倒引当金相当分だけ売掛金が消滅したわけではないため，貸借対照表上，

売掛金の金額と貸倒引当金の金額を両方とも表示される。このように，貸倒引当金勘定は，売掛金を回収可能性を反映した金額に評価する勘定であるため，**評価勘定**である。なお，有価証券報告書において，企業が実際に公表する貸借対照表では，次のように流動資産全体に対する評価勘定として表示されることがある。

流動資産	
現金及び預金	17,835,000
売掛金	14,650,000
商品	11,720,000
その他	831,000
貸倒引当金	△293,000
流動資産合計	44,743,000

　貸倒引当金が設定される売上債権について，翌期に貸倒れが生じた場合は，貸倒れた売掛金の消滅を認識するともに，貸倒引当金を取り崩す。この手続きについて，設例をみてみよう。

設例：4月2日　E社が倒産し，前期に発生した売掛金180,000円が貸倒れた。なお，貸倒引当金残高は293,000円ある。

（貸倒引当金）　　　　180,000　　（売　掛　金）　　　　180,000

　この仕訳において，費用または損失は認識されていない。つまり，貸倒れの影響は，当期の損益計算に作用していない。これは，前期に発生した売上債権に関する費用は，前期のうちに貸倒引当金の設定として認識されているからである。

　ところで，この仕訳によって，貸倒引当金残高は，113,000円（293,000円−180,000円）となる。この金額が，仮に期末時点まで残っていた場合，決算時には，回収不能見積額のうち，不足分のみを新たに設定する会計処理を行う。この方法は，不足分つまり差額を計上しているので，**差額補充法（差額計上法，差額調整法）** と呼ばれる。この会計処理について，設例をみてみよう。

設例：決算時　期末の売掛金残高 15,220,000 円に対して，貸倒引当金を計上
　　　する。なお，貸倒率は，過去の貸倒実績率により 2 ％と見積もられ，
　　　貸倒引当金残高は 113,000 円である。

（貸倒引当金繰入）　　　191,400　　（貸 倒 引 当 金）　　　191,400

⑶貸倒引当金が不足する場合の会計処理

　貸倒引当金の設定は，過去の貸倒実績率に基づく見積もりである。それゆ
え，見積もりを超えて貸倒れが発生する場合，貸倒引当金残高が不足するこ
とがある。この場合，貸倒引当金残高が不足した原因に応じて，2 通りの会
計処理が行われる。すなわち，①その原因が前期末における見積りの誤りで
あった場合，「**誤謬の訂正**」として修正再表示を行い，②その原因が当期中
の状況の変化であった場合，「**会計上の見積りの変更**」として当期の費用を
認識する。

　具体的には，①貸倒引当金の設定不足の原因が，前期末における見積りの
誤りであった場合は，前期に計上した貸倒引当金繰入（貸倒引当費）の訂正
を行うが，これを当期の財務諸表上で行うために繰越利益剰余金を修正する。
この手続きについて，設例をみてみよう。

設例：4 月 2 日　E 社が倒産し，前期に発生した売掛金 300,000 円が貸倒れ
　　　た。なお，貸倒引当金残高は 293,000 円あり，貸倒引当金の設定不足
　　　の原因は，見積りの誤りと考えられる。

（貸 倒 引 当 金）　　　293,000　　（売　　掛　　金）　　　300,000
（繰越利益剰余金）　　　　7,000

　この会計処理では，7,000 円の売掛金の設定不足分について，過去に計算
した利益の留保分としての繰越利益剰余金を減少させている。それゆえ，こ
の会計処理は，過去に計算した損益を修正する（修正再表示）という意味を
持っている。

　一方，②貸倒引当金の設定不足の原因が，当期中の状況の変化であった場

合は，貸倒引当金の設定不足分を当期の費用（貸倒損失）として営業費用
（販売費及び一般管理費）に計上する。この手続きについて，設例をみてみよう。

設例：4月2日　E社が倒産し，前期に発生した売掛金300,000円が貸倒れた。なお，貸倒引当金残高は293,000円あり，貸倒引当金の設定不足の原因は，当期中の経済状況の悪化であったと考えられる。

（貸 倒 引 当 金）　　　293,000　　　　　（売　　掛　　金）　　　300,000
（貸 倒 損 失）　　　　　7,000

　この会計処理では，7,000円の売掛金の設定不足について，貸倒損失という当期分の費用を新たに認識している。それゆえ，この会計処理は，当期に発生した事象による費用見積額の変更を当期の費用として認識するという意味を持っている。

⑥　負債性引当金に関する費用認識

　売上債権に関する将来キャッシュ・インフローのマイナスに起因する費用を見積もることで売上債権を評価する評価勘定としての貸倒引当金は**評価性引当金**に分類されるが，将来キャッシュ・アウトフローに起因する費用を見積もることで貸方に負債として認識される**負債性引当金**がある。一般的に，わが国では製品保証引当金，売上割戻引当金，賞与引当金，返品調整引当金，工事補償引当金（品質保証部分），退職給付引当金，修繕引当金，特別修繕引当金，債務保証損失引当金，損害補償損失引当金が負債性引当金と考えられている(注)。これらは，「一年基準」により，一年以内に使用（支出）されるものは流動負債に分類され，一年を超えて使用されるものは固定負債に分類される。なお，以下では，わが国の負債性引当金のうち，製品保証引当金と退職給付引当金について説明する。

　(注) これらのうち，修繕引当金と特別修繕引当金については，日本公認会計士
　　　協会が公表した「我が国の引当金に関する研究資料」のように負債性を肯

定する見解とIAS37号のようにその負債性を否定する見解が対立している。なお、「収益認識会計基準」により、返品調整引当金は収益を変動させる要因として販売時の売上から控除する会計処理を行うため、引当金として計上されない。

(1)製品保証引当金
　当期に製品を販売し、その際に品質保証（製品が合意された仕様に従っているとする保証）を行ったとすると、販売した製品の品質不適合が生じると、それを修理する義務を負う。つまり、製品保証義務を負えば、それだけ将来の費用、つまり負債が発生する。この費用は、その品質保証によって生じた収益に負担させなければならない。つまり、適正な損益計算を行うには、将来の修理費用を見積り、その分を当期の収益に対応する費用としなければならない。この手続きについて、設例をみてみよう。

設例：決算時　当期に販売した製品（品質保証契約付）について、過去の故
　　　　障実績率に基づいて将来の修理費を800,000円と見積もった。

（製品保証引当金繰入）　　800,000　　　　（製品保証引当金）　　800,000

　この決算整理記入によって認識した製品保証引当金について、翌期に実際に製品保証に係る費用が発生した場合、この引当金を取り崩す。この会計処理について、設例をみてみよう。

設例：8月16日　前期に締結した品質保証契約に基づいて、前期に販売し
　　　　た製品の修理を行い、修理費756,000円は小切手を振り出して支払っ
　　　　た。

（製品保証引当金）　　756,000　　　　（当　座　預　金）　　756,000

(2)退職給付引当金

　人件費に関する会計処理において，退職給付会計は特に重要である。一般に，企業は，従業員の退職時に**退職一時金**（退職金）を支払い，また，退職後に**退職年金**を支払う。これらは**退職給付**と呼ばれる。退職給付は，従業員に対する労働対価後払い分，すなわち企業にとっての負債と考えることができる。そこで，企業は，雇用中の従業員一人一人について，**退職給付債務**（退職時に支払われる退職一時金と退職後に継続的に支払われる退職年金）を予測計算し，この現在価値を求め，これを集計して，全従業員に対する企業の負債である退職給付債務を計算する。

　この退職給付債務を履行するために，企業は年金制度を設定する。年金制度とは，具体的には，信託銀行や証券会社などに組織された年金基金であり，企業は，ここに資金を預け，資金の運用を任せ，退職した従業員の年金を支払うよう依頼する。この基金において運用されている資産を**年金資産**と呼ぶ。年金資産は，企業の営業活動に利用できる資産ではないため，投資家がそのような資産と誤解しないように，企業の貸借対照表には計上されない。

　このように，企業は，退職給付債務を負うが，その支払いに備えて年金制度を設けて資産を運用している。それゆえ，簡単に表現すると，企業が**退職給付引当金**として認識すべき負債の金額は，企業が負う正味の債務であり，退職給付債務と年金資産の差額となる。ただし，退職給付債務は，毎年変動し，その変動分を**退職給付費用**として認識しなければならない。

　退職給付引当金は，主に三つの要因によって変動する。まず，従業員の勤務によって毎年増加する。この増加分を**勤務費用**というが，勤務費用に起因する退職給付引当金の増加分を認識する。次に，退職給付債務は割引現在価値として認識されており，時の経過に起因して退職給付引当金が増加する。この増加分を**利息費用**として認識する。最後に，年金資産は金融機関によって運用されており，期待される運用益に起因して退職給付引当金が減少する。この減少分を**期待運用収益**として認識する。退職給付費用は，基本的に，これら三つの要因を考慮して次の式で計算される。

退職給付費用＝当期勤務費用＋(期首退職給付債務×割引率)
_{利　　息　　費　　用}

　　　　　　　　　　　－(期首年金資産×長期期待運用収益率)
_{期　待　運　用　収　益}

退職給付会計について，設例をみてみよう。

設例：決算時　決算にあたり，当期の退職給付費用を認識する。なお，当
　　　期の勤務費用は 1,200,000 円，期首退職給付債務の金額は 300,000,000
　　　円，退職給付債務の割引率は 4 ％，期首年金資産の金額は 250,000,000
　　　円，長期期待運用収益率は 5 ％とする。

(退職給付費用)　　　700,000※　　　　　(退職給付引当金)　　　　700,000

※退職給付費用
　＝ 1,200,000 円 ＋(300,000,000 円 × 4 ％) －(250,000,000 円 × 5 ％)＝ 700,000 円

　退職給付費用は，人件費として正常である場合(注)，原則として，売上原
価または販売費および一般管理費に計上され，退職給付引当金は貸借対照表
の固定負債の部に計上される(連結財務諸表上は，退職給付引当金に未認識
数理計算上の差異を調整したものとしての「退職給付に係る負債」という表
示科目を用いる)。

　(注)　制度の変更や賃金のベースアップ等の給与水準の重要な改訂などに起因す
　　　る引当てが重要と認められる場合は「特別損失」とすることができる。

【補注 1 】 補助簿と総勘定元帳

　売掛金の具体的な中身は販売先(得意先)への債権(代金請求権)である
が，個別の得意先にいくらの請求権があるかという情報は売掛金勘定からは
分からない。しかし，この情報は債権の回収や資金計画などを考えた場合に
必要である。そこで，売掛金の内容を示す得意先元帳(売掛金元帳)が作成
される。これについて，簿記の手順をみてみよう。

仕　訳　帳

〈4ページ〉

日付		摘　　　　要		元丁	借　　方	貸　　方
2	4	（売　掛　金）		2／得3	1,960,000	
			（売　　上） A社	6		1,960,000
	〃	（売　掛　金）		2／得4	1,505,000	
			（売　　上） B社	6		1,505,000
	〃	（売　掛　金）		2／得9	35,000	
			（売　　上） F社	6		35,000
3	20	（貸倒損失）		10	35,000	
			（売　掛　金）F社	2／得9		35,000

　仕訳帳から，売掛金と得意先元帳の両方に"転記"する処理が行われていることが明らかであろう。この結果，次に示す売掛金勘定と得意先元帳が作成される。

売　掛　金

〈2〉

10. 5.		[2]	2,800,000	11.25.		[3]	2,800,000
2. 4.		[4]	1,960,000	3.20.		[4]	35,000
〃		[〃]	1,505,000	31. 次期繰越		[5]	3,465,000
〃		[〃]	35,000				
			6,300,000				6,300,000
4. 1. 前期繰越		[1]	3,465,000				

〈 得意先元帳 〉

A　　社

〈3ページ〉

日付		摘　　　　要	仕丁	借　方	貸　方	借/貸	残　高
2	4	計算書番号 002，N商品＠¥70　28,000個	4	1,960,000		借	1,960,000
3	31	次期繰越	√		1,960,000		
				1,960,000	1,960,000		
4	1	前期繰越	√	1,960,000		借	1,960,000

B　　社

〈4ページ〉

日付		摘　　　　要	仕丁	借　方	貸　方	借/貸	残　高
2	4	計算書番号 003，N商品＠¥70　21,500個	4	1,505,000		借	1,505,000
3	31	次期繰越	√		1,505,000		
				1,505,000	1,505,000		
4	1	前期繰越	√	1,505,000		借	1,505,000

F　　　　社

〈9ページ〉

日付		摘　　　要	仕丁	借　方	貸　方	借/貸	残　高
2	4	計算書番号 004，N商品 ＠￥70　500個	4	35,000		借	35,000
3	20	貸倒れ，滞り売掛金勘定へ，未回収債権整理番号 123	〃		35,000	〃	0
				35,000	35,000		

　個別の得意先にいくらの請求権があるかという詳細な情報は得意先元帳で把握され，売掛金が全体としていくらあるかという数値は売掛金勘定で把握される。これらの関係があるとき，一般的に，会社全体の情報を示す勘定を総勘定元帳，この明細を示す勘定を補助元帳という。なお，総勘定元帳と補助元帳の関係は，買掛金と仕入先元帳（買掛金元帳）との間にも成立する。このように，総勘定元帳との対応関係をもつ帳簿を補助元帳と呼び，総勘定元帳との対応関係をもたない帳簿を補助簿と呼ぶ。補助簿の具体例としては，商品有高帳がある。商品有高帳の受入欄については仕入勘定との対応関係をもつが，払出欄については仕入勘定との対応関係をもたない。

　決算において，残高勘定に振替えられ資産として計上されるのは売掛金である。つまり，総勘定元帳は，決算のために使用される。決算では，企業全体の「最終有高」（次期繰越）の情報が必要となる。したがって，総勘定元帳は有高を計算できる形式（Ｔフォーム）が採用され，摘要欄も決算（翌期へ）の繰越過程が明らかになるように記入される。一方，取引の詳細な情報は補助元帳で把握される。したがって，この帳簿には期中の増減欄だけでなく残高欄も設けられる。

【補注２】伝票による記帳と管理

　記帳事務においては伝票を利用するのが便利であり，実務でも利用される。いま，「仕入部門」「倉庫部門」「販売部門」とともに，資金の支払・回収のために「資金管理部門」があり，そこでは管理のために「仕入先元帳」と「得意先元帳」を備えているとする。また，決算など全社的な会計管理は「会計部門」で行い，そこに総勘定元帳を設けているものとする。この組織

を図示すると，次のようになる。

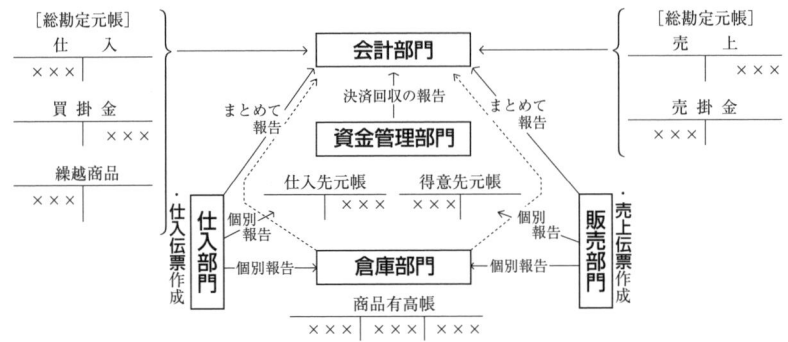

　この組織に応じた伝票の利用を考えると，販売部門が商品を販売したとき，この組織における売上伝票は，次のように，3枚複写でなければならない。

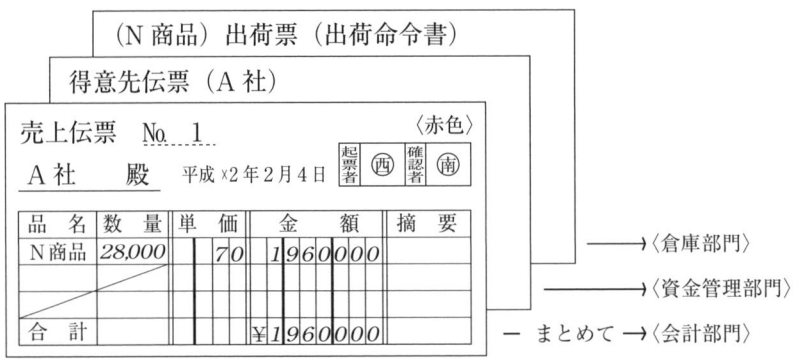

　これらの伝票のうち1枚目は，売上取引を記入した「仕訳帳」に相当する。この伝票は販売部門が保管し，例えば月次や四半期ごとあるいは商品ごとに集計し，販売活動の管理に利用する。一方で，一定の基準日にまとめて，その合計を会計部門に報告する。会計部門はこの報告を受け，「総勘定元帳」の「売上勘定」と「売掛金勘定」に総額で増加の記入を行う。つまり，日々の売上高の管理は販売部門が行い，会計部門は企業全体の売上と売掛金の数値を管理し，これが財務諸表を作成する基となる。

　2枚目は，その都度，資金管理部門に送られ，資金管理部門は得意先元帳の「A社勘定」に記録する。資金管理部門は各得意先元帳を一定期間ごとに集計し，代金の請求を行う。代金が回収されたら，回収総額を会計部門に報告し，会計部門は企業全体の有高を示す「売掛金勘定」を総額で減少させる。このとき，売掛金勘定減少の相手勘定，例えば当座預金勘定も合計で増加させる。このように，資金管理部門は日々の企業全体の資金管理を行う。ここで注意しなければならないのが実際の取引と記録との関係である。実際の取引では，例えば，現金を受け取り，売掛金が生じない場合がある。しかし，その場合でも次の仕訳を行い，売掛金を仲介させる。この記録により，得意先が販売活動に寄与する度合いをすべて帳簿に反映させることができる。

| （売　掛　金） | 1,960,000 | （売　　　上） | 1,960,000 |
| （現　　　金） | 1,960,000 | （売　掛　金） | 1,960,000 |

　3枚目は，倉庫部門に送られる。倉庫部門はこれに基づき，N商品 28,000個を発送するとともに，それをN商品の商品有高帳に記入する。つまり，この伝票は商品の「出荷指示書」の役目も果たしている。

　仕入伝票も同様に機能させる。すなわち，1枚目は仕入部門の仕入活動の管理と集計した数値を会計部門への報告（総勘定元帳の仕入勘定と買掛金勘定の記入）のため，2枚目は資金管理部門への報告（仕入先元帳の記入）のため，3枚目は，倉庫部門の商品有高帳の記入のために使用する。なお，倉庫部門は，例えば決算時に，在庫有高を会計部門へ報告し，会計部門はこれを「繰越商品勘定」に記入し，売上原価を計算する。したがって，この組織における仕入伝票もまた次のように3枚複写でなければならない。

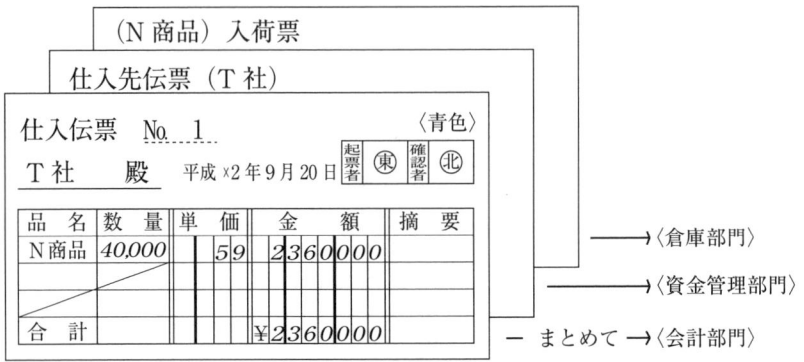

このように，実務では複式簿記の原理を基礎にし，企業の管理と財務諸表作成のためにさまざまな工夫が行われる。

（2）製造業の場合（売上総利益の計算）

　商品の仕入と販売が主要な利益の源泉となっている商業に対して，製造業では，製品の生産と販売に利益の源泉がある。特に，製品の生産に関しては新たな勘定（次図参照）が必要となる。

　【製造活動のフロー】 Ⅲ.1.（2）1）を参照のこと。

〈 製造活動 〉

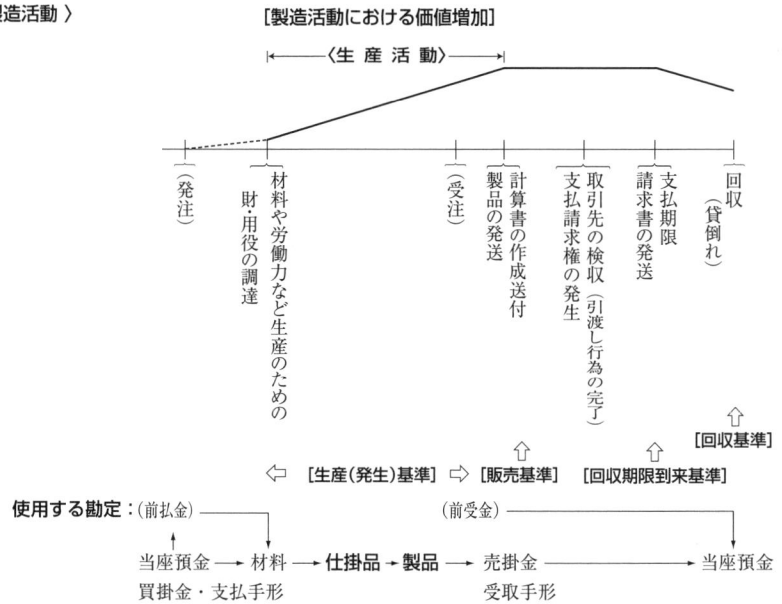

製造活動では，「原材料」や「仕掛品」といった製造過程特有の勘定の他，使用する「機械」や「設備」，さらには「未払給料」などの資産負債も生じる。これらの動きの把握のために，製造原価報告書（明細書）が必要になる。製造原価報告書では，当期製品製造原価の計算を下のようにする。

当期製品製造原価＝｛(材料費＋労務費＋間接費)＋期首仕掛品｝－期末仕掛品

製造活動で生じた材料の減少額を**材料費**，労働サービスの費消額を**労務費**，製造活動を支えるための財・サービスの減少・費消額を**間接費**（経費）として計上する。期首仕掛品の値は前期末（期首）の貸借対照表から得られる。また，期末仕掛品の値は製品原価を基に仕掛かり度（完成度）・進捗度を判断して決められる。**当期製品製造原価**は商業の当期仕入高に相当する項目である。

第1段階の材料費，労務費，間接費の計算過程はこれまで説明した商業の「払出原価」と「販売費及び一般管理費」の把握の仕方と変わらない。

第1段階（当期の材料費，労務費，経費の計算）：

　材料費の計算は，商品の払出原価（売上原価）の計算方法と同じである。商品を材料に置き換え移動平均法（製造業では多く利用されている）による材料費に関する仕訳と各勘定を示すと，次のようになる（前月からの繰越は500,000とする）。なお，製造業では，継続的な活動のために常に一定の在庫が必要となり，棚卸資産の在高を把握できる資産法を用いる点が商業と異なっている。

9.20.	仕入	（材　　　料）	2,400,000		（買　掛　金）	2,400,000
10. 5.	投入	（材　料　費）	2,320,000		（材　　　料）	2,320,000
1.23.	仕入	（材　　　料）	3,200,000		（買　掛　金）	3,200,000
2. 4.	投入	（材　料　費）	3,150,000		（材　　　料）	3,150,000

材　料

4.1.	前期繰越	500,000	10.5.		2,320,000
9.20.		2,400,000	2.4.		3,150,000
1.23.		3,200,000	3.31.	次期繰越	630,000
		6,100,000			6,100,000

材料費

10.5.		2,320,000	3.31.	製造	5,470,000
2.4.		3,150,000			
		5,470,000			5,470,000

　「製造」勘定は，各原価を集計し，製品勘定と結びつける勘定である（第2段階を参照）。

　労務費は原則として労働時間を基準に把握する（発生基準）。商業における給料（Ⅲ.2.(1) 3)）を工員の賃金に置き換えて考えればよい。各月賃金の支払いは，次のようになる。

4.25.	支払	（労　務　費）	20,000	（当　座　預　金）	20,000

3.25.　　支払　　（労　務　費）　22,500　（当 座 預 金）　22,500

　また，決算時に次の記録が行われる。労務費は月給ではなく時間給で計算されることが多い。この場合，先の例の残業の考え方をあてはめればいい。いずれにせよ，当期の労務費の総額を計算するには，未払い分 1,500 円を負債として認識しなければならない。

3.31.［決算整理］（労　務　費）　1,500　（未払労務費）　1,500

　間接費の計算も，「販売費及び一般管理費」における費用の計算基準と同様である。工場の賃借料が，毎月 10,000 円であったとすると，次の記録が行われる。

4.25.　　支払　　（支 払 家 賃）　10,000　（当 座 預 金）　10,000

3.25.　　支払　　（支 払 家 賃）　10,000　（当 座 預 金）　10,000
3.31.［決算整理］（前 払 家 賃）　10,000　（支 払 家 賃）　10,000
　〃　〈振　　替〉（間　接　費）　110,000　（支 払 家 賃）　110,000

　同様に，生産のための機械の減価償却費 180,000 円は，次の記録が行われる。

3.31.［決算整理］（減価償却費）　180,000　（機械減価償却累計額）　180,000
　〃　〈振　　替〉（間　接　費）　180,000　（減価償却費）　180,000

　ほとんどの経費は「消費量」を基準とする。これについて，電力費はメーターにより消費量が測定され，年間で 20,000 円であったとすると次のように記録される。

3.31.〈振　　替〉（間　接　費）　20,000　（電　力　費）　20,000

以上の記録を間接費（経費）勘定に反映させ，さらに間接費を製造勘定に振り替えると，間接費勘定は次のようになる。

間接費（経費）

3.31.	支払家賃	110,000	3.31.	製造	310,000
〃	減価償却費	180,000			
〃	電力費	20,000			
		310,000			310,000

　これまでの手続きにより，「材料費」「労務費」「間接費」が把握され，第1段階は終了する。

第2段階（製造原価報告書における「製造」勘定の作成）

　製造業では，製造原価報告書を作成する。そのためには，前期末の貸借対照表に計上されている期首の仕掛品および期末の仕掛品の情報が必要である。今，期首仕掛品の値を76,000円とし，当期に生産された製品の個数が99,000個であった。また，仕掛中のもの4,000個で仕掛度（進捗度）が25％とする。したがって，材料，労働力およびその他のサービスが製造過程において均等に投入される場合，仕掛品1個に負担させるべき原価は製品の4分の1ということになる。この資料に基づいて，まず当期の材料費，労務費および経費ならびに当期に完成品となる期首の仕掛品の原価を，製造原価報告書の基になる製造原価に振り替える。

3.31.	［決算整理］（製　　造）	6,100,000	（材　料　費）	5,470,000
			（労　務　費）	244,000
			（間　接　費）	310,000
			（仕　掛　品）	76,000

　これにより製造勘定でこれまでに製造に投入された費用の総額が計算される。これを受け，この費用を「製品原価」と「仕掛品」とに分解する。これは上の過程により次のように計算される。

　　製品1個あたりの原価　　　　：　　6,100,000÷(99,000＋4,000×0.25)＝61円

　　仕掛品の評価　　　　　　　　：　　4,000×61×0.25＝61,000円

　　製品の総原価(当期製品製造原価)：

　　　　　　　　　　　99,000×61 または 6,100,000－61,000＝6,039,000円

　この計算により，当期に完成した製品の総原価が算出され，次の記録が行われる。

　3.31. ［決算整理］（製　　　品）　6,039,000　　（製　　　造）　6,100,000
　　　　　　　　　　　（仕　掛　品）　　　61,000

　以上の処理の結果，下の製造勘定が作成される。

製　　造

3.31.	材 料 費	5,470,000	3.31.	製　品		6,039,000
〃	労 務 費	244,000	〃	仕掛品（期末）		61,000
〃	間 接 費	310,000				
〃	仕掛品（期首）	76,000				
		6,100,000				6,100,000

　この製造勘定に基づいて，製造原価報告書を作成すると，次のようになる。

製造原価報告書

自　×年×月×日　至　×年×月×日

材料費		5,470,000
労務費		
基本給	240,000	
諸手当・福利厚生費	4,000	244,000
間接費		
支払家賃	110,000	
電力費	20,000	
減価償却費	180,000	310,000
当期総製造費用		6,024,000
期首仕掛品棚卸高		76,000
合　計		6,100,000
期末仕掛品棚卸高		61,000
当期製品製造原価		6,039,000

　この後の売上原価の算出過程は商業の場合と同じになる。ただし，製造業では多くの場合，資産法が採用されているため，期首に繰り越されてきた製品の金額が下の製品勘定で示すように500,000円，期末の在庫として繰り越す製品の金額が640,000円であったとすると，売上原価は，期首製品棚卸高500,000円＋当期製品製造原価6,039,000円－期末製品棚卸高640,000円＝5,899,000円となり，次の記録が行われる。

製　品（決算整理含む）

4.1.	前期繰越	500,000	3.31.	売上原価	5,899,000
3.31.	製　　造	6,039,000	〃	次期繰越	640,000
		6,539,000			6,539,000

3.31.［決算整理］　（売上原価）　5,899,000　（製　　品）　5,899,000

　この製品勘定に基づいて損益計算書の売上原価は次のように示される。

売上原価

製品期首たな卸高	500,000
当期製品製造原価	6,039,000
合　計	6,539,000
製品期末たな卸高	640,000
製品売上原価	5,899,000

　なお，期末の仕掛品 61,000 円と製品 640,000 円は，貸借対照表に計上される。

　これまでの計算過程を図示すると次のようになる。

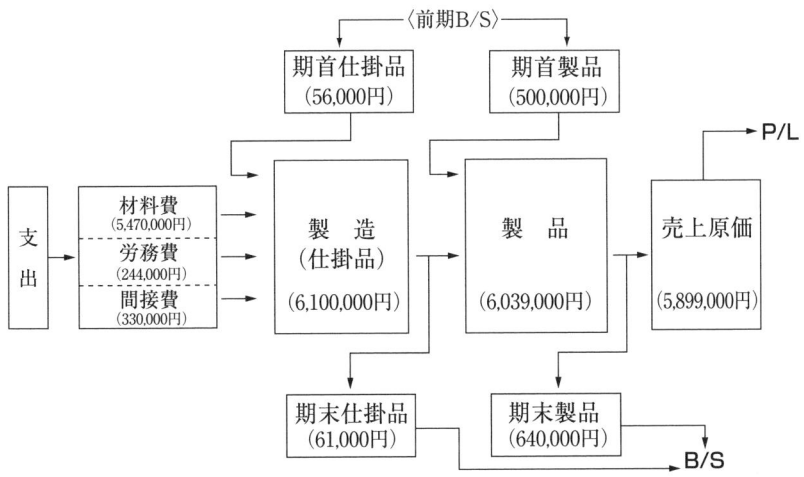

（3）長期請負契約の場合

　長期にわたる工事や受注生産のソフトウェアにかかわる収益の認識には，通常の商業や製造業とは異なり，長期間にわたって収益認識を行うため異なる会計処理が行われる。原則的には，契約の履行義務の充足の度合いに関わって原価比例法という工事の進捗度に応じた収益認識が行われる。原価比例法は，従来，工事進行基準と呼ばれていた方法で，販売基準とは異なり，作業の進捗度に応じて収益の認識が行われる。長期請負契約が，履行される確

実性が高く，一般的に契約締結時に引き渡しの金額が確定しているためである。例えば，次のような契約の場合，会計処理は次のようになる。

【設例】

工事期間：2年　　　　　　　　第1期工事原価発生額：4,000,000 円
工事総収益：15,000,000 円　　　第2期工事原価発生額：6,000,000 円
見積工事総原価：10,000,000 円
　　第1期の会計処理
3.31.［決算整理］（工事未収入金）　6,000,000　（工 事 収 益）　6,000,000
　　　　　　　　　（工 事 原 価）　4,000,000　（諸 　勘 　定）　4,000,000
　　第2期の会計処理
　　［完成時］　　（工事未収入金）　9,000,000　（工 事 収 益）　9,000,000
　　　　　　　　　（工 事 原 価）　6,000,000　（諸 　勘 　定）　6,000,000
　　［引渡時］　　（当 座 預 金）　15,000,000　（工事未収入金）　15,000,000

　会計処理では，総収益の金額 15,000,000 円を各期の工事進捗度（工事原価発生額／見積工事総原価）によって配分し，収益（完成工事高）を認識する。
　長期請負契約においては，もう一つ原価回収基準と呼ばれるものが認められる。原価回収基準は，履行義務の充足にかかる進捗度を合理的に見積もることができるようになるまで，発生した原価に基づいて同額を収益として認識する方法である。
　上の【設例】において，第1期末においては見積工事総原価が判明しなかったため，原価回収基準を採用した場合は次のように会計処理する。

第1期の会計処理
3.31.［決算整理］（工事未収入金）　4,000,000　（工 事 収 益）　4,000,000
　　　　　　　　　（工 事 原 価）　4,000,000　（諸 　勘 　定）　4,000,000
第2期の会計処理
　　［完成時］　　（工事未収入金）　11,000,000　（工 事 収 益）　11,000,000
　　　　　　　　　（工 事 原 価）　6,000,000　（諸 　勘 　定）　6,000,000

3．営業外収益・費用の計算基準と営業活動と直接関係のない資産・負債

（1）　営業外収益の計算基準と未収収益，前受収益，貸付金，有価証券，投資不動産

　企業は余裕資金が生じたとき，単に保有するだけではなく，運用し利殖することがある。このような主たる営業活動以外の投資活動から得られた収益を**営業外収益**という。

　7月1日に，資金に余裕ができたため，当座の資金運用として，O社に，利息を返済日に受け取る約束で，期間1年，年利1％の条件で，1,000,000円の貸付けを行うとする。資金は小切手を振り出し手渡す。この場合，利息合計は10,000円（9ヶ月分7,500円）となり，満期までの一連の記録は次のようになる。

↑ 当期	7. 1.	（短期貸付金） 〈資　　産〉	1,000,000	（当 座 預 金）	1,000,000
	3.31.［決算整理］	（未 収 利 息） 〈資産（収益・未収入）〉	7,500	（受 取 利 息） 〈収　　益〉	7,500
↑ 翌期 ↓	4. 1.［再 振 替］	（受 取 利 息） 〈収益の修正〉	7,500	（未 収 利 息） 〈資産の消去〉	7,500
	6.30.［回　　収］	（当 座 預 金）	1,010,000	（短 期 貸 付 金）	1,000,000
				（受 取 利 息）	10,000

　当期には，**受取利息**7,500円が「営業外収益」として計上されることにより，"収益・未収入"項目である**未収利息**が計上される。これは，次期の収益を見越し，「資産」としている。このような見越収益を**未収収益**という。受取利息は時の経過（発生基準）に基づいて計上される。

　設例では，未収利息が"収益・未収入"として資産側に収容されたが，これに対し，収益より収入が先行すれば，「負債」として"収入・未収益"が貸借対照表に計上される。そこで，前例を次のように変えてみよう。

　7月1日に，O社から利息をあらかじめ受け取り，期間1年，年利1％の条件で，1,000,000円の貸付けを行った。資金は小切手を振り出し手渡した。

7. 1.	（短期貸付金）	1,000,000	（当 座 預 金）		1,000,000
〃	（当 座 預 金）	10,000	（受 取 利 息）		10,000

（注）この記録は通常，下のようにまとめられる。

7. 1.	（短期貸付金）	1,000,000	（当 座 預 金）		990,000
			（受 取 利 息）		10,000

さらに，この後の記録は次のようになる。

3.31.	［決算整理］	（受 取 利 息） 〈収益の修正〉	2,500	（前 受 利 息） 〈負債 (収入・未収益)〉	2,500
4. 1.	［再 振 替］	（前 受 利 息） 〈負債の消去〉	2,500	（受 取 利 息）	2,500
6.30.	［回　　収］	（当 座 預 金）	1,000,000	（短期貸付金）	1,000,000

　受取利息 10,000 円のうち翌期の 3 ヶ月分の利息 2,500 円が "収入・未収益" 項目である**前受利息**として計上される。これは，次期に収益を繰り延べ，「負債」としている。このような繰延収益を**前受収益**という。

　以上は，当座の貸付けの例であるが，本格的な利殖活動として，株式や社債など**有価証券**への投資がある。会社がそのための専門投資部門を設立したとすると，この部門では値上がりを期待して有価証券の売買が頻繁に繰り返される。このような投資をとくに**投機**といい，投機目的で保有される有価証券を**売買目的有価証券**という。

11月1日　投機のため，証券会社へ X 社の株式の買注文を 500,000 円で出す。

　　2日　上の代金を当座預金口座から振り込む。

12月1日　X 社が 10,000 円の配当宣言を行う。

　　3日　上の配当金領収証を受け取る。

　　4日　配当金領収証を当座預金口座へ預け入れる。

2月3日　X 社株式が 530,000 円に値上がりしたので，証券会社へ売注文を出す。

　　5日　売却代金が証券会社から当座預金口座へ振り込まれる。

11. 1.	(売買目的有価証券)〈資産〉	500,000	（未　払　金）〈負債〉	500,000
2.	(未　払　金)	500,000	（当　座　預　金）	500,000
12. 1.	(未収配当金)〈資産〉	10,000	(有価証券運用損益)*〈収益〉	10,000
3.	(現　　　金)	10,000	（未収配当金）	10,000
4.	(当　座　預　金)	10,000	（現　　　金）	10,000
2. 3.	(未　収　入　金)〈資産〉	530,000	(売買目的有価証券)	500,000
			(有価証券運用損益)*	30,000
5.	(当　座　預　金)	530,000	（未　収　入　金）	530,000

(注) 上の取引で，配当金領収証が現金とされること，営業外の活動からの未収金は未収入金とされる点に注意すること。

　この株式を期末（3月31日：決算日）まで（売却せず）保有し続け，その時価が550,000円となった場合には評価増を行う。

　3.31. [決算整理] (売買目的有価証券)　50,000　(有価証券運用損益)* 50,000

もし，時価が490,000円となった場合には，評価減を行う。

　3.31. [決算整理] (有価証券運用損益)*〈費用〉 10,000　(売買目的有価証券)　10,000

　有価証券運用損益*は，企業が意図的・積極的に行っている有価証券運用（投機）活動の成果をまとめて示す勘定である。

　*12月1日の取引の貸方を「受取配当金」，2日3日の取引の貸方を「有価証券売却益」，3月31日の取引を「有価証券評価益」「有価証券評価損」としてもよいが，損益計算書に表示するときには，この活動すべてをまとめて，全体で「益」のときは「有価証券運用益」，「損」のときは「有価証券運用損」として示すのが理論的といえる。というのも，「受取配当金」「有価証券売却益」・「損」勘定を使用すると，売買目的以外の有価証券の受取配当金や売却損益が混入し，投機活動の成果を示さないからである。

　会計上の有価証券は，法律でいう有価証券（この概念には手形や小切手も含まれる）ではなく，「国債証券，地方債証券，株券，社債券など投資家保護の必要が認められかつ代替性のあるもの」に限られている。これらは一般に市場（一般的には証券市場）が存在するので，市場で簡単に売買すること

ができる。有価証券はさらに，会計上，企業の保有目的によって取扱いが異なる。まとめると次のようになる。

> ① 売買目的有価証券（原則として，売買を目的とする専門の部門を持つことが要求される）
> ② 満期保有目的債券
> ③ 子会社株式および関連会社株式
> ④ その他有価証券（市場価格のある有価証券で上記以外のもの
> ⑤ 市場価格のない有価証券

これらの有価証券はそれぞれ異なった会計処理が行われる(注)。

(注) 興味のある人は，新田編著『大学院学生と学部卒業論文テーマ設定のための財務会計論・簿記論入門』第2版，第6章（角ヶ谷担当）をみよ。なお，満期保有目的債券には**償却原価法**（取得原価と額面金額の差額が金利の調整と認められる場合），市場価格のない有価証券には，実価が低下したとき，**実価法**（純資産に対する持分割合で評価する）が適用される。

ここで，後に示す連結財務諸表との関係で，③の株式が個別財務諸表で，どのように扱われるかを示す。

　　×月×日　子会社株式（内容については第Ⅱ部第Ⅸ章）を 500,000 円で取得する。代金は当座預金口座から支払う。

　　6月20日　配当金を支払うことが決定される。なお，当社の受取額は 12,000 円とする。

　　　21日　上の配当金額収証を受け取り，換金額を当座預金口座へ預け入れた。

x. x.	（子会社株式）〈資　産〉	500,000	（当 座 預 金）	500,000
6.20.	（未収配当金）	12,000	（受取配当金）〈収　益〉	12,000
.21.	（現　　金）	12,000	（未収配当金）	12,000
	（当 座 預 金）	12,000	（現　　金）	12,000

このように同じ株式（資産）を保有していても，企業活動にどのような役割（機能）を持つかにより，その勘定科目（項目）名は異なる。これと同じ

問題として，次のような活動がある。

　3月1日に，本業と関係なく長期的な値上がりを見越して，土地を1,500,000円で取得した（小切手を振り出し支払っている）。しかし，遊ばせておくのはもったいないので，当面，他人に（例えば，駐車場として）月極7,000円の賃貸料で賃貸した。なお，3月分の賃貸料はまだ受け取っていない。

3. 1.	（投資不動産）〈資産〉	1,500,000	（当座預金）	1,500,000
.31.［決算整理］	（未収地代）〈資産(収益・未収入)〉	7,000	（受取地代）〈収益〉	7,000

　受取地代は営業活動と関係ない活動から得られた収益であるから，営業外収益とされる。ここでは，**投資不動産**という項目（勘定）名に注目しなければならない。つまり，営業活動に寄与しない土地は「投資不動産」として表示される。このように，土地という「形態」は，会計上の表示と関係しない。土地として営業活動に利用され「機能」している土地のみが「土地」として表示される（前章「形態別分類」と「機能別分類」）。

（2）　営業外費用の計算基準と前払費用，未払費用，借入金，手形および電子記録債権（債務）の処理

　営業外収益は原則として余裕資本の運用から生じ，その源泉は明白である。これに対し，**営業外費用**に計上される項目の発生源泉は，余裕資本の運用による費用や損失のみではなく，複雑である。しかし，重要なものは，「資金調達のための費用」(注1)と，営業外収益に対応する「余裕資本の運用による損失」である。そこで，この二つを取り上げる(注2)。

　(注1) 資金調達の費用といっても，内容は広く後述（第Ⅴ章）する企業を組織として維持するために必要な費用も含まれる。

　(注2)「三つめの営業外費用」は，主たる営業活動から出てくる例外的な費用で，「営業利益」の純粋性を保つために「売上原価」または「販売費及び一般管理費」とされなかったものであり，後述（第Ⅲ章第4節）する「特別損失」ともされなかったものである。

1）資金調達のための費用

　企業が営業活動を営むためには資金繰りに配慮しなければならない。このとき，資金を借り入れれば，利息を負担する。ここに，前払利息や未払利息が発生する。

　3月1日に，銀行より1,000,000円を，期間1年，年利2.4％の条件で借り入れ，当座預金口座に振り込まれたとする。通常，銀行は利息を前取りし，差額976,000円しか渡さないが，次のように（1,000,000円を得て，利息24,000円を支払ったように）記録する。

3. 1.	（当 座 預 金）	1,000,000	（短期借入金）	1,000,000
			〈負　　債〉	
	（支 払 利 息）	24,000	（当 座 預 金）	24,000
	〈費　　用〉			

　利息は時の経過つまり発生基準により，1ヶ月分の**支払利息**2,000円（24,000÷12）のみが当期の負担分で，これが「営業外費用」の部に計上される。残りの22,000円は翌期分つまり"支出・未費用"を意味する**前払利息**であり，貸借対照表に「資産」として繰延計上される。このような繰延費用を**前払費用**という。この過程を示すと，次のようになる。

| 3.31. | ［決算整理］ | （前 払 利 息） | 22,000 | （支 払 利 息） | 22,000 |
| | | 〈資産（支出・未費用）〉 | | 〈費 用 の 修 正〉 | |

　翌期には，次のように記録され，22,000円が「営業外費用」となる。また，借入金は期日に当座預金口座から返済される。

4. 1.	［再振替］	（支 払 利 息）	22,000	（前 払 利 息）	22,000
				〈資 産 の 消 去〉	
2.28.	［返 済］	（短期借入金）	1,000,000	（当 座 預 金）	1,000,000

　一方，利息をまだ支払わないときには，"費用・未支出"としての未払利息が貸借対照表に「負債」として見越計上される。このような見越費用を**未払費用**という。

　×1年2月1日に，取引先に資金援助を求め，2年間の約束で，1,000,000円を年利1.2％（年間利息12,000円，利息は毎半年後払い―7月31日と1月31日―）で借り入れ，当座預金口座に振り込まれたとする。

x1. 2. 1. [借　入]	（当 座 預 金）	1,000,000	（長期借入金）〈負　　債〉	1,000,000
3.31. [決算整理]	（支 払 利 息）	2,000	（未 払 利 息）〈負債(費用・未支出)〉	2,000
x2. 4. 1. [再振替]	（未 払 利 息）〈負債の消去〉	2,000	（支 払 利 息）〈費用の修正〉	2,000
7.31.	（支 払 利 息）	6,000	（当 座 預 金）	6,000
1.31.	（支 払 利 息）	6,000	（当 座 預 金）	6,000
3.31. [決算整理]	（長期借入金）	1,000,000	（短期借入金）	1,000,000
〃 [　〃　]	（支 払 利 息）	2,000	（未 払 利 息）	2,000
x3. 4. 1. [再振替]	（未 払 利 息）	2,000	（支 払 利 息）	2,000
7.31.	（支 払 利 息）	6,000	（当 座 預 金）	6,000
1.31. [返　済]	（短期借入金）	1,000,000	（当 座 預 金）	1,006,000
	（支 払 利 息）	6,000		

　2年後に支払わねばならない長期借入金は，1年経過すると，一年基準により流動負債となるので，仕訳（6番目）に，この過程を含めている。

①　手形取引の仕組み－信用の創造－

　企業は決済および資金繰りのために手形を利用する。企業は手形により支払期限を延ばすことができる。これは信用機関（銀行）からお金を借りたことと同じ効果を持つ。これを「信用の創造」という。以下，商品の売買にかかわる範囲で(注)，手形取引を説明する。手形には**約束手形**と**為替手形**があり，取引様態に合わせ利用する。

(注) 手形を使った代金の決済は商品売買のみならず広く使用される。この場合は，異なる勘定を使用する。例えば，設備の取得にともなう代金決済のために手形を使用したときは**営業外支払手形**勘定を使用する。また，手形を借用証として使用することもある。このときは**手形借入金**勘定を使用する。つまり，「受取手形」「支払手形」勘定は，手形を営業で使用したことを表す。

<約束手形>

　約束手形は手形作成者（振出人）が一定の金額を一定の日に支払うことを約束した証書である。手形は，振出人に当座預金（当座取引）があることが条件となり，約束の期日に，この当座預金口座から支払われる。銀行が介在することにより取引の安全も図られる。手形用紙は銀行から購入する。この手形の関係および様式を図示すると次のようになる。

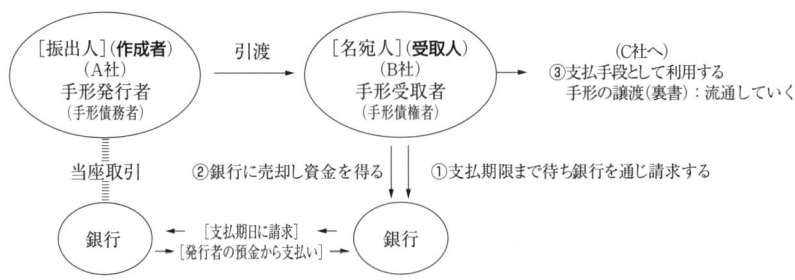

[振出人（A社）の仕訳]

　作成日（11月25日）：B社からの買掛金2,800,000円の支払請求に対し，2月25日を支払日とする約束手形を振り出した。

　11.25.（買　掛　金）　　　2,800,000　（支払手形）　　　2,800,000
　　　　　　　　　　　　　　　　　　　　　〈負　　　債〉

　（注）仕入代金2,800,000円の支払いのために手形を利用したときは，

　　　　（仕　　　入）　　　2,800,000　（支払手形）　　　2,800,000 となる。

　満期日（2月25日）：上記手形を決済した。

　 2.25.（支払手形）　　　2,800,000　（当座預金）　　　2,800,000

[受取人（B社）の仕訳]

　受取日（11月25日）：A社へ売掛金2,800,000円の支払請求をしたところ，同社振出し，当社宛て，支払期日2月25日の手形を受け取った。

　11.25.（受取手形）　　　2,800,000　（売　掛　金）　　　2,800,000
　　　　　　〈資　　産〉

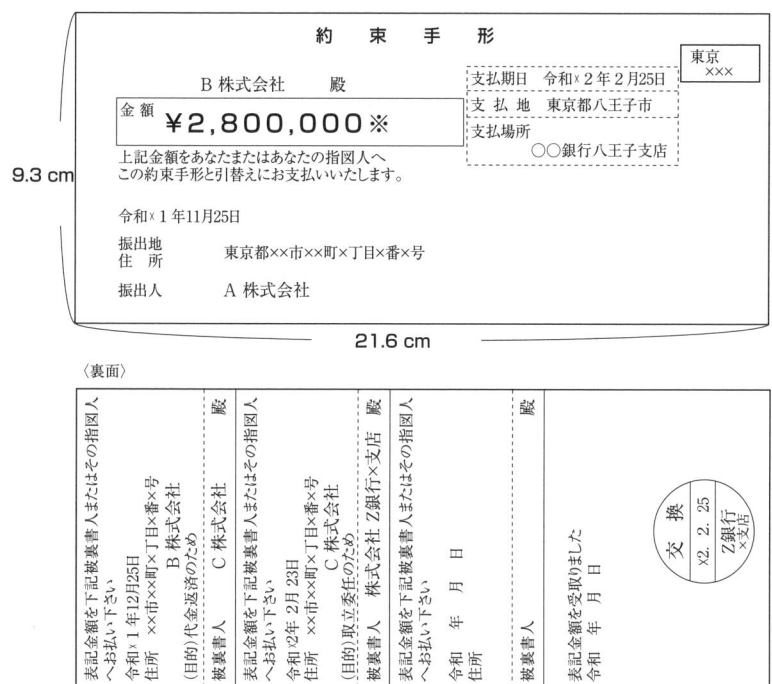

　このあとのB社（手形債権者）の行動として，仕組みの図で示したように次の①〜③の三つが考えられる。

---

①　支払期限（満期日）まで待ち，取引銀行を通じ請求し，資金を得る。
②　銀行に売却し，資金を得る。
③　仕入代金の支払いや買掛金（図では，C社）など債務の決済のために使用する。

　手形債権者（B社）のこの後の処理（①〜③）は，為替手形でも同じなので，為替手形の仕組みを示したあとで説明する。

＜為替手形＞

　為替手形は，企業（X社）が他社（A社）に対して債権を持っているとき，自分の債務を他社（A社）に代わりに支払ってもらうために使用される。こ

の仕組みと様式（裏面は約束手形と同じ）を示すと，次の図となる。

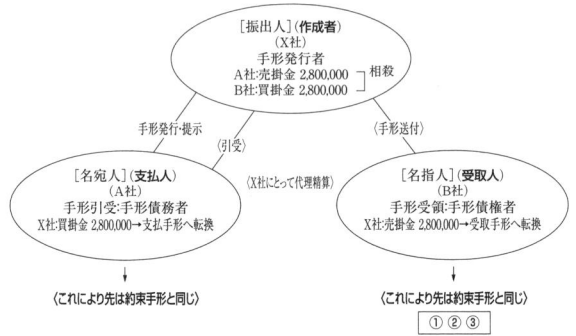

［振出人（Ｘ社）の仕訳］

引渡日（11月24日）：Ｂ社からの買掛金2,800,000円の支払請求に対して，当社振出し，Ａ社宛ての為替手形（額面2,800,000円，支払期日2月25日）を作成し，Ａ社の引受けを得て，Ｂ社に渡した。Ｘ社はＡ社に対して2,800,000円以上の債権がある。

11.24.（買　掛　金）　　　　2,800,000　　（売　掛　金）　　　　　2,800,000

（注）前の約束手形と同様，仕入代金の決済に為替手形を利用してもよい。そのときは，

　　　（仕　　　入）　　　　2,800,000　　（売　掛　金）　　　　　2,800,000

となる。

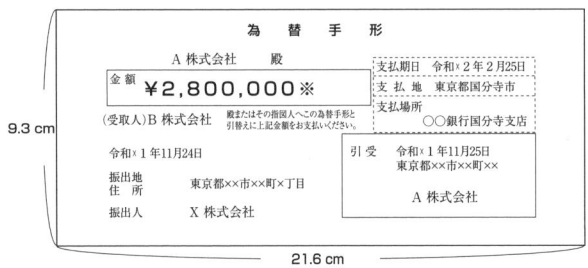

　Ｘ社は為替手形の振出しにより，Ａ社に自分に代わって債務を支払ってもらうが，Ａ社が必ず手形債務を支払うことができるとは限らない。支払うことができないとき（これを**不渡**という）は，Ｘ社に請求がくる。つまり，Ｘ

社の債務は完全に消滅したわけでなく，義務は残っている。しかし，上の記録では，これが表示されない。そこで，この義務を表示し，債務関係が消滅していないことを示すことが求められる。このような義務を保証債務という。ただ，この万が一の義務の履行を求められる危険は大きくない。そこで，この危険費用（損失）を意味する**保証債務費用**を手形額面の１％と見積もり，次の記録を加える。保証債務は，万が一の危険を示すものである。

　11.24.（保証債務費用）　　28,000　　　（保 証 債 務）　　28,000
　　　　　　〈費　用〉　　　　　　　　　　　　　　〈負　　債〉

満期日（２月25日）：上記手形が決済されたことを確認した。

　2.25.（保 証 債 務）　　28,000　　　（保証債務取崩益）(注)　　28,000
　　　　　　　　　　　　　　　　　　　　　　　〈収　　益〉

（注）当期中に決済されたときには，「保証債務費用」として前の28,000円の
　　費用を消去するほうがよい。

［引受人（A社）の仕訳］

　A社（手形債務者）の仕訳は先の約束（支払）手形と同じである。

　引渡（引受）日（11月25日）：仕入先であるX社より買掛金2,800,000円の支払いについて，額面2,800,000円，支払期日２月25日，B社を名指人（受取人）とする為替手形の引受依頼を受け，支払承諾し手渡した。

　11.25.（買　　掛　　金）　　2,800,000　（支 払 手 形）　　2,800,000

満期（支払）日：上記手形を決済した。

　2.25.（支 払 手 形）　　2,800,000　（当 座 預 金）　　2,800,000

［受取人（B社）の仕訳］

　B（手形債権者）の仕訳も，約束（受取）手形と同じである。

　11.25.（受 取 手 形）　　2,800,000　（売　　掛　　金）　　2,800,000

　手形を受取ったB社（手形保有者─債権者）のその後の処理として，既述の①〜③があるが，そのうち，満期に請求する①は簡単である。

　まず，銀行に取立ての依頼をしなければならない。

　取立依頼日（２月23日）：上記手形の取立てを銀行に依頼する。このときの手形の権利はB社にあるので，「仕訳をしない」。

　満期（受取）日（２月25日）：決済の記録をする。このとき，銀行に（手

形が「落ちた」－「支払われた」ことを）確認してから記帳する。

2.25.（当 座 預 金）　　　　2,800,000　（受 取 手 形）　　　　2,800,000

　手形が支払われなかったとき，その手形は銀行からB社（債権者）に返却される。支払われなくなった手形を**不渡手形**といい，次の記録を行う。

2.25.（不 渡 手 形）　　　　2,800,000　（受 取 手 形）　　　　2,800,000
　　　〈資　　　産〉

②　手形の割引きによる資金繰りと記録

　企業は営業活動のために常に支払資金の手当てを考えなければならない。そこで，手形を受け取った企業は，資金が不足したとき，銀行で資金化する（②）。これを**割引き**という。

　割引日（1月10日）：B社は1月10日に，前の手形を銀行で割引き，2,740,000円の資金を得た。この場合にも，先の為替手形のときと同様，万が一，不渡りになったときの危険を示す。この手形の保証債務[注]を手形額面の1％とする。

> [注] A社が手形の支払いができなくなったとき，B社は割引きに出した手形の債権額を支払わねばならない（後述する裏書きも同じ）。これを**遡求義務**という。これは割引人（裏書人）・B社の義務つまり負債である。

1.10.（当 座 預 金）　　　　2,740,000　（受 取 手 形）　　　　2,800,000

　　　（手形売却損）　　　　　60,000
　　　〈費　　　用〉

　　　（保証債務費用）　　　　28,000　（保 証 債 務）　　　　　28,000

満期日（2月25日）：上記手形が決済された。

2.25.（保 証 債 務）　　　　　28,000　（保証債務取崩益）[注]　　　28,000

[注] 期中のものについては，貸方，保証債務費用として相殺する。

③　手形の裏書きによる資金繰りと記録

　企業は手形を銀行に持ち込まず，決済のために他人へ渡すこともできる（③）。このために，手形の「裏書欄」に権利を委譲したことを書き込むので，**裏書き**と呼ばれる。このように手形は次々と企業の間を流通していく。

　裏書（譲渡）日（12月25日）：B社はC社からの，買掛金2,800,000円の支払請求に対して，A社振出しの約束手形を手渡した。保証債務は手形額面額の1％とする。

12.25. （買 掛 金）　　　2,800,000　（受 取 手 形）　　　2,800,000
　　　　（保証債務費用）　　 28,000　（保 証 債 務）　　　 28,000
満期日：上記手形が決済された。
2.25. （保 証 債 務）　　　 28,000　（保証債務取崩益）^(注)　 28,000
　^(注) 期中のものについては，貸方，保証債務費用として相殺する。

④ 電子記録債権（債務）取引のしくみ

　近年，手形に代わる債権（債務）として**電子記録債権（電子記録債務）**が注目されている。電子記録債権は，商品売買等の商取引が行われた後，企業が金融機関に対し電子記録債権の発生記録の請求を行い，金融機関からの請求に基づき電子債権記録機関が記録原簿に発生記録を行うことにより発生する。そして，電子債権記録機関から金融機関を通じて，相手企業へ発生記録の通知が行われる。電子記録債権取引のしくみを図示すると次のようになる。

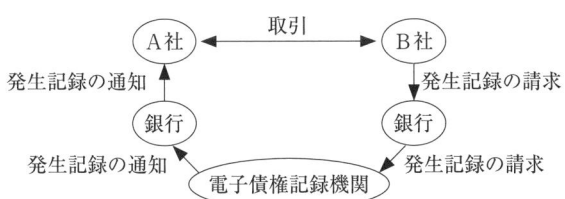

　（注）債務者である企業からも，銀行を通じて発生記録の請求を行い，電子記録債務を発生させることができる。

　電子記録債権には，売掛金に比べ取引の客観性が高まり，また，受取手形に比べ現物が存在しないことから管理コストも低い等のメリットがある。以下，商品の売買にかかわる範囲で^(注)，電子記録債権（債務）取引を説明する。
　^(注) 手形取引と同様に，例えば，設備の取得にともない発生した未払金決済の

ために使用したときは**営業外電子記録債務**勘定を使用する。また，資金の借入れの際に電子記録を用いたときは**電子記録借入金**勘定を使用する。

［A社の仕訳］

発生記録の通知日（11月24日）：B社が同社の取引銀行を通じて発生記録の請求を行い，A社は自社の取引銀行より発生記録の通知を受け，買掛金2,800,000円を電子記録債務（満期日2月25日）に振り替えた。

11.24. （買　掛　金）　　　 2,800,000　　　 （電子記録債務）　 2,800,000
　　　　　　　　　　　　　　　　　　　　　　〈負　債〉

満期（支払）日（2月25日）：電子記録債務2,800,000円の決済日となり，当座預金口座から引落された。

2.25. （電子記録債務）　　　2,800,000　　　 （当 座 預 金）　 2,800,000

［B社の仕訳］

発生記録の請求日（11月24日）：取引銀行を通じて発生記録の請求を行い，電子債権記録機関が記録原簿に発生記録を行うことにより，売掛金2,800,000円を電子記録債権（満期日2月25日）に振り替えた。

11.24. （電子記録債権）　　　2,800,000　　　 （売　掛　金）　 2,800,000
　　　　　　〈資　産〉

満期（受取）日（2月25日）：電子記録債権2,800,000円の決済日となり，当座預金口座に振り込まれた。

2.25. （当 座 預 金）　　　2,800,000　　　 （電子記録債権）　 2,800,000

2）余裕資本の運用による損失

① 有価証券への投資による損失

余裕資本の運用から常に利益があがるとは限らない。場合によっては，次に示したように「損失」を被ることもある。

当座預金口座から500,000円を振り込み取得した売買目的有価証券について，急な資金繰りのために売却せざるをえなくなったため（あるいは，これ以上保有していても値上がりが期待できないため）に，11月20日に損失を覚悟で売却し，諸費用を控除した498,000円（証券会社に依頼する過程の記録やその他手数料・税などの複雑な問題は考えない）が当座預金口座に振り込まれた

とすると，次のように記録される。

11.20.　（当 座 預 金）　　　　　498,000　　　（売買目的有価証券）　　　　　500,000
　　　　（有価証券運用損益）　　　　 2,000

②　貸付金などの営業外の債権のための貸倒れによる損失

　営業と全く無関係な ^(注) 貸付金などの債権にも貸倒れが発生することがある。営業と無関係な債権の貸倒れに係る損失も貸倒損失として計上される。さらに，企業には当然これに対する処置が求められる。ただし，この場合の**貸倒損失**や**貸倒引当金繰入額**は営業上のものではないので，「営業外費用」となる。このように，発生原因によって損益計算書で費用の計上される場所が異なる。

　^(注) 同じ貸付金でも，営業の必要に基づいて経常的に発生する得意先または仕入先に対する貸付金などの債権に対する貸倒損失や貸倒引当金繰入額は「販売費及び一般管理費」となる。

　期間1年，年利2％の条件で貸し付けていた貸付金1,000,000円のうち1％に回収の見込みがないため，決算にあたり貸倒引当金繰入額を計上する。

3.31.[決算整理]（貸倒引当金繰入額）　10,000　　　（貸 倒 引 当 金）　10,000
　　　　　　　　〈費　　用〉

4．特別利益と特別損失の計算

　制度会計（個別損益計算書）上の最終利益である，**当期純利益**（net income—税金を考えると**税引前当期純利益**—）はこれまで学習した経常利益に**特別利益**を加え**特別損失**を引いて計算される。この特別利益と特別損失を**特別損益項目**という。

　特別損益項目は**臨時損益**から構成される。臨時損益は企業活動の際に臨時的・例外的に発生したものであり，後述する投資有価証券や投資不動産の臨時的な売却損益，さらには盗難や自然災害などによる臨時的な損失などがあげられる。

（1） 特別利益

当座預金口座から 500,000 円を振り込み購入した株式が，顧客との友好な取引関係を維持するために長年にわたって保有してきたものであったとする。そして，この株式は将来にわたっても保有し続けることを予定していた。ところが，2 月 28 日，この取引関係が破綻し，この株式を 530,000 円で売却し，その代金が当座預金口座に振り込まれた。

この場合，取得日の記入は次のようになる。なお，このような有価証券は，以前，営業外収益の箇所で学習した投機目的の有価証券（売買目的有価証券）とは区別するために**投資有価証券**と表示される。

X．X．（投資有価証券）　　500,000　　（当 座 預 金）　　500,000
　　　　〈資　　産〉

さらに，2 月 28 日の記入は次のようになる。

2.28.（当 座 預 金）　　530,000　　（投資有価証券）　　500,000

　　　　　　　　　　　　　　　　　　（投資有価証券売却益）　　30,000
　　　　　　　　　　　　　　　　　　〈収　　　　益〉

上のような例外的な意思決定による資産の増加（**投資有価証券売却益**）は臨時的なものであり，特別利益とされる。

投資有価証券の他には，例えば投資不動産 1,500,000 円について，この土地の面積の 3 分の 1 （500,000 円）に道路計画がもちあがり，501,000 円で強制的に収用されることになったとする。この契約を 3 月 31 日に行い，契約代金の一部である 5,000 円を受け取り，直ちに当座預金とした。

3.31.（当 座 預 金）　　5,000　　（投 資 不 動 産）　　500,000

　（未 収 入 金）　　496,000　　（固定資産売却益）　　1,000
　　　　　　　　　　　　　　　　　　　〈収　　益〉

投資不動産の売却による利益（**固定資産売却益**）は，強制的に買い上げられ，本来の保有意図とは関係ない要因によるものであるから「特別利益」となる。

（2） 特別損失

特別利益に対応する臨時的な費用である特別損失として，次の例があげられる。例えば，1 月 25 日の給料の支給にあたって，前日に当座預金口座か

ら現金 2,000 円を引き出し用意しておいたところ，25 日に全額盗難にあった
とすると，次のように記録される。

| 1.24. | （現　　　　　金） | 2,000 | （当 座 預 金） | 2,000 |
| 25. | （盗 難 損 失）
（費　　用） | 2,000 | （現　　　　　金） | 2,000 |

盗難の被害による資産の減少（**盗難損失**）は企業にとって例外的（臨時的）
なものであり，「特別損失」とされる。同種のものとして，火災による資産
の減少などの**災害損失**がある。

（注）例外的な資産の減少と同様に，例外的な負債の増加も特別損失とされる
　　が，これについては本書のレベルを超えるので扱わない。特別利益となる
　　負債の減少も同様である。

5．純資産直入法と評価・換算差額等

これまでの損益は損益計算書に計上されてきた。しかし，中には貸借対照
表の純資産の部に直接収容される評価損益ないし調整損益がある。これらの
項目を処理する方法を**純資産直入法**といい，貸借対照表の純資産の部に直接
収容された評価損益ないし調整損益を**評価・換算差額等**という。以下では，
評価・換算差額等のうち最も代表的なものと考えられる**その他有価証券評価
差額金**に関して説明する。

前に示した売買目的有価証券の決算時の処理と異なり，投資有価証券（そ
の他有価証券）は，時価評価するけれども，純資産直入法がとられる。売買
目的有価証券のように評価益（有価証券運用益）を利益とすると，これは配
当の財源となり，社外に流出する可能性がある。純資産直入法は資産の時価
評価の要請に応える一方で，評価益を損益計算書に計上しないことにより，
この流出を防ぐことをねらった方法である。

いま，決算に際して期首にあった投資有価証券 100,000 円の時価が
120,000 円であったとすると，次のように処理する。

| 3.31 | ［決算整理］ | （投資有価証券） | 20,000 | （その他有価証券評価差額金）
（純 資 産） | 20,000 |

ただし，評価減の場合には，上の反対仕訳により，投資有価証券を減額す

るとともに，純資産のマイナス項目とする方法（**全部純資産直入法**）と，評価減に限り損益計算書に評価損を計上する方法（**部分純資産直入法**）とがある。評価損を当期の利益から控除すれば，その分利益からの配当（流出）が少なくなるため，このような選択が認められている。

上記の仕訳は翌期首に再振替をし，投資有価証券をもとの金額に戻す。

4.1. ［再 振 替］（その他有価証券評価差額金） 20,000 （投資有価証券） 20,000

このように，その他有価証券評価差額金は，期末の時価を示す役割を果たすと即座に消える，いわば一時的な項目である。

6．これまでの学習のまとめ

―簿記記録から損益計算書と貸借対照表の作成―

これまで，本章では，損益計算書で行われる段階別損益計算に従い，営業収益・営業費用，営業外収益・営業外費用，特別利益・特別損失の計算に関わる各取引の簿記記録，及び貸借対照表の純資産の部に直接収容される評価損益に関する取引の簿記記録について学習をしてきた。企業は，これらの簿記記録を基礎として，収益及び費用を収容し利益計算を行うことで経営成績を示すための損益計算書と，資産，負債，純資産を表示し企業の財政状態を示すための貸借対照表を作成・報告する。

そこで本節では，学習内容のまとめを行うため，これまでの学習を基礎とした取引例を新たに示し（そのため，これまで本章において示してきた仕訳例とは連動していない），簿記記録から損益計算書と貸借対照表を導出する(注1)。

(注1) 損益計算書と貸借対照表は留学生の学習に役立つよう中国様式と韓国様式のものを末尾に示している**〈参考2〉**。

なお，本節における仕訳帳の記入は，わが国でよくみられる**英米法**で記入している。この方法では，期首の開始仕訳（これがないため，期中の仕訳帳合計と合計 T/B の合計が一致しない）と決算における残高勘定（これが作成されないため，決算の計算的な正しさの確認が行われない）を作成する仕訳は行わ

れない。英米法と大陸法の考え方の違いについては〈参考１〉もみてほしい。

　会計期間は×1年4月1日から×2年3月31日の一年間とする。期首の貸借対照表とこれまでの学習を基礎とした期中の取引例は次の通りである。

貸借対照表

(資産の部)		×1年4月1日		(負債純資産の部)
流動資産			**流動負債**	
当 座 預 金	5,900,000		短 期 借 入 金	5,000,000
商　　　品*	500,000		**純資産**	
固定資産			**株主資本**	
土　　　地	8,000,000		資 本 金	10,000,000
投資有価証券	100,000			
関係会社株式**	500,000			
	15,000,000			15,000,000

＊簿記では繰越商品とあらわす。
＊＊他の会社を支配するための株式。第Ⅱ部Ⅸ章で学ぶ。

【取引例】

×1年 4月 1日	商品の配送用に，本体価格（購入代価）1,900,000円のトラックを20回払いの月賦で購入し，第1回の賦払金95,000円と改装費用100,000円について小切手を振出して支払った
25日	家賃として毎月25日に，翌月分の家賃10,000円を当座預金口座より振込む契約を締結し，5月1日より店舗の使用を開始する。（※3月25日支払分［翌年度］4月分までの家賃支払総額で記帳せよ）
〃日	従業員に対する給料として，毎月25日に月給20,000円を支払う。（なお，残業代は500円／時間の計算基準で翌月に支払われるとする。×1年4月から×2年1月にかけて残業は無かったものとする。※2月25日［2月分］までの11ヶ月間の給料支払総額で記帳せよ）
5月 1日	車両に対する第2回目の賦払金95,000円を小切手を振出して支払った。（賦払金は毎月1日に支払うものとし，本年度は3月1日までの11ヶ月分を支払う）
10日	水道光熱費は毎月10日に前月分が当座預金口座から引落とされる。（5月10日［4月分］から3月10日［2月分］までの水道光熱費支払総額18,200円で記帳せよ）
6月21日	子会社からの配当金の受取額が12,000円であり，配当金領収書を受取り，ただちに当座預金口座へ預入れた。

9月20日　購入代価 2,360,000 円（@59 円× 40,000 個）の商品を仕入れ，代金は掛けとした。なお，商品の引取運賃 40,000 円は小切手を振出して支払った。

10月　1日　M社へ貸付期間1年，年利1％の条件で 1,000,000 円の貸付を行い，当座預金口座から支払った。なお，貸付時に利息はあらかじめ受領している。

　　　5日　商品（販売価格 @70 円）40,000 個を売渡し，代金は掛けとした。

　　25日　9月20日に発生した買掛金（2,360,000 円）について，小切手を振出して支払った。

11月　1日　投機のため，X社の株式 500,000 円を購入し，代金は当座預金口座から支払った。

　　20日　11月1日に購入した売買目的有価証券 500,000 円について，急な資金繰りのために売却した。なお，売却のための諸費用を控除した売却代金 498,000 円は当座預金口座に振込まれた。

　　25日　10月5日の商品販売に対する売掛金（2,800,000 円）を回収し，当座預金口座に振込まれた。

x2年 1月10日　商品（@64 円× 50,000 個）を予約注文し，予約金として 200,000 円を小切手で支払った。

　　23日　上記の商品（@64 円× 50,000 個）を受け取り，予約金 200,000 円を差引いた残額は掛けとした。

　　24日　1月25日の給料の支払いにあたり，前日に当座預金口座から現金 2,000 円を引出した。

　　25日　前日（1月24日）に引出した現金 2,000 円について，全額が盗難にあった。

2月　4日　商品（販売価格 @70 円）50,000 個を売渡し，代金は掛けとした。

3月　1日　S銀行より，返済期限1年，年利 2.4％の条件で 1,000,000 円を借入れた。なお，借入時点で利息は前取りされたため，利息を差引いた残額が当座預金口座に振込まれた。

　〃日　本業とは関係なく長期的な値上がりを見越して，土地を 1,500,000 円で取得した。なお，当該投資不動産に対する代金は小切手を振出して支払った。

　　20日　F社が倒産し，2月4日の商品販売に係る掛代金の一部が回収不能となった。なお，2月4日の商品販売に係る内訳はA社へ 1,960,000 円，B社へ 1,505,000 円，F社へ 35,000 円であったとする。

　　25日　3月分の給料 20,000 円と2月分の残業代（@500 円／時間）を支払う。なお，x2年2月の総残業時間は5時間であった。

3月31日　3月1日に購入した投資不動産 1,500,000 円について，この土地の面
　　　　　積の3分の1（500,000 円）に道路計画が持ち上がり，501,000 円で強
　　　　　制収用されることとなった。なお，この契約のうちの契約代金 5,000
　　　　　円を受取り，ただちに当座預金口座に預入れ，残額は後日受取ること
　　　　　とした。
　〃 日　短期借入金（5,000,000 円）の満期日が到来したため借替を行う。な
　　　　　お，借替えの際，今年度分の利息（年利2％）を当座預金口座から支
　　　　　払った。

　　次に，決算の仕方を示した棚卸表を示す。

棚　卸　表
×2年3月31日

整理対象勘定	摘　要	金　額
繰 越 商 品	X商品期末有高 1,000 単位 @640 円（先入先出法）	640,000
前 払 家 賃	店舗1ヶ月分前払い（3月25日に支払った翌年度4月分）	10,000
未 払 給 料	残業代3月分未払い（@500円×残業時間で算定，3月分の残業時間は3時間）	1,500
未 払 水 道 光 熱 費	電気代3月分未払い（3月分の費消量18時間，1時間当たり@100円）	1,800
車両減価償却累計額	減価償却は1を耐用年数10年で除した償却率を取得原価に乗ずる定額法で計算	200,000
売掛金貸倒引当金	貸倒率2％，差額補充法	69,300
退職給付引当金	退職給付に係る負債への繰入，当期負担分（不足分）	16,000
前 受 利 息	M社への貸付金に係る利息6ヶ月分前受け	5,000
短期貸付金貸倒引当金	M社，貸倒率1％，差額補充法	10,000
未 収 地 代	駐車場代3月分未収（3月に購入した投資不動産を月極 7,000 円で賃貸）	7,000
前 払 利 息	S銀行からの借入金に係る利息 11 ヶ月分前払い	22,000
その他有価証券評価差額金	投資有価証券の時価が 120,000 円に上昇したことよる評価替え	20,000

　以上の取引例および棚卸表を元に，英米法で仕訳帳に記入すると次のよう
になる。

仕　訳　帳　　　　　　　　　　　　　　　1

日　付	摘　　要	借　方	貸　方
4 1	（ 車 両 運 搬 具 ）	2,000,000	
	（ 未 払 金 ）		1,805,000
	（ 当 座 預 金 ）		195,000
	未払金20回払い		
25 ～ 3.25			
	（ 支 払 家 賃 ）	120,000	
	（ 当 座 預 金 ）		120,000
	3月支払分までまとめて記入		
〃 ～ 2.25			
	（ 給 　 料 ）	220,000	
	（ 当 座 預 金 ）		220,000
	2月分までまとめて記入		
5 1 ～ 3.1			
	（ 未 払 金 ）	1,045,000	
	（ 当 座 預 金 ）		1,045,000
	95,000円×11回，車両ローン払い		
10 ～ 3.10			
	（ 水 道 光 熱 費 ）	18,200	
	（ 当 座 預 金 ）		18,200
	2月分までまとめて記入		
6 21	（ 当 座 預 金 ）	12,000	
	（ 受 取 配 当 金 ）		12,000
	子会社配当金		
9 20	（ 仕 　 入 ）	2,400,000	
	（ 買 掛 金 ）		2,360,000
	（ 当 座 預 金 ）		40,000
10 1	（ 短 期 貸 付 金 ）	1,000,000	
	（ 当 座 預 金 ）		990,000
	（ 受 取 利 息 ）		10,000
	M社へ		
5	（ 売 掛 金 ）	2,800,000	
	（ 売 　 上 ）		2,800,000
	次頁繰越	9,615,200	9,615,200

2

日付		摘　　要	借　方	貸　方
		前頁繰越	9,615,200	9,615,200
10	25	（　買　掛　金　）	2,360,000	
		（　当　座　預　金　）		2,360,000
11	1	（売買目的有価証券）	500,000	
		（　当　座　預　金　）		500,000
	20	（　当　座　預　金　）	498,000	
		（有価証券運用損益）	2,000	
		（売買目的有価証券）		500,000
	25	（　当　座　預　金　）	2,800,000	
		（　売　掛　金　）		2,800,000
1	10	（　前　払　金　）	200,000	
		（　当　座　預　金　）		200,000
	23	（　仕　入　）	3,200,000	
		（　前　払　金　）		200,000
		（　買　掛　金　）		3,000,000
	24	（　現　金　）	2,000	
		（　当　座　預　金　）		2,000
	25	（　盗　難　損　失　）	2,000	
		（　現　金　）		2,000
2	4	（　売　掛　金　）	3,500,000	
		（　売　上　）		3,500,000
3	1	（　当　座　預　金　）	976,000	
		（　支　払　利　息　）	24,000	
		（　短　期　借　入　金　）		1,000,000
	〃	（　投　資　不　動　産　）	1,500,000	
		（　当　座　預　金　）		1,500,000
	20	（　貸　倒　損　失　）	35,000	
		（　売　掛　金　）		35,000
		F社		
	25	（　給　料　）	22,500	
		（　当　座　預　金　）		22,500
		3月分給料と2月分残業代		
		次頁繰越	25,236,700	25,236,700

日付		摘　　要	借　方	貸　方
		前頁繰越	25,236,700	25,236,700
3	31	（　当　座　預　金　）	5,000	
		（　未　収　入　金　）	496,000	
		（　投　資　不　動　産　）		500,000
		（　固　定　資　産　売　却　益　）		1,000
		強制収用		
	〃	（　短　期　借　入　金　）	5,000,000	
		（　支　払　利　息　）	100,000	
		（　短　期　借　入　金　）		5,000,000
		（　当　座　預　金　）		100,000
		借替え，利息本年分		
			30,837,700	30,837,700
3	31	本日決算		
		（　仕　　　入　）	500,000	
		（　繰　越　商　品　）		500,000
		先入先出法		
		（　繰　越　商　品　）	640,000	
		（　仕　　　入　）		640,000
		先入先出法		
		（　前　払　家　賃　）	10,000	
		（　支　払　家　賃　）		10,000
		（　給　　　料　）	1,500	
		（　未　払　給　料　）		1,500
		（　水　道　光　熱　費　）	1,800	
		（　未　払　水　道　光　熱　費　）		1,800
		（　減　価　償　却　費　）	200,000	
		（　車両減価償却累計額　）		200,000
		（　貸　倒　引　当　金　繰　入　）	69,300	
		（　売　掛　金　貸　倒　引　当　金　）		69,300
		（　退　職　給　付　費　用　）	16,000	
		（　退　職　給　付　引　当　金　）		16,000
		（　受　取　利　息　）	5,000	
		（　前　受　利　息　）		5,000
		（　貸　倒　引　当　金　繰　入　）	10,000	
		（　短　期　貸　付　金　貸　倒　引　当　金　）		10,000
		（　未　収　地　代　）	7,000	
		（　受　取　地　代　）		7,000
		（　前　払　利　息　）	22,000	
		（　支　払　利　息　）		22,000
		（　投　資　有　価　証　券　）	20,000	
		（　その他有価証券評価差額金　）		20,000
		次頁繰越	1,502,600	1,502,600

4

日付	摘　　　要	借　　方	貸　　方
	前頁繰越	1,502,600	1,502,600
	（　売　　　上　）	6,300,000	
	（　受　取　利　息　）	5,000	
	（　受　取　配　当　金　）	12,000	
	（　受　取　地　代　）	7,000	
	（固定資産売却益）	1,000	
	（　　損　　　益　　）		6,325,000
	（　　損　　　益　　）	6,270,300	
	（　仕　　　入　）		5,460,000
	（　支　払　家　賃　）		110,000
	（　給　　　料　）		244,000
	（退職給付費用）		16,000
	（水道光熱費）		20,000
	（減価償却費）		200,000
	（貸倒損失）		35,000
	（貸倒引当金繰入）		69,300
	（支払利息）		102,000
	（貸倒引当金繰入）		10,000
	（有価証券運用損益）		2,000
	（盗難損失）		2,000
	（　　損　　　益　　）	54,700	
	（繰越利益剰余金）		54,700
		14,152,600	14,152,600

〈**参考1**〉英米法と大陸法の考え方の違いについて

　大陸法では閉鎖残高勘定と開始残高勘定が作成されるが，これは，会計記録をいったん中断し，いわば金庫（閉鎖残高勘定）に納め，翌期に新たに金庫（開始残高勘定）から引出すという考え方をしている，これに対し，閉鎖残高勘定と開始残高勘定を作成しない英米法は，会計記録が継続しているとみている。したがって，決算における元帳記録も異なってくる。それぞれを資産 a/c すなわち前払家賃 a/c で表すと，次のようになる。

〈英米法〉
　　　　前払家賃（資産）

| 12.31. | [2] | 10,000 | 12.31. 次期繰越[√] | 10,000 |
| 1. 1. 前期繰越[√] | | 10,000 | （継続） | |

〈大陸法〉
　　　　前払家賃（資産）

| 12.31. | [2] | 10,000 | 12.31. 閉鎖残高[3] | 10,000 |
| 1. 1. 開始残高[1] | | 10,000 | 閉鎖残高a/cへ | |

開始残高a/cより

　これまで，取引例及び棚卸表から仕訳帳への記入方法を確認してきた。

　本書第Ⅰ章で学んだように，会計期間中の取引が仕訳帳へ記録されると，その記録を元に総勘定元帳への転記が行われる。その後，損益計算のための修正を行うにあたり決算整理仕訳を行い，決算整理後の残高試算表が作成される。これらの手続きを経て，次のような（報告式）損益計算書と貸借対照表が作成される。

損益計算書
（Profit and loss statement）
自 x1 年 4 月 1 日　至 x2 年 3 月 31 日

売上高（Sales）	6,300,000
売上原価（Cost of sales）	
商品期首棚卸高（Opening inventory of merchandises）	500,000
当期商品仕入高（Purchases）	5,600,000
合計（Sub-total）	6,100,000
商品期末棚卸高（Ending inventory of merchandises）	640,000
商品売上原価	5,460,000
売上総利益（Gross profit）	840,000
販売費及び一般管理費（Selling and general administrative expenses）	
給料（Salaries）	244,000
退職給付費用（Provision for allowance for severance payments）	16,000
支払家賃（Rent expenses）	110,000
水道光熱費（Fuel and light expeses）	20,000
貸倒損失（Loss on bad debts）	35,000
貸倒引当金繰入額（Provision for allowance for doubtful accounts）	69,300
減価償却費（Depreciation）	200,000
販売費及び一般管理費	694,300
営業利益（Income from operations）	145,700
営業外収益（Non-operating revenue）	
受取利息（Interest income）	5,000
受取配当金（Dividend income）	12,000
受取地代（Rent income）	7,000
営業外収益合計	24,000
営業外費用（Non-operating expense）	
支払利息（Interest expense）	102,000
貸倒引当金繰入額（Provision for allowance for doubtful accounts）	10,000
有価証券運用損（Loss on sales of securities）	2,000
営業外費用合計	114,000
経常利益（Ordinary income）	55,700
特別利益（Extraordinary gains）	
固定資産売却益（Gain from sales of fixed assets）	1,000
特別利益合計	1,000
特別損失（Extraordinary losses）	
盗難損失（Theft losses）	2,000
特別損失合計	2,000
当期純利益（Net income）	54,700

(注)その他有価証券評価差額金 20,000 円は，損益計算書には計上されない。

貸借対照表
(Balance sheet)
×2 年 3 月 31 日現在

資産（Assets）の部
流動資産（Current asset）

当座預金（Cash at bank）	2,878,300
売掛金（Accounts receivables）	3,465,000
貸倒引当金（Allowance for bad debts）	△ 69,300
売掛金（純額）	3,395,700
商　品（Merchandises）	640,000
前払家賃（Prepaid rent）	10,000
前払利息（Prepaid interest）	22,000
未収地代（Accrued rent）	7,000
短期貸付金（Short-term loan）	1,000,000
貸倒引当金（Allowance for bad debts）	△ 10,000
短期貸付金（純額）	990,000
未収入金（Other accounts receivables）	496,000
流動資産合計（Total current assets）	8,439,000

固定資産（Fixed assets）
有形固定資産（Tangible fixed assets）

車両運搬具（Vehicles）	2,000,000
減価償却累計額（Accumulated depreciation）	△ 200,000
車両運搬具（純額）	1,800,000
土　地（Land）	8,000,000
有形固定資産合計（Total tangible fixed assets）	9,800,000
（無形固定資産（Intangible fixed assets））	－

投資その他の資産（Investment and other assets）

投資有価証券（Investments securities）	120,000
関係会社株式（Stock of affiliated company）	500,000
投資不動産（Real estate held for investment）	1,000,000
投資その他の資産合計（Total investment and other assets）	1,620,000
固定資産合計（Total fixed assets）	11,420,000
（繰延資産（Deffered charges））	－
資産合計（Total assets）	19,859,000

負債（Liabilities）の部
流動負債（Current liabilities）

買掛金（Account payable）	3,000,000
短期借入金（Short-term loans payable）	6,000,000
未払金（Other accounts payable）	760,000
未払給料（Accrued salaries）	1,500
未払水道光熱費（Accrued fuel and light expeses）	1,800
前受利息（Deffered interest）	5,000
流動負債合計（Total current liabilities）	9,768,300

固定負債（Fixed liabilities）

（社　債（Bond））	－
退職給付引当金（reserve for retirement allowance）	16,000
固定負債合計（Total fixed liabilities）	16,000
負債合計（Total liabilities）	9,784,300

純資産（Net assets）の部
株主資本（Shareholder's capital）

資本金（Capital stock）	10,000,000
（資本剰余金（Capital reserve））	－
利益剰余金（Earned surpluses）	
（利益準備金（Legal earned reserve））	－
その他利益剰余金	
（任意積立金（Voluntary reserve））	－
繰越利益剰余金（Unappropriated surpluses）	54,700
利益剰余金合計（Total Earned surpluses）	54,700
株主資本合計	
評価換算差額等	
その他有価証券評価差額金（Fixed asset investment appreciation）	20,000
評価・換算差額等合計	20,000
（新株予約権（Stock option））	－
純資産合計（Total net assets）	10,074,700
負債純資産合計（Total liabilities and net assets）	19,859,000

(注)（　）内の項目は扱っていないが，英語表記の学習のために記載した。

　なお，決算の過程を精算表で示すと次のようになる。

〈8桁精算表〉

精　算　表

勘定科目	T／B 借方	T／B 貸方	決算整理 借方	決算整理 貸方	損益 a/c 借方	損益 a/c 貸方	残高 a/c 借方	残高 a/c 貸方
当座預金	2,878,300						2,878,300	
売掛金	3,465,000						3,465,000	
繰越商品	500,000		640,000	500,000			640,000	
仕入	5,600,000		500,000	640,000	5,460,000			
短期貸付金	1,000,000						1,000,000	
未収入金	496,000						496,000	
車両運搬具	2,000,000						2,000,000	
土地	8,000,000						8,000,000	
投資有価証券	100,000		20,000				120,000	
関係会社株式	500,000						500,000	
投資不動産	1,000,000						1,000,000	
水道光熱費	18,200		1,800		20,000			
支払家賃	120,000			10,000	110,000			
給料	242,500		1,500		244,000			
支払利息	124,000			22,000	102,000			
貸倒損失	35,000				35,000			
有価証券運用損益	2,000				2,000			
盗難損失	2,000				2,000			
買掛金		3,000,000						3,000,000
短期借入金		6,000,000						6,000,000
資本金		10,000,000						10,000,000
未払金		760,000						760,000
売上		6,300,000				6,300,000		
受取利息		10,000	5,000			5,000		
受取配当金		12,000				12,000		
固定資産売却益		1,000				1,000		
前払家賃			10,000				10,000	
未払給料				1,500				1,500
未払水道光熱費				1,800				1,800
減価償却費			200,000		200,000			
車両減価償却累計額				200,000				200,000
売掛金貸倒引当金繰入			69,300		69,300			
売掛金貸倒引当金				69,300				69,300
退職給付費用			16,000		16,000			
退職給付引当金				16,000				16,000
前受利息				5,000				5,000
短期貸付金貸倒引当金繰入			10,000		10,000			
短期貸付金貸倒引当金				10,000				10,000
受取地代				7,000		7,000		
未収地代			7,000				7,000	
前払利息			22,000				22,000	
その他有価証券評価差額金				20,000				20,000
繰越利益剰余金					6,270,300	6,325,000		54,700
当期純利益					54,700		20,138,300	20,138,300
	26,083,000	26,083,000	1,502,600	1,502,600	6,325,000	6,325,000		

〈参考２〉中国様式と韓国様式の損益計算書と貸借対照表

［損益計算書の中国様式（中国企業会計基準第30号の適用指針の規定により）］

利　潤　表（損益計算書）

企業名：	X1年度	単位：円
項　　　目		金　　額
一、営業収入（売上高）(1)		6,307,000
減：営業原価（売上原価）		5,460,000
営業税金及び附加(2)		――
銷售費用（販売費）(3)		574,000
管理費用（一般管理費）(4)		130,300
財務費用（支払利息等）(5)		97,000
資産減値損失（資産減損）		――
加：公正価値変動収益（公正価値変動利得）		――
投資収益（受取配当金等）(6)		10,000
二、営業利潤（経常利益）		55,700
加：営業外収入（特別利益）		1,000
減：営業外支出（特別損失）		2,000
三、利益総額（税引前当期純利益）		54,700
減：所得税費用（法人税）		――
四、浄利潤（当期純利益）		54,700
五、毎股収益（1株当たり当期純利益）		――
（一）基本毎股収益（1株当たり当期純利益）		――
（二）希釈毎股収益（潜在株式調整後1株当たり当期純利益）		――

（1）中国では「営業収入」は企業の主な業務から得られる「主営業務収入」とその他の日常的業務から得られる「其他業務収入」とを含み，投資性不動産から得た受取地代は「その他業務収入」に属する。

（2）「営業税金及び附加」項目には，消費税，営業税，都市維護建設税，資源税，教育費附加など，主に企業の当期売上高に基づいて徴収される税金又は費用が計上される。但し，中国の消費税は煙草，酒，乗用車など特定の個人消費の商品に徴収する税金であり，日本の消費税に相当する税金は中国では増値税と呼ばれている。本例ではこれらの税金に触れていない。

（3）中国では「銷售費用」項目と「管理費用」項目は分けられ，「銷售費用」には商品販売のために発生した店舗の家賃，光熱費，減価償却費は「銷售費用」項目に該当する。

（4）「管理費用」項目には，企業活動を管理するために発生した事務用消耗品費，備品減価償却費，人件費，退職給付，不動産税，貸倒引当費（貸倒引当損は「管理費用」に記入するのではなく，「資産減値損失」という科目にて換算される）などが計上される。

（5）「財務費用」は企業が資金を調達するために発生した資金調達費用を指し，支払利息（受取利息を控除する），為替損益及びその手数料，売上割引（仕入割引を控除する）などを含む。

（6）「投資収益」項目には，有価証券または他の企業の持分への投資及びその売却による受取配当金，受取利息，売却損益（売却益から売却損を控除する）などが計上される。したがって，本例の受取配当金と有価証券運用損は相殺して「投資収益」項目に計上される。

（佟　偉彤）

［貸借対照表の中国様式（中国企業会計基準第30号の適用指針の規定により簡略)］

資産負債表（貸借対照表）

企業名：　　　　　　　　X2年3月31日　　　　　　　単位：円

資　　産	残　高	負債及び所有者権益	残　高
流動資産：		流動負債：	——
貨幣資金（現金及び預金）	2,878,300	短期借款（短期借入金）	6,000,000
応収帳款（売掛金）(1)	3,395,700	応付帳款（買掛金）	3,000,000
其他応収款（未収入金等・短期貸付金等）(2)	1,493,000	預収帳款（前受金）	5,000
存貨（棚卸資産）	640,000	応付職工薪酬（未払給料）	1,500
待攤費用（前払費用）	32,000	預提費用（未払費用）	1,800
		其他応付款（未払い金等）	760,000
流動資産合計	8,439,000	流動負債合計	9,768,300
非流動資産：		非流動負債：	
可供出售金融資産(3)	120,000	応付債権（社債）	——
長期股権投資（長期持分投資）	500,000	其他非流動負債	16,000
投資性房地産（投資不動産）	1,000,000	非流動負債合計	16,000
固定資産（有形固定資産）	1,800,000	負債合計	9,784,300
無形資産（無形固定資産）(4)	8,000,000	所有者権益（所有者持分）：	
非流動資産合計	11,420,000	実収資本（資本金）	10,000,000
		資本公積（資本剰余金）(5)	20,000
		盈余公積（利益剰余金）	——
		未分配利潤（繰越利益剰余金）	54,700
		所有者権益合計	10,074,700
資産総計（資産合計）	19,859,000	負債及び所有者権益総計	19,859,000

（1）中国の「資産負債表」では，「応収帳款」項目は主に商品の売掛金である。
（2）短期貸付金は中国の「資産負債表」では「其他応収款」項目に含まれる。
（3）「可供出售金融資産」は売買目的有価証券，満期保有目的債券，貸付金及び未収金以外の金融資産を指し，日本の「その他有価証券」に相当する。
（4）中国では土地が国有し，土地の一定期間の使用権が売買されているので，「資産負債表」には「土地」項目がない。本例の土地については，もし土地の一定期間の使用権とすれば，「無形資産」項目に計上される。
（5）「可供出售金融資産は貸借対照表日において公正価値で評価し，評価差額は「資本公積」項目に計上する。

（佟　偉彤）

損益計算書（韓國 一般企業會計基準）
第×期×１年 ４月１日로부터×２年 ３月31日까지

Ⅰ．賣出額	（売上高）		6,300,000
Ⅱ．賣出原價	（売上原価）		5,460,000
期初商品在庫額	（商品期首たな卸高）	500,000	
當期買入額	（当期商品仕入高）	5,600,000	
期末商品在庫額	（商品期末たな卸高）	640,000	
Ⅲ．賣出總利益	（売上総利益）		840,000
Ⅳ．販賣費와 管理費	（販売費及び一般管理費）		694,300
給與	（給料）	244,000	
退職給與	（退職給付費用）	16,000	
賃借料	（支払家賃）	110,000	
減價償却費	（減価償却費）	200,000	
貸損償却費	（貸倒損失，貸倒引当金繰入額）	104,300	
光熱費	（水道光熱費）	20,000	
Ⅴ．營業利益	（営業利益）		145,700
Ⅵ．營業外收益	（営業外収益）		24,000
利子收益	（受取利息）	5,000	
配當金收益	（受取配当金）	12,000	
賃貸料	（受取地代）	7,000	
Ⅶ．營業外費用	（営業外費用）		114,000
利子費用	（支払利息）	102,000	
其他의 貸損償却費	（貸倒引当金繰入額）	10,000	
有價證券處分損失	（有価証券売却損）	2,000	
Ⅷ．經常利益	（経常利益）		55,700
Ⅸ．特別利益	（特別利益）		
固定資産賣却益	（固定資産売却益）		1,000
Ⅹ．特別損失	（特別損失）		
盗難損失	（盗難損失）		2,000
Ⅺ．法人税費用差減前純利益			54,700
Ⅻ．法人税費用			－
ⅩⅢ．當期純利益	（当期純利益）		54,700

（注）
(1) 「販賣費及び一般管理費」は「販賣費와 管理費」とする。すなわち「一般」は使わない。
(2) 「販賣費와 管理費」において，設定科目の配列順序は韓國の「企業會計基準別紙 第５号書式」による。
(3) 貸倒れの内容について貸倒損失と貸倒引当金繰入額に区別しないのが一般的である。

（李 相和）

財務狀態表 <small>(韓國 一般企業會計基準)</small>
第×期　×2년　3月　31日　現在

資　産				負　債			
Ⅰ．流動資産	（流動資産）			Ⅰ．流動負債			
（1）當座資産				買入債務	（買掛金）		3,000,000
現金및 現金性資産	（現金及び預金）		2,878,300	短期借入金	（短期借入金）		6,000,000
賣出債權	（売掛金）	3,465,000		未支給金	（未払金）		760,000
貸損充當金	（貸倒引当金）	69,300	3,395,700	未支給給料	（未払給料）		1,500
短期貸與金	（短期貸付金）	1,000,000		未支給光熱費	（未払光熱費）		1,800
貸損充當金	（貸倒引当金）	10,000	990,000	先收利子收益	（前受利息）		5,000
未　收　金	（未収入金）		496,000	Ⅱ．固定負債			
未收賃貸料	（未収地代）		7,000	退職給與充當負債	（退職給付引当金）		16,000
先給賃借料	（前払家賃）		10,000	負　債　總　計			9,784,300
先給利子費用	（前払利息）		22,000				
（2）在庫資産				資　本			
商　品	（商　品）		640,000	Ⅰ．資本金	（資本金）		10,000,000
Ⅱ．固定資産				Ⅱ．利益剰餘金			
（1）投資資産				當期純利益	（当期純利益）		54,700
投資有價証券	（投資有価証券）		120,000				
支配企業所有持分	（関係会社株式）		500,000				
投資不動産	（投資不動産）		1,000,000				
（2）有形資産							
土　地	（土　地）		8,000,000				
車　輛	（車　両）	2,000,000					
減價償却累計額	（減価償却累計額）	200,000	1,800,000	資　本　總　計			10,074,700
資　産　總　計			19,859,000	負債와 資本總計			19,859,000

（李　相和）

Ⅳ. 本支店会計

　企業は，事業規模の拡大に応じて，支店・工場・営業所等を開設すること
がある。支店等ごとに独自の帳簿組織を備えて取引を記録し，決算を行い，
支店独自の財務諸表を作成させる制度を**支店独立会計制度**という[注]。

[注] これに対し，本店・支店等で発生した取引をすべて本店で記録する**本店集中
会計制度**も存在する。この場合，各支店等では，必要最低限の補助簿を備え
て記録を行うが，仕訳帳・元帳は設置されない。

　しかし，本店・支店は同一の企業であるため，対外的には一つにまとめた
財務諸表を作成しなければならない。このような場合，本支店間，支店相互
間の取引を整理し，本支店間の合併財務諸表を作成する簿記手続きを**本支店
会計**（本支店の簿記）という。なお，本章で学ぶ本支店合併財務諸表の作成
手続きは，第Ⅸ章の親子会社の連結財務諸表の作成手続きを学ぶときに非常
に参考になる。

（1）　支店勘定と本店勘定

　支店独立会計制度において，本支店間の取引は「貸借関係」として処理す
る。まず，支店で使用する財産（資産・負債）を本店の帳簿から支店へと委
譲するが，この本支店間の貸借関係（債権・債務の増減）の影響はすべて，
本店における**支店勘定**（資産：支店への投資）と，支店における**本店勘定**（負
債，本店から委譲された責任と考えれば一種の資本）に記録する。支店等を複
数開設する場合は，本店では支店等の名前を付した勘定を設定する（例：
「○○支店」，「△△工場」等）。なお，支店開設後に，本店・支店等が企業外部
と取引を行った場合には，それぞれ通常の簿記処理を行う。

　例えば，本店が支店開設時に，現金240千円と店舗1,680千円，借入金
1,032千円を委譲したとすると，それらの貸借差額を支店勘定または本店勘
定で処理し，本店・支店のそれぞれで次の記録を行う。（単位：千円）

〔本　店〕　　　　　　　　　　〔支　店〕
(借)借入金 1,032　(貸)現　金 240｜(借)現　金 240　(貸)借入金 1,032
　　支　店 888　　　建　物 1,680｜　建　物 1,680　　　本　店 888
　基本的に，本支店間の取引は内部取引であるため，損益は発生しない。た
だし，本支店間で商品の移送を行う場合，本店・支店のそれぞれの業績を明
らかにするために，原価に一定の利益を加算した**振替価格**（transfer price）
によって取引を行うことがある[注1]。（三分法を前提として）原価で移送・記
帳する場合は，商品の移動に過ぎず，送付した事業単位の「仕入」勘定が減
少し，受け取った事業単位の「仕入」勘定が増加する。一方，振替価格を付
す場合には，売買取引を仮定し，「支店（へ）売上」（または「本店（へ）売
上」）勘定と「本店（から）仕入」（または「支店（から）仕入」）勘定によって，
対外的な売上・仕入とは区別して処理する[注2]。

　[注1] 振替価格において加算される利益は，外部に販売する際に付加される利
　　　益と同じでなくともよい。
　[注2] もし支店が本店以外から商品を仕入れないならば，単に「仕入」だけで
　　　もよい。ただし，本店以外からも仕入れる場合には，「本店（から）仕
　　　入」としなければならない。

　本店が商品の原価 960 千円に 10％の利益を加えた振替価格で支店に発送
したとすると，次のように記録する（本支店ともに三分法で処理）。（単位：千
円）

　　　　　　〔本　店〕　　　　　　　　〔支　店〕
　(借)支　店 1,056　(貸)支店売上 1,056｜(借)本店仕入 1,056　(貸)本　店 1,056

　なお，本店・支店から振替価格で移送された商品が決算日において企業内
に存在している場合は，後述するように，商品の振替価格に含まれる内部利
益の調整が必要になる。
　本支店はいずれも，決算日に，それぞれの帳簿記録に基づいて決算を行う。
支店の損益勘定で純利益（あるいは純損失）が計上されたならば，支店には
資本（金）勘定がないため，これを本店勘定に振替えなければならない。ま
た，本店では，支店から決算報告書を受け取ると，支店における純損益を支

店勘定に加減し，会社全体の損益を計算するために，支店の純損益を本店の損益勘定に振替える。

　決算の結果，支店は当期純利益 62 千円を計上し，本店はこの報告を受けたとすると，次のような仕訳を行う。(単位：千円)

　　　　　　〔本　店〕　　　　　　　　　　　〔支　店〕
(借)支　店　　62　(貸)支店損益　62　(借)損　益　62　(貸)本　店　62
(借)支店損益　62　(貸)損　益　　62

（2）　支店相互間の取引

　複数の支店等を有する企業において，支店相互間の取引が生じたとき，その取引の処理方法として，①支店分散計算制度と②本店集中計算制度の二つがある。①支店分散計算制度では，取引当事者である各支店において，取引相手となった支店名を付した支店勘定を用いて処理する。ただし，この場合，本店が支店相互間の取引について記帳に関与せず，取引の実態を把握できない。一方の②本店集中計算制度では，支店相互間の取引であっても，本店を通じて取引したものと仮定して記帳する。この方法により，帳簿記録を通じての支店管理が可能となる。なお，本店集中計算制度で，本店において記録するのは，取引を行った各支店への債権・債務（つまり取引当事者である「支店」勘定）のみとなる。

　例えば，名古屋支店は本店の指示により，大阪支店に現金 300 千円を送金し，大阪支店はこれを受け取ったとすると，①および②の方法により処理すれば，それぞれ次のようになる。(単位：千円)

①支店分散計算制度
〔本店〕　　　　(借)　仕訳なし　　　　　(貸)
〔名古屋支店〕　(借)　大阪支店　300　　(貸)　現　　　金　300
〔大阪支店〕　　(借)　現　金　300　　　(貸)　名古屋支店　300

②本店集中計算制度
〔本店〕　　　　(借)　大阪支店　300　　(貸)　名古屋支店　300

〔名古屋支店〕 (借) 本　　店 300　　　　(貸) 現　　　金 300
〔大阪支店〕　 (借) 現　　　金 300　　　　(貸) 本　　　店 300

（3） 本支店合併財務諸表の作成

　本支店財務諸表の合併に先立って，本店・支店それぞれにおいて，決算整理・帳簿締切を行い，財務諸表を作成する。その財務諸表をもとに，本支店合併財務諸表を作成する。本支店の財務諸表はそれぞれ，下のようであったとする。(単位：千円)

〔本　店〕
貸借対照表

諸　資　産	13,080	諸　負　債	7,464
商　　　品	1,440	繰延内部利益	120
支　　　店	4,752	資　本　金	9,600
		当期純利益	2,088
	19,272		19,272

〔支　店〕
貸借対照表

諸　資　産	4,272	諸　負　債	2,112
商　　　品	1,776	本　　　店	3,480
		当期純利益	456
	6,048		6,048

損益計算書

商品期首棚卸高	1,392	売　　　上	14,880
仕　　　入	17,520	支店売上	6,336
諸　費　用	1,656	商品期末棚卸高	1,440
当期純利益	2,088		
	22,656		22,656

損益計算書

商品期首棚卸高	*2,064	売　　　上	14,640
仕　　　入	7,440	商品期末棚卸高	1,776
本店仕入	5,808		
諸　費　用	648		
当期純利益	456		
	16,416		16,416

* 支店の諸資産には本支店間の内部利益を含む資産は含まれていない。支店の商品期首棚卸高のうち，1,320千円が本店から仕入れたものである。なお，本店は原価に10%の利益を加算した振替価格で支店に商品を発送している。

　相互の貸借対照表上の支店勘定および本店勘定は，企業内部の債権・債務であるため，相殺消去しなければならない。この際，本店の支店勘定借方残高と支店の本店勘定貸方残高とは，相互の記帳に誤りがない限り，一致しているはずである。

　ただし，決算日直前の取引の現品もしくは報告が本店・支店のいずれかに

到着しておらず，一方では記帳されているが，他方では記帳されていないことがある。これを**未達取引**という。合併手続きにおいては，まず未達取引を調査・整理して，支店勘定と本店勘定の残高を一致させることが必要となる。

　未達取引の修正方法には，**①繰上記帳法**，**②決算日記帳法**，**③到着日記帳法**の三つがある。①繰上記帳法は，未達取引を決算日日付で営業取引として記帳する。②決算日記帳法は，未達取引を決算日における決算整理取引として記帳する。この場合，**未達勘定**（例えば，未達現金，未達商品など）を利用して記帳し，翌期首に再振替仕訳を行う。③到着日記帳法は，決算日においても記帳せず，実際到着日に記帳する。この場合，未達取引は合併時には未記帳であり，合併手続きでの修正が必要となる。

　例えば，未達取引を調査した結果，①本店が支店に発送した商品 528 千円が決算日において運搬中であった。②支店が本店に代わって仕入先に買掛金 744 千円を支払っていたが，本店はこの通知を受け取っていなかったとする。到着日記帳法によれば，それぞれ次のような修正仕訳が必要となる[注]。（単位：千円）

①〔支店〕　（借）本店仕入　528　（貸）本　店　528
　　　　　　　　　商　品　528　　　商品期末棚卸高　528
②〔本店〕　（借）買掛金　744　（貸）支　店　744

　[注]　未達取引について，繰上記帳法または決算日記帳法を採っている場合には，帳簿に記帳済みであるため，合併手続きとしての修正は不要であり，本店勘定と支店勘定の金額はすでに一致しているはずである。

　未達取引を整理した結果，支店勘定と本店勘定の残高はそれぞれ 4,008 千円（支店：4,752 － 744，本店：3,480 ＋ 528）となり一致し，相殺消去する。
③相殺 a　　（借）本　店　4,008　（貸）支　店　4,008
　また，前述のように，本支店間の商品売買取引は内部取引であるため，未達整理後の支店売上勘定と本店仕入勘定の残高 6,336 千円も相殺消去する。
④相殺 b　　（借）支店売上　6,336　（貸）本店仕入　6,336
　なお，決算日現在に，本支店間取引による商品が企業内に残っている場合

は，商品の振替価格に含まれる**内部利益**の調整が必要になる。なぜならば，期末商品の内部利益は外部に販売されない限り未実現利益だからである。消去しなければ，商品が振替価格で評価され，内部利益の分だけ売上総利益と商品が過大に計上されてしまう。

　内部利益を除去する方法には，①**直接控除法**と②**間接控除法**の二つがある。直接控除法は，合併財務諸表のうえで関連項目の数字を内部利益の金額だけ直接減額する方法である。つまり，損益計算書の商品期末棚卸高と当期純利益，貸借対照表の商品残高と当期純利益を，それぞれ内部利益の金額だけ減額する。一方の間接控除法は，合併財務諸表に特別な科目を追加することによって内部利益を控除する方法である。つまり，内部利益について「繰延内部利益控除」勘定を利用して当期純利益から控除するとともに，「繰延内部利益」勘定という評価勘定を設定し，この金額を控除して期末商品の原価を示す。上記の財務諸表では，既に内部利益を示す「繰延内部利益」が計上されているため，以下の説明は間接控除法によることとする。

　まず，支店が当期首に保有している本店から仕入れた商品は当期に販売されるので，内部利益120千円（繰延内部利益と表されている）を戻し入れる。

⑤〔本店〕　　　（借）　繰延内部利益　120　　（貸）　繰延内部利益戻入　120

　次に，支店の期末商品棚卸高2,304千円のうち1,452千円（未達分を含む）は本店から仕入れたものであるとすれば，内部利益132千円を控除する。

⑥〔本店〕　　　（借）　繰延内部利益控除　132　　（貸）　繰延内部利益　132

　以上の本支店の合併財務諸表の作成過程は，**本支店合併精算表**によって示すことができる[注]。①～⑥の修正消去仕訳に基づいて，合併精算表を作成すると204ページのようになる。

　[注] 合併財務諸表の作成方法には，合併精算表を使う方法のほか，本支店の損益計算書と貸借対照表をそれぞれ直接合算する方法もある。

　結果として，公表のための本支店合併貸借対照表と本支店合併損益計算書は次のようになる。

本支店合併貸借対照表

(単位：千円)

諸　資　産	17,352	諸　負　債	8,832
商　　　品	3,744	繰延内部利益	132
		資　本　金	9,600
		当期純利益	2,532
	21,096		21,096

本支店合併損益計算書

(単位：千円)

商品期首棚卸高	3,456	売　　　上	29,520
仕　　　入	24,960	繰延内部利益戻入	120
繰延内部利益控除	132	商品期末棚卸高	3,744
諸　費　用	2,304		
当期純利益	2,532		
	33,384		33,384

※公表される貸借対照表において，繰延内部利益は商品から控除され，商品は
3,612千円となる。一方，公表される損益計算書では，売上原価は24,684千
円（（商品期首棚卸高3,456 − 期首繰延内部利益120）＋仕入24,960 −（期末商
品棚卸高3,744 − 期末繰延内部利益132））となり，売上総利益は4,836千円
となる。

本支店合併精算表

（単位：千円）

項目	本店 資産／費用	本店 負債・純資産／収益	支店 資産／費用	支店 負債・純資産／収益	本支店合計 資産／費用	本支店合計 負債・純資産／収益	内部取引の修正・消去 借方	内部取引の修正・消去 貸方	合併財務諸表 資産／費用	合併財務諸表 負債・純資産／収益
貸借対照表										
諸資産	13,080		4,272		17,352				17,352	
商品	1,440		1,776		3,216		① 528		3,744	
繰延内部利益		120				120	⑤ 120	⑥ 132		132
支店	4,752		—		4,752			② 744　③ 4,008	—	
諸負債		7,464		2,112		9,576	② 744			8,832
本店		—		3,480		3,480	③ 4,008	① 528		—
資本金		9,600		—		9,600				9,600
当期純利益		2,088		456		2,544	12			2,532
合計	19,272	19,272	6,048	6,048	25,320	25,320	5,412	5,412	21,096	21,096
損益計算書										
売上		14,880		14,640		29,520				29,520
支店売上		6,336		—		6,336	④ 6,336			—
商品期首棚卸高	1,392		2,064		3,456				3,456	
繰延内部利益戻入								⑤ 120		120
仕入	17,520		7,440		24,960				24,960	
本店仕入	—		5,808		5,808		① 528	④ 6,336	—	
商品期末棚卸高		1,440		1,776		3,216		① 528		3,744
繰延内部利益控除							⑥ 132		132	
諸費用	1,656		648		2,304				2,304	
計							6,996	6,984	30,852	33,384
当期純利益	2,088		456		2,544			12	2,532	
合計	22,656	22,656	16,416	16,416	39,072	39,072	6,996	6,996	33,384	33,384

Ⅴ．資金調達の会計―株主資本ならびに負債と繰延資産―

　企業は利益活動を行うために資金を調達しなければならない。資金を調達すれば，現金(支払手段)が流入(増加)し（借方計上），これに対応して株主資本・負債が計上される（貸方計上）。つまり，資本調達の面からみると，株主資本や負債は“収入”である。一方，調達した資本はいつかは返さなければならないが，返してはいないので，“未支出”である。しかし，この「返済」つまり「支出」の局面で，同じ資本調達収入でも違いが出る。一つは，支出(返済)を考えなくてもよい収入であり（将来，企業が解散するときに返済されるとしても元本（収入額）を保証しない），この資本は企業が返済を考えず自分のもののように(注)使用できるので，**自己資本**と呼ばれる。貸借対照表の**株主資本**である。二つめは，支出額が確定しており，その金額で返済しなければならない資本である。これは，企業がその資本を他人から預かっていると考え，**他人資本**と呼ばれ，貸借対照表では**負債**と表示される。

　(注)会社を株主のものと考え，株主の資本であるから，株主の資本つまり自己資本と解釈する見方もある。

　自己資本と他人資本の違いは，返済の必要性のみならず，利息を支払うかどうかにも存在している。すなわち，「他人資本」には確定した利息(支払利息)を支払わねばならない。これは損益計算書に「営業外費用」として計上される。一方，「自己資本」には確定した利息を支払う必要はなく，**配当金**が支払われる。配当は株主が自ら決める点に支払利息との違いがある。配当の結果は「株主資本等変動計算書」で報告される。

1．株主資本の会計

（1）　企業活動開始の会計と創立費，開業費

　既述のように（第Ⅱ章3.(2)1)）株式会社の成立にあたっては資本を調達しなければならない。株主の権利や資本の金額などは「会社法」に規定され

ている。したがって，会計学の問題ではなく会社法の規定に従わねばならない。

　会社を設立するにはさまざまな費用（支出）が必要である。このうち，会社が法律上成立するために必要な費用を**創立費**（そうりつひ），その後，会社が営業を開始するまでに支出した費用を**開業費**（かいぎょうひ）という。

　「創立費」には，設立のためにかかった定款や諸規則作成のための費用，株の募集などの広告費，株式申込証・目論見書などの印刷費，創立事務所の賃借料，設立事務のためにかかった人件費，金融機関の取扱手数料，証券会社の取扱手数料，創立総会に関係する費用，発起人が受ける報酬で定款に記載し創立総会の承認をうけた金額，設立登記の費用などがあげられる。

　「開業費」には，開業準備のためにかかった土地・建物などの賃借料，広告宣伝費，通信交通費，事務用消耗品費，支払利息，給料，保険料，電気・ガス・水道料などがあげられる。

　創立費 200,000 円，開業費 100,000 円を当座預金より支払うと，次の記録を行う。ただし，創立費は発起人が立替払いするのが通常である。

　　［支出時］（創　立　費）　200,000　（当 座 預 金）　200,000
　　　　　　〈資産(支出・未費用)〉
　　　　　　（開　業　費）　100,000　（当 座 預 金）　100,000
　　　　　　〈資産(支出・未費用)〉

　これらは，企業が利益獲得活動をするうえで必要な，いわば企業活動の前提となる支出である。したがって，「企業の設立から解散までの各期間の収益に負担させる」べきである。つまり，貸借対照表にいったん資産（“支出・未費用”）として計上し，将来の収益に対応させるために‘繰延’べるべきである。この理由により**繰延資産**とされる。しかし，繰延資産は，無形である点で共通性がある「前払費用」（支出・未費用）と較べると，次の二つの点で資産性について問題がある。第一に，支出によるサービスを受けてしまっている（例えば，創立費の中の定款の作成支出ではすでに作成作業が完了しているのに対し，前払家賃では前払い分の権利をまだ使用していない）。この視点から，すでにサービスの提供を受け費消しているのであるから，資産性はなく全額費用とすべきであるという主張が出てくる。第二に，前払費用の場合

には「時の経過」という費用計算における明確な基準があるのに対し繰延資産にはない。企業の設立から解散までといっても，継続を基に活動している企業の解散を予測することはできず，各期の負担額を計算することは不可能になる。よって，繰延資産の扱いは極めて政策的な要素が入らざるをえなくなる。

　会社法は，繰延資産として計上することができる項目は「繰延資産として計上することが適当であると認められるもの」（会社計算規則第 106 条第 3 項第 5 号）とするのみであり，具体的な会計処理を定めていない。これについて会社法は，繰延資産にかかわる用語の解釈および規定の適用に関しては，一般に公正妥当と認められる企業会計の基準その他の企業会計の慣行をしん酌しなければならない（会社計算規則第 3 条）としている。これを受け，企業会計基準委員会が「実務対応報告」第 19 号「繰延資産の会計処理に関する当面の取扱い」を公表し，これにしたがって繰延資産の処理が行われる。

　「実務対応報告」によれば，創立費と開業費は，原則として，いずれも支出時に費用（営業外費用）として処理される。ただし，これらを繰延資産に計上することもできるとしている。この場合，それぞれ，<u>創立費は会社の成立のときから，開業費は開業の時から，5 年以内のその効果の及ぶ期間にわたって，定額法により償却</u>しなければならない。例でこれにしたがって償却を行えば，次のようになる。

　　　［決算整理］（創立費償却）　40,000　（創　立　費）　40,000
　　　　　　　　　〈費　　用〉　　　　　　　〈資　　産〉
　　　　　　　　　（開業費償却）　20,000　（開　業　費）　20,000
　　　　　　　　　〈費　　用〉　　　　　　　〈資　　産〉

　創立費償却も**開業費償却**も組織を作り維持する費用として損益計算書では「営業外費用」とされ，資産としての創立費は 160,000 円，開業費は 80,000 円となる。このような実体のない特別の支出は流動資産や固定資産と区別され，借方の最後に独立して，繰延資産として計上される。

　(注)　会社法は，創立費を資本金または資本準備金から減額することが可能としている（会社計算規則第 74 条第 1 項第 2 号）。しかし，「実務対応報告」はこの方法を採用していない。一方，開業費およびその償却については，開業準備活動

が営業活動と密接であることおよび実務の便宜を考慮して, 営業外費用ではなく, 販売費及び一般管理費として処理することもできるとしている。

(2)　新株発行の会計と株式交付費

　大企業は資金需要が生じたとき, 株により市場から資金を調達する。株の値段つまり, 企業の得る資金は企業の業績をはじめとするさまざまな経済的社会的要因を反映した市場の価格で決まる。資本の会計処理はすでに述べた企業設立のときの処理 (開始貸借対照表) と同じである (会社法第445条)。例えば, 200株を1株当たり60,000円で発行すれば, 企業は**資本金**の金額を12,000,000円と6,000,000円の間で自由に決められ, 残りが**資本準備金**とされる。資本準備金は貸借対照表では「資本剰余金」(この内容は複雑である) の中に示される。資本金 (「資本法定額」) も資本準備金も株主の払込んだ点では同じであり, 会計学上まとめて**払込資本**という。

　(注)　会社が振込まれた資金を自由に使用できるまでには申込金の受入から資本に組入れるまでの時間があり, 会社は払込まれた資金を預かることになる。この資金を,「別段預金」という。
　　　振込まれた時:(別 段 預 金)　12,000,000　(新株式申込証拠金)　12,000,000
　　　この後, 次の過程を経て, 自由に使える当座預金 (支払手段) となる。
　　　[資本組入時](新株式申込証拠金)　12,000,000　(資　本　金)　12,000,000
　　　　　　　　 (当 座 預 金)　12,000,000　(別 段 預 金)　12,000,000

　新株を発行するには, このための費用を支出する必要がある。この費用を**株式交付費**という。これには, 株の募集のための広告費, 金融機関の取扱手数料, 証券会社の取扱手数料, 目論見書等の印刷費などがある。これらは, 原則として, 支出時に費用 (営業外費用) として処理しなければならない。

　ただし, 企業規模の拡大のために行う資金調達などの財務活動に関する株式交付費は, 創立費, 開業費と同じように繰延資産に計上することができる。この場合には, 株式交付のときから3年以内の, その効果の及ぶ期間にわたって定額法により償却しなければならない。この場合, かかった費用が600,000円であったとすると, 次の記録を行う。

［支出時］　（株式交付費）　　600,000　（当 座 預 金）　　600,000

　この株式交付費は資産である。その後，償却するが，ここではこの資金調
達の効果が3年以上に及ぶとして，定額法で償却する（営業外費用）。

［決算整理］（株式交付費償却）　200,000　（株式交付費）　　200,000*
* 600,000 ÷ 3 年

　(注) 旧商法は繰延資産の償却を，「毎決算期に均等額以上の償却をしなければなら
　　　ない。」として年数を基準とした償却を要求していた。しかし「実務対応報告」
　　　は年数基準による償却を一律に行うことは適当ではないとしている。このため，
　　　新株発行が会計期間の途中で行われたときには，償却額は月割りにより計算
　　　される。

　なお，企業規模の拡大のためにする資金調達などの財務活動に関する株式
交付費のみが繰延資産となることから，株の分割や株の無償割当てなどに関
する費用は繰延資産とすることはできない。これらは支出時に費用として処
理される。この場合，これらの費用を販売費及び一般管理費に計上すること
もできる。

　【注】純資産の部に，資本調達にかかわるものとして**新株予約権**がある。これは
　　　権利が行使されれば，資本になり，放棄されれば，利益になる，資本か利益か
　　　が定まらないものである。そのため，純資産の部の末尾（非支配株主持分があ
　　　るときは，その上）におかれる。ここでは，会計処理を示しておく。
　　　・新株予約権10,000個を1個10円で発行した（代金は当座預金とする）。
　　　　（当 座 預 金）　100,000　（新株予約権）　100,000
　　　・予約権のうち，9,000個の権利行使が行われ，新株9,000株（振込金額@500
　　　　円）を発行した（振込金は当座預金とする）。
　　　　（新株予約権）　　90,000　（資 本 金）2,295,000
　　　　（当 座 預 金）4,500,000　（資本準備金）2,295,000
　　　・残り1,000個の権利が放棄された。新株予約権戻入益は特別利益となる。
　　　　（新株予約権）　　10,000　（新株予約権戻入益）　10,000
　　　なお，新株予約権の発行に要する費用についても，資金調達などの財務活動
　　　に関するものについては繰延資産として会計処理をすることができる。この場
　　　合には，新株予約権の発行のときから，3年以内のその効果が及ぶ期間にわた
　　　って，定額法により償却しなければならない。

（3） 剰余金（利益）処分の会計と積立金の使用

自己資本は「払込資本」だけではない。利益から得られた資金を会計上，**留保利益**というが，これも自己資本である。払込資本と留保利益（利益剰余金）の会計をまとめて**資本会計**ともいうが，理論上はともかく制度上は^(注)，会計処理は「会社法」により決められる。したがって，教科書の段階では，会社法のやり方を紹介せざるをえない。ここでは，既述の配当の処理と積立金の設定に加えて，財務上重要な積立金使用の問題を取り上げる。

^(注) **資本取引損益取引区分の原則**

　会計上，企業自らが獲得した成果である利益（留保利益―利益剰余金）と企業に拠出された資本（払込資本―資本金と資本準備金）とを区分することは重要である。これを「資本取引損益取引区分の原則」という。これについて，資本を株主が拠出したものに限るとすると，それ以外の拠出額（例えば，国庫補助金）は利益となり，利益の中に企業が獲得した成果でないものが含まれる。一方，利益は企業の成果に限るとすると，株主の拠出以外のもの（前掲，国庫補助金）もすべて資本となる。このように，この原則は，会計上，重要な原則ではあるが，実務上はさまざまな解釈の余地のある原則である。

　会社法では，配当は**剰余金**の配当といわれる。剰余金は株主資本から資本金と準備金を控除した額である。しかし，配当は留保利益（利益剰余金）から行われるのが原則であり，**繰越利益剰余金**（損失の場合，残高がマイナスになる）勘定から控除される。なお，剰余金の配当は株主総会での手続きを経ることにより留保利益以外からも行うことができる。また，年何回でも行うことができる。

　第Ⅱ章でも示したように，次のように処理する。

（繰越利益剰余金）	140,000	（未 払 配 当 金）	100,000
		（利 益 準 備 金）	5,000*
		（10周年記念事業積立金）	35,000

*$100,000,000 \times \frac{1}{4} - (20,000,000 + 4,995,000) = 5,000$

未払配当金は負債であり，資金の出となることは既述のとおりである。

　それでは，積立金はどうであろうか。いま，10周年記念事業積立金が10年後に350,000円となり，これにより新たに出店することにし，店舗を購入

しようとすると，資金管理上，二重の配慮が必要になる。第一に，店舗を購入したときは，次のように資金が必要になる。

　　　（建　　　　物）　　 350,000　　（当 座 預 金）　　 350,000

もし，購入資金（この場合，当座預金）がなければ，積立の目的を達成することができない。達成するためには，次のように資金を手当てしなければならない。長期の借入れにより資金調達したとすると，

　　　（当 座 預 金）　　 350,000　　（長 期 借 入 金 ）　 350,000

しかし，これだけではない。積立金は目的を達成したので取崩され，次のように繰越利益剰余金の構成要素となる。

　　　（10周年記念事業積立金）　350,000　　（繰越利益剰余金）　 350,000

この繰越利益剰余金の増加も配当財源になってしまう。そこで，さらなる配慮が必要になる。もし，他に配当財源がないときには，次のようにして資金の流出を抑えなければならない。

　　　（繰越利益剰余金）　 350,000　　（別 途 積 立 金）　 350,000

このように積立金の使用には，資金的および会計上の配慮が必要になる。

　別途積立金は目的を特定せず単に資金の流出を抑える目的で設定された積立金であり，実務上しばしばみられる積立金である。利益準備金のように法律により求められる積立金を**法定積立金**，10周年記念事業積立金や別途積立金のように法律によらず企業が任意に積立てる積立金を**任意積立金**という。

　株主資本の変動は「株主資本等変動計算書」（第Ⅱ章3.(5)をみよ）に計上される。

2．負債の会計

　自己資本と同じように "収入" つまり企業への資本の流入であるけれども，返済（支出）しなければならず，また，一般には利息を支払わねばならないのがほんらいの「他人資本」である。この典型が借入金であり，"収入・未支出" と解釈され，利子がかかる。しかし，利息については，買掛金や支払手形のように，商慣習上，支払わなくともよいものもある。買掛金や支払手

形は"費用・未支出"と解釈したが,「お金」の流入はないけれども商品や材料のような具体的な財が企業に入るので,資本の流入であり,"未支出"すなわち返済の局面では共通になる。一方,前受収益のような"収入・未収益"項目は収入であるが,(収益実現のための)「将来の出」が企業が生みだす財・サービス(収益)である点がお金を支出する項目と異なる。このようにみてくると,他人資本(負債)の性質は複雑である。

　実務で「負債」という場合,将来の支出(未支出)の側面に注目することが多い("未収益"はあまり問題とされない)。そして,とくに収入の金額と将来の支出額(返済額)とが異なる場合の会計処理が問題になる。この問題が典型的にあらわれるのが社債の会計処理である。

(1) 社債金額の決定と償還

　企業が社債を発行する場合,利息(「表面利率」)を約定する。しかし,市場金利がこの金利より高い場合,この社債を売ることはできない。そこで,企業は社債の額面より低い価額で売出す。これを「割引発行」という。この結果,受入れた金額(「払込額」)すなわち"収入"と返済すべき金額すなわち"未支出"(「額面額」)との間に差額が生じる。これを「社債発行差金」という(額面より高い価格で発行できたときも,同じ名称)。社債発行差金は,上のような市場金利と表面利率の差のみならず当該企業の「信用度」(格付)によっても発生する。信用度の低い企業は発行価額を下げざるをえない。

　これについて,会社計算規則は,負債は債務額を付さねばならない(第6条1項)としたうえで,払込みを受けた金額が債務額と異なる社債はその時の時価または適正な価格を付すことができるとしている(第6条2項)。この会計処理を紹介しておく。いま,額面総額 10,000,000 円,償還期限5年,利率1%(年1回3月31日払い)の条件で,社債を発行したところ,すべて売却され,当座預金へ 9,800,000 円の振込があったとすると,

　X0.4. 1.　(当 座 預 金) 9,800,000　(社　　　　債) 9,800,000

と記録する。ところで,満期には,10,000,000 円で返済されるから,200,000

円の差額の処理が問題になる。これについては，債務を債務（額面）額と異なる金額で計上したときは，**償却原価法**を適用する。この方法は債務額と計上額との差額を毎期「一定の方法」で計上額へ加減算し最終の債務額に合わせる方法である。一定の方法とは「利息法」（額面額と収入額の差を利息と考え，この利息が期首の帳簿価額に一定率を乗じた金額に等しくなるよう期間配分する方法—複利計算—）を原則とするが，毎期均等額を増価させていく「定額法」も認められているので，ここでは，簡単な定額法により処理する。

```
X1.3.31. ［利息支払］（社 債 利 息）    100,000 （当 座 預 金）    100,000
      〃  ［決算整理］（社 債 利 息）     40,000 （社      債）     40,000*
         〈社債増価〉
```

*200,000 ÷ 5 年

この決算整理記録により，社債の金額が額面に向かって増価していき（9,800,000 ＋（40,000 × 5 ）＝ 10,000,000），返済したときには，次の記録が行われる。

```
X5.3.31. ［利息支払］（社 債 利 息）     100,000 （当 座 預 金）     100,000
      〃  ［社債増価］（社 債 利 息）      40,000 （社      債）      40,000
      〃  ［満期返済］（社      債）  10,000,000 （当 座 預 金）  10,000,000
```

（2）　社債の発行にともなう社債発行費

　社債の発行に際しても新株発行と同じように，社債募集のための広告費，金融機関の取扱手数料，証券会社の取扱手数料，社債申込証・目論見書などの印刷費，社債の登記の登録税などの発行のための費用を支出しなければならない。これを**社債発行費**という。社債発行費は，原則として，支出時に費用（営業外費用）として処理する。しかし，社債発行者にとっては，社債利息や社債発行差金に相当する額のみならず，社債発行費も含めて資金調達費と考えることができる。したがって，社債発行費を繰延資産とし，社債償還までの期間にわたり償却することが認められている。この場合，「利息法」による償却を原則とするが，定額法も認められている。そこで，上の社債の

発行費を，定額法により5年間で償却したとし，支出時と決算整理を示すと次のようになる。

X0.4. 1. [支出時]　（社債発行費）　　50,000　（当 座 預 金）　　50,000
　　　　　　　　　　〈資　　産〉
X1.3.31. [決算整理]　（社債発行費償却)　10,000　（社債発行費）　　10,000
　　　　　　　　　　　〈費　　用〉

社債発行費償却も資金調達の費用であり，「営業外費用」とされ，未償却の社債発行費は繰延資産（支出・未費用）として貸借対照表に計上される。

Ⅵ. キャッシュ・フロー計算書

1．キャッシュ・フロー計算書の必要性

　これまでみてきたように，会計数値は「発生主義」による数値であり，売上原価や減価償却費のように会計人の判断に依存する数値もあった。このように，会計処理の中に会計人の判断に依存するものが大きくなるにつれ，数値に客観性を求めることは難しくなっている。これに対し，客観的なのは収入支出の動きである。そこで，この開示が求められるようになった。さらに，これまでの貸借対照表による時点の財政状態や損益計算書による収益費用の情報に加えて，投資活動や資金調達活動の情報開示も求められる。このために作成されるのが**キャッシュ・フロー計算書**である。わが国では，『連結キャッシュ・フロー計算書等の作成基準』（以下「基準」と表す）により，キャッシュ・フロー計算書の作成法が示されている。ここでは，個別企業のキャッシュ・フロー計算書の作成法と見方を扱い，連結キャッシュ・フロー計算書は第Ⅱ部Ⅸ章で説明する。

2．キャッシュ・フロー計算書における諸概念

（1）キャッシュの範囲

　キャッシュ・フロー計算書において先ず問題となるのが対象となる**キャッシュ**の範囲である。「基準」はキャッシュの範囲を現金及び現金同等物であるとし（第二－一），それぞれを次のように定義している。

> 1．現金とは，手許現金及び要求払預金をいう。
> 2．現金同等物とは，容易に換金可能であり，かつ，価値の変動について僅少なリスクしか負わない短期投資をいう。

　要求払預金には，当座預金，普通預金，通知預金などが含まれる。現金同等物には，取得日から満期日又は償還日までの期間が3ヶ月以内の短期投資

である定期預金，譲渡性預金，コマーシャル・ペーパー，売戻し条件付現先，公社債投資信託などが含まれる。

（2）計算書の区分

キャッシュ・フロー計算書において次に問題となるのが区分である。「基準」は**営業活動によるキャッシュ・フロー，投資活動によるキャッシュ・フロー，財務活動によるキャッシュ・フロー**を計算する区分の三つに分けている（第二−1）。

「営業活動によるキャッシュ・フロー」に含まれる取引について「基準」注解（以下，「注解」と表す)(注3）は次の具体例を示している。

> 1．商品及び役務の販売による収入
> 2．商品及び役務の購入による支出
> 3．従業員及び役員に対する報酬の支出
> 4．災害による保険金収入
> 5．損害賠償金の支払

損益計算書は「営業損益計算」，「経常損益計算」，「純損益計算」に区分されている。上記の収支のうち1，2および3は営業損益計算の対象となる取引によるものである。4と5は特別なものであり，損益計算書では純損益計算の対象となるものである。このように<u>キャッシュ・フロー計算書の「営業概念」は損益計算書のそれと比較すると広い意味を持っている</u>。4，5のような特別のものも企業活動を行う過程において不可避的に発生する臨時の収入および支出であり，企業が営業活動を行ううえで避けることのできないものである。

「投資活動によるキャッシュ・フロー」は，固定資産の取得及び売却，現金同等物に含まれない短期投資の取得及び売却などによるキャッシュ・フローである(「基準」第二−二−2)。「注解」(注4）では次の例が示されている。

> 1．有形固定資産及び無形固定資産の取得による支出
> 2．有形固定資産及び無形固定資産の売却による収入
> 3．有価証券(現金同等物を除く。)及び投資有価証券の取得による支出

> 4．有価証券(現金同等物を除く。)及び投資有価証券の売却による収入
> 5．貸付けによる支出
> 6．貸付金の回収による収入

「財務活動によるキャッシュ・フロー」は，資金の調達及び返済によるキャッシュ・フローである(『基準』第二－二－3)。「注解」(注5) は次の例を示している。

> 1．株式の発行による収入
> 2．自己株式の取得による支出
> 3．配当金の支払
> 4．社債の発行及び借入れによる収入
> 5．社債の償還及び借入金の返済による支出

このようにキャッシュ・フローをもたらした取引は三つに区分されるが，利息及び配当金の受取りと支払いについては扱いが分かれ，「基準」は二つの方法を示している(第二－二－3)。

> A法：(損益計算に含まれる) 受取利息，受取配当金及び支払利息は「営業活動によるキャッシュ・フロー」の区分，(損益計算に含まれない) 支払配当金は「財務活動によるキャッシュ・フロー」の区分に記載する方法
> B法：(投資活動の成果である) 受取利息及び受取配当金は「投資活動によるキャッシュ・フロー」の区分，(財務活動上のコストである) 支払利息及び支払配当金は「財務活動によるキャッシュ・フロー」の区分に記載する方法

3．直接法によるキャッシュ・フロー計算書の作成

キャッシュ・フロー計算書には「営業活動によるキャッシュ・フロー」の計算に関して二種類の方法がある。一つは**直接法**といわれ，主要な取引ごとに収入総額と支出総額を計算する方法である。もう一つは**間接法**といわれ，純利益に必要な調整項目を加減して計算する方法である。「財務諸表等規則様式第四号」において直接法によるキャッシュ・フロー計算書のひな型，「第五号」において間接法によるキャッシュ・フロー計算書のひな型が示されている。ここでは，〈設例〉により二つの計算書を作成する。

　直接法によるキャッシュ・フロー計算書の作成方法として「比較貸借対照表，損益計算書，株主資本等変動計算書およびその他の付属資料の数値を用いて作成する方法」と「キャッシュ・フローに関する簿記記録から作成する方法」がある。ここでは，広く用いられている前者の方法を用いて作成する。

〈 設例 〉

貸借対照表

科　目	x1年	x2年	差額	科　目	x1年	x2年	差額
現 金 預 金	31,250	18,700	△12,550	買 掛 金	18,000	10,000	△8,000
売 掛 金	20,000	26,000	6,000	未 払 利 息	500	750	250
貸倒引当金	△1,000	△1,300	△300	未払法人税等	2,000	3,000	1,000
有 価 証 券	44,000	42,000	△2,000	短期借入金	10,000	12,000	2,000
商　　品	15,000	25,000	10,000	長期借入金	25,000	65,000	40,000
未 収 利 息	250	500	250	資 本 金	50,000	50,000	0
建　　物	50,000	75,000	25,000	利益剰余金	22,500	29,400	6,900
建物減価償却累計額	△31,500	△15,750	15,750				
	128,000	170,150	42,150		128,000	170,150	42,150

損益計算書
自x1年4月1日 至x2年3月31日

売上高	98,000
売上原価	
商品期首たな卸高	15,000
当期商品仕入高	70,000
合計	85,000
商品期末たな卸高	25,000
商品売上原価	60,000
売上総利益	38,000
販売費及び一般管理費	
給料	14,450
減価償却費	6,750
貸倒引当費	300
販売費及び一般管理費合計	21,500
営業利益	16,500
営業外収益	
受取利息	900
受取配当金	500
営業外収益合計	1,400
営業外費用	
支払利息	1,500
有価証券売却損	1,000
営業外費用合計	2,500
経常利益	15,400
特別利益	
固定資産売却益	1,000
特別利益合計	1,000
特別損失	
損害賠償損失	1,500
特別損失合計	1,500
税引前当期純利益	14,900
法人税，住民税及び事業税	6,000
当期純利益	8,900

株主資本等変動計算書（一部）
自x1年4月1日 至x2年3月31日

株主資本	
資本金	
前期末残高	50,000
当期変動額	―
当期末残高	50,000
利益剰余金	
前期末残高	22,500
当期変動額	
剰余金の配当	△2,000
当期純利益	8,900
当期変動額合計	6,900
当期末残高	29,450
株主資本合計	
前期末残高	72,500
当期変動額	
剰余金の配当	△2,000
当期純利益	8,900
当期変動額合計	6,900
当期末残高	79,400

先ず「直接法」・「A法」によるキャッシュ・フロー計算書を示す。

〈 直接法，A法キャッシュ・フロー計算書 〉

キャッシュ・フロー計算書

自 ×1年4月1日　至 ×2年3月31日

営業活動によるキャッシュ・フロー	
営業収入	92,000
原材料又は商品の仕入れによる支出	△78,000
人件費の支出	△14,450
小計	△450
利息及び配当金の受取額	1,150
利息の支払額	△1,250
損害賠償金の支払額	△1,500
法人税等の支払額	△5,000
営業活動によるキャッシュ・フロー	△7,050
投資活動によるキャッシュ・フロー	
有価証券の取得による支出	△8,000
有価証券の売却による収入	9,000
有形固定資産の取得による支出	△50,000
有形固定資産の売却による収入	3,500
投資活動によるキャッシュ・フロー	△45,500
財務活動によるキャッシュ・フロー	
短期借入れによる収入	2,000
長期借入れによる収入	50,000
長期借入金の返済による支出	△10,000
配当金の支払額	△2,000
財務活動によるキャッシュ・フロー	40,000
現金及び現金同等物の増加額	△12,550
現金及び現金同等物の期首残高	31,250
現金及び現金同等物の期末残高	18,700

　キャッシュ・フロー計算書の数値は財務諸表上の数値を加減算することによって求められる。「営業収入」からその計算過程をみていくことにしよう。損益計算書に「売上高」98,000 円が計上されているので，期中に商品を売上げたとき，以下の仕訳が行われていた（期中取引の総額で示している）。

　　　（売　掛　金）　98,000　　　　（売　　　上）　98,000

次に売掛金（前期販売分も含む）を現金で回収したとき，以下の仕訳が行われていた（金額はここではxとしておく）。

　　　（現金〈キャッシュ〉）　x　　　　（売　掛　金）　x

期間を考えなければ，売掛金の増加額は売上のうち未回収の金額（収益・未
収入）を表している。しかし，ここで回収されている売掛金には前期の売上
分も含まれるので，貸借対照表における売掛金の増加額は「*当期の売上のう
ち未回収の金額−前期の売掛金の回収額*」を意味する。つまり，当期の営業
収入は「*当期の売上収入＋前期の売掛金の回収額*」であるので，以下の式に
よって x を求めることができる。

営業収入：x ＝当期売上収入＋前期売掛金の回収額
　　　　　＝当期売上高−（当期売上のうち未回収の金額−前期売掛金の回収額）
　　　　　＝売上高（損益計算書）98,000 −売掛金の増加(減)額（貸借対照表）6,000 ＝ **92,000**

「原材料又は商品の仕入れによる支出」78,000 は支出を営業収入と同じよ
うに考え，当期商品仕入高 70,000 円に買掛金（費用・未支出）の減少額 8,000
円を加えることによって求められる[注]。損益計算の対象となる取引によるキ
ャッシュ・フローは，すべてこのような方法で損益計算の対象となっている
金額（損益計算書上の金額）から損益計算とキャッシュ・フローとの"ズレ"
を表す金額（貸借対照表上の金額）を加減算することによって求められる。

[注] 売上原価しか表示されていない場合には，売上原価の計算式：売上原価＝
仕入＋（商品期首有高−商品期末有高）を利用し，例では，次のように求める。

　　仕入れによる支出：x ＝当期商品仕入高＋買掛金の減少額
　　　　　　　　　　　＝売上原価 60,000 ＋商品の増加額 10,000
　　　　　　　　　　　　＋買掛金の減少額 8,000
　　　　　　　　　　　＝ 78,000

固定資産に関する取引は「投資活動によるキャッシュ・フロー」の区分に
記載される。次の期中取引があったとしよう（元帳から抽出）。

	期首有高	期首に取得	期首の売却による減少	減価償却費	期末有高	差　額
建　　物	50,000	50,000	△ 25,000		75,000	25,000
減価償却累計額	31,500		△ 22,500	6,750	15,750	15,750

「基準」第三−二によると，「投資活動によるキャッシュ・フロー」と「財
務活動によるキャッシュ・フロー」は主要な取引ごとにキャッシュ・フロー

を総額表示しなければならない。したがって，固定資産の売却による収入と取得による支出とに分けて表示する。

　固定資産の取得に関しては未払金が存在しないので，建物の増加額 50,000 円がキャッシュ・フロー計算書に記載される。一方，固定資産の売却による収入は次の式によって計算される。

有形固定資産売却収入：x ＝建物の減少額 25,000 － 減価償却累計額の減少額 22,500 ＋ 固定資産売却益（損益計算書）1,000 ＝ **3,500**

(注) 期中に次の仕訳が行われていた。

| （建物減価償却累計額） | 22,500 | （建　　　　物） | 25,000 |
| （当　座　預　金） | 3,500 | （固定資産売却益） | 1,000 |

　次の有価証券に関する取引があった（「元帳」から抽出）。

	期首有高	取　得	売　却	期末有高	差　額
有価証券	44,000	8,000	△ 10,000	42,000	△ 2,000

(注) この例では，便宜上，一括して有価証券としたが，実際には，有価証券は保有目的によって分類される。有価証券の分類については，第Ⅱ章 3. (1)をみよ。

　有価証券の取得支出は未払がないので，8,000 円がそのままキャッシュ・フロー計算書に計上される。売却収入は有価証券の減少額 10,000 円から損益計算書(注)における有価証券売却損 1,000 円を差し引いて計算される。

(注) 期中に次の仕訳が行われていた。

| （当　座　預　金） | 9,000 | （有　価　証　券） | 10,000 |
| （有価証券売却損） | 1,000 | | |

　新規借入および借入金の返済による収支は「財務活動によるキャッシュ・フロー」の区分に記載される。借入金については次の取引が行われた（「元帳」から抽出）。

	期首有高	借　入	返　済	期末有高	差　額
短期借入金	10,000	10,000	△ 8,000	12,000	2,000
長期借入金	25,000	50,000	△ 10,000	65,000	40,000

　先に説明したように「投資活動によるキャッシュ・フロー」と「財務活動によるキャッシュ・フロー」は総額表示することが原則である。しかし，「注解」(注 8) によると，期間が短くかつ回転が速いものは純額表示が認め

られており，短期借入金の借り換えはこれにあたるものと考えられる。ここでは，長期借入金に関する収支は総額により，短期借入金に関する収支は純額により表示する。

「営業活動によるキャッシュ・フロー」の計算過程において，「人件費の支出」の項目まで計算したところで，いったん「小計」を出している。つまり，「営業活動によるキャッシュ・フロー」が二つに区分されている。前節で示したように「営業活動によるキャッシュ・フロー」には「営業損益計算の対象となった取引」と「投資活動及び財務活動以外の取引」(本例では，「損害賠償金の支払額」が該当する)とが含まれる。「営業活動によるキャッシュ・フロー」内の区分はこの両者を区別しているものである。小計により，営業損益計算にかかわる活動によるキャッシュ・フローいわば純粋な営業活動によるキャッシュ・フローを示している。この小計に「投資活動及び財務活動以外の取引によるキャッシュ・フロー」を加減算することによって全体としての営業活動によるキャッシュ・フローを示している。

直接法によるキャッシュ・フロー計算書のすべての数値の計算過程をまとめておく。

Ⅰ　営業活動によるキャッシュ・フロー

営業収入	売上高 98,000 − 売掛金の増加額 6,000
原材料又は商品の仕入れによる支出	当期商品仕入高 70,000 + 買掛金の減少額 8,000
人件費の支出	給料 14,450 (前払，未払がないから全額当期の支出)
利息及び配当金の受取額	(受取利息 900 − 未収利息の増加額 250)+ 受取配当金 500
利息の支払額	支払利息 1,500 − 未払利息の増加額 250
損害賠償金の支払額	損害賠償損失 1,500 (未払がないから全額当期の支出)
法人税等の支払額	法人税 6,000 − 未払法人税等の増加額 1,000

Ⅱ　投資活動によるキャッシュ・フロー

有価証券の取得による支出	有価証券の増加額 8,000
有価証券の売却による収入	有価証券の減少額 10,000 − 有価証券売却損 1,000
有形固定資産の取得による支出	建物の増加額 50,000
有形固定資産の売却による収入	建物の減少額 25,000 − 建物減価償却累計額の減少額 22,500 + 固定資産売却益 1,000

Ⅲ　財務活動によるキャッシュ・フロー

短期借入れによる収入	短期借入金の増加額 2,000
長期借入れによる収入	長期借入額 50,000
長期借入金の返済による支出	長期借入金の返済額 10,000
配当金の支払額	剰余金の配当 2,000

4．間接法によるキャッシュ・フロー計算書の作成

　次に「間接法」によるキャッシュ・フロー計算書の作成方法を示す。同じ〈設例〉を用い，今度は「Ｂ法」により作成する。

　間接法において利益が計算の始点となるのは，（期間を考えなければ）<u>利益が上がればその額だけキャッシュ・フローがもたらされる</u>ことによる。ただし，計算書は期間を区切って作成されるため，当期に計上した利益が必ずしも当期にキャッシュ・フローをもたらしているとは限らない。そこで必要な項目を加減算する必要がある。この計算過程を示すのが間接法である。計算書の「小計」までの計算過程は表の(a)～(c)の三つに区分される。

　　　　税引前当期純利益
　(a)　**＋キャッシュの変動をともなわない費用**
　(b)　**－営業活動以外の収益＋営業活動以外の費用**
　(c)　**－営業活動による資産の増加＋営業活動による負債の増加**
　　　　＝小計

　以下，項目ごとにみていく。

(a)　当期の費用として計上されているが支出が行われていない項目について，その金額を当期純利益に足し戻す必要がある。これにあたるのが「減価償却費」（第Ⅲ章2.3）(3)）【研究】（138ページ））と「貸倒引当金の増加額」である。

(b)　「営業活動以外の収益費用」を調整する。税引前当期純利益には，すべての活動の収益・費用が含まれるので，営業活動にかかわらない項目を調整する。「受取利息」900円，「受取配当金」500円は純粋な営業活動に含まれないので，この金額を引き戻す「支払利息」1,500円は同様の理由で足し戻

〈 間接法・B法のキャッシュ・フロー計算書 〉

キャッシュ・フロー計算書
自 x1年4月1日 至 x2年3月31日

営業活動によるキャッシュ・フロー
税引前当期純利益 14,900
減価償却費 6,750
貸倒引当金の増加額 300
受取利息及び受取配当金 △1,400
支払利息 1,500
有価証券売却損 1,000
有形固定資産売却益 △1,000
損害賠償損失 1,500
売上債権の増加額 △6,000
たな卸資産の増加額 △10,000
仕入債務の減少額 △8,000
小計 △450 ⇒〈直接法〉と同額
損害賠償金の支払額 △1,500
法人税等の支払額 △5,000
営業活動によるキャッシュ・フロー △6,950
投資活動によるキャッシュ・フロー
有価証券の取得による支出 △8,000
有価証券の売却による収入 9,000
有形固定資産の取得による支出 △50,000
有形固定資産の売却による収入 3,500
利息及び配当金の受取額 1,150
投資活動によるキャッシュ・フロー △44,350
財務活動によるキャッシュ・フロー
短期借入金の増加額 2,000
長期借入れによる収入 50,000
長期借入金返済による支出 △10,000
利息の支払額 △1,250
配当金の支払額 △2,000
財務活動によるキャッシュ・フロー 38,750
現金及び現金同等物の増加額 △12,550
現金及び現金同等物の期首残高 31,250
現金及び現金同等物の期末残高 18,700

す。「有価証券売却損」1,000円も計上されているが，有価証券の売却も営業活動の取引ではないので，この金額を足し戻す。

(c) 「営業活動に関する資産負債の増加減少額」を調整する。「売上債権（売

掛金）の増加額」6,000 円は前述のようにその額だけキャッシュ・フローをともなわない収益が計上されているので，これを純利益から減算する。「たな卸資産（商品）の増加額」10,000 円の調整については次のように考える。売上総利益の計算において売上高と売上原価が対応している。つまり，三分法では，期末に次の記録が行われる。

　　（仕　　　　入）　　15,000　　　　（繰 越 商 品）　　15,000
　　（繰 越 商 品）　　25,000　　　　（仕　　　　入）　　25,000

これは売上原価を計算するために，仕入原価（支出）から期中における商品の増加分 10,000 円を控除（支出・未費用）しているものである。ところで損益計算書では 60,000 円の売上原価が控除されている。60,000 円が費用（支出）とされているということは，同額の支出があったことを意味している。しかし，その上，商品が 10,000 円増加したことは，この売上原価よりさらに 10,000 円余計に支出されている。したがって，キャッシュ・フロー計算において，純利益から 10,000 円減算する。次に，「仕入債務（買掛金）の減少額」8,000 円は前述のようにその額だけ費用となっている金額よりも余計に支出されていることを意味するので，これを減算する。

5．キャッシュ・フロー計算書の見方

〈 設例 〉の企業は利益が上がっているものの（当期純利益 8,900 円），現金及び現金同等物（△ 12,550 円）は減少しており，資金の状況は芳しいとはいえない。さらに「営業活動によるキャッシュ・フロー」がマイナスになっているにもかかわらず，有形固定資産の購入（投資活動）を行っている。「営業活動によるキャッシュ・フロー」と「投資活動によるキャッシュ・フロー」とを合計したキャッシュ・フロー（**フリー・キャッシュ・フロー**（A法では△ 52,550 円，B法では△ 51,300 円）といい，企業が自由に使うことができるキャッシュの増減を表す。）のマイナス分を，長期借入れ（財務活動）によって補っている状況にある。これは，ある意味で危険な資金使用を行っているといえる。これらはキャッシュ・フロー計算書を作成することによってはじめ

て理解される。

　「営業活動によるキャッシュ・フロー」において，「直接法」と「間接法」の計算書とでは異なる情報を提供する。「直接法」によるキャッシュ・フロー計算書は「営業活動によるキャッシュ・フロー」を総額で表示する。そのため，どのような原因でキャッシュの出入りがあったのかを知ることができる。「間接法」によるキャッシュ・フロー計算書は純利益と営業活動によるキャッシュ・フローとの差額（これを発生処理額という）に焦点を当てている。〈設例〉では，損益計算書で利益が計上されているが，「営業活動によるキャッシュ・フロー」はマイナス（A法では△7,050円，B法では△6,950円）となっている。「間接法」の計算書はその原因を示す点に利点が見出される。〈設例〉の企業では，在庫の増加（たな卸資産の増加額10,000円），売掛金の回収の遅れ（売上債権の増加額6,000円）などが原因としてあげられる。

　なお，「基準」は「直接法」を用いた場合の実務上の困難さ（簿記記録から抽出しなければならない）を勘案し，継続適用を条件として「直接法」および「間接法」の選択適用を認めている（第三－一）。

Ⅶ. 貸借対照表観と企業会計の見方―会計理論学習のために―

1．会計目的と貸借対照表観

　本章では，「貸借対照表観（Bilanzauffassung―ドイツ語―）」すなわち貸借対照表の見方を検討する。これにより，将来，会計理論を学ぶうえでの指針を与える。

　貸借対照表観は，会計の全体像をとらえるときの視点，すなわち会計目的のとらえ方に左右される。本書では，簿記の記録（残高試算表）を収支計算書とみ，そこから収益たる収入と費用たる支出を選び出して行う利益計算を会計目的として位置づけた。そして，そのプロセスの最終産物として得られる貸借対照表の各金額は，その収入支出と収益費用から説明できるとした(注1)。いま，第Ⅲ章の最後に示した貸借対照表を勘定式に置き換え，その金額の決まり方を ［　］ で示すと次のようになる。

貸 借 対 照 表

（借方）				（貸方）
当 座 預 金	［支 払 手 段］	2,878,300	買 掛 金 ［費用・未支出］	3,000,000
売 掛 金	［収益・未収入］	3,395,700	短期借入金 ［収入・未支出］	6,000,000
商 品	［支出・未費用］	640,000	未 払 金 ［費用・未支出］	760,000
前 払 家 賃	［支出・未費用］	10,000	未 払 給 料 ［費用・未支出］	1,500
前 払 利 息	［支出・未費用］	22,000	未払水道光熱費 ［費用・未支出］	1,800
未 収 地 代	［収益・未収入］	7,000	前 受 利 息 ［収入・未収益］	5,000
短期貸付金	［支出・未収入］	990,000	退職給付引当金 ［費用・未支出］	16,000
未 収 入 金	［収益・未収入］	496,000	資 本 金 ［収入・未支出］	10,000,000
車両運搬具	［支出・未費用］	1,800,000	繰越利益剰余金 ［利益＝収入・未支出］	54,700
土 地	［支出・未収入］	8,000,000	その他有価証券評価差額金 ［評価項目］	20,000
投資有価証券	［支出・未収入］	120,000		
関係会社株式	［支出・未収入］	500,000		
投資不動産	［支出・未収入］	1,000,000		
		19,859,000		19,859,000

　例えば，売掛金は，収益となった金額のうち収入とならなかった部分として決まるので，「収益・未収入」である。商品や車両は，購入額のうち費用にならなかった部分として決まるので，「支出・未費用」である。短期借入金や資本金は，調達した金額のうち未返済の部分あるいは払い戻されていない部分として決まるので，「収入・未支出」である。

^(注1)　会計の枠は，[　]にも見られるように，「収支計算書」により決められ，貸借対照表もこの枠からはずれることはできない点に注目すべきである。
　　この点について，その他有価証券評価差額金は説明を要するかもしれない。この差額金は投資有価証券の評価替えを行うことにより生じる項目だが，この項目は翌期の再振替により消滅するので，収支が枠を作っている構造は変わらない。例えば，この有価証券（取得額100,000円，決算日時価120,000円）を翌期に110,000円で売却し，代金は当座預金口座に振り込まれたとすると，取得から売却までの仕訳は次のようになり，結局，収入支出に帰着することが分かる。

取得時：（投資有価証券）　100,000　（当座預金）　100,000
決算時：（投資有価証券）　20,000　（その他有価証券評価差額金）　20,000
翌期首：（その他有価証券評価差額金）　20,000　（投資有価証券）　20,000
売却時：（当座預金）　110,000　（投資有価証券）　100,000
　　　　　　　　　　　　　　　　　（投資有価証券売却益）　10,000

２．資本の調達源泉と運用形態

　この貸借対照表は，一見すると，収入支出から収益費用を選び出した後の残渣のようにしかみえないかもしれない。しかし，金額の大きい項目を中心に，かつ過去的視点でみてみると，貸方の大部分は過去の収入から，そして借方の大部分は過去の支出ならびに支払手段からなっていると解釈することができる。

　買掛金や未払金などの「費用・未支出」や，売掛金や未収金などの「収益・未収入」については，説明が必要である。買掛金や未払金は，商品や備品，有価証券などを購入するために与信を受けたことを表している。したが

って，過去の収入として解釈できる。また，売掛金や未収金は，商品などを販売するために与信を行ったことを表している。したがって，過去の支出として解釈できる。あるいは，売掛金や未収入金は，ほぼ確実に収入をもたらす債権なので，支払手段の範疇に含めて解釈することもできる^(注2)。

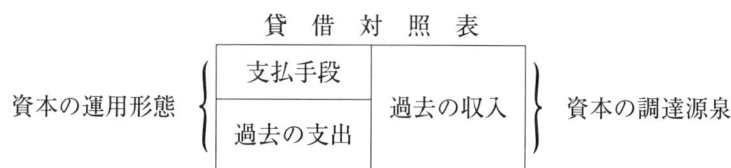

＊佐々木（2001）における20世紀の貸借対照表観を参考にしている。佐々木隆志（2001）「公会計制度改革の二視点—過去的視点と将来的視点—」『会計検査研究』第24号，13–17ページ参照。

　このような過去の収支に基づく解釈は，貸借対照表の右側において，企業の資本（お金）がどこから調達されたのかが示され，他方の左側において，その資本の使途が示されているとする見方につながる。貸借対照表は資本の調達源泉と運用形態を表しているといわれるが，このような過去の収支に基づく解釈を行うことにより，その具体的な意味を理解することができるのである。

　^(注2) このように貸借対照表項目の性質を考える場合，「売掛金は"収益・未収入"」などと機械的に解釈するのではなくて，企業活動の実情に応じて解釈しなければならない。

3．収益費用アプローチと資産負債アプローチ

　上述の貸借対照表は収入支出と収益費用から構成されているが，収入支出は歴史的事実として与えられるものであるため，貸借対照表と損益計算書を作成するには，結局のところ，収益費用の計算基準さえ定めておけばよい。資産と負債は，例えば車両運搬具［支出・未費用］のように，歴史的事実としての収入支出に収益費用の計算基準が作用する形で，つまり収益費用の定

義に依存する形で決まる。このように，収益費用の計算基準が会計をリードするとみる考え方を**収益費用アプローチ**という。

　一方，近年では，会計の国際化の流れを受け，収益費用アプローチとは別の考え方が影響力を強めてきている。その旗振り役を務めているのが国際会計基準審議会（IASB）である。IASB が基準設定の拠り所とするために公表した『財務報告に関する概念フレームワーク』（Conceptual Framework for Financial Reporting, 2018）では，資産，負債，持分（わが国でいう純資産[注3]），収益，費用が次表のように定義されている。これをみると，資産負債の決定が第一に考えられており，収益費用は，資産負債差額である持分（純資産）の増減として，つまり資産負債の従属概念として位置づけられていることに気づくであろう。このように，資産負債の計算基準が会計を支配するとみる考え方を**資産負債アプローチ**という。

資産	資産（asset）とは，過去の事象の結果として当該企業によって支配されている現在の経済的資源（economic resource）をいう。経済的資源とは，経済的便益（economic benefits）を生み出す潜在能力を有する権利（right）をいう。
負債	負債（liability）とは，過去の事象の結果として当該企業が現在負っている，経済的資源を移転する義務（obligation）をいう。
持分	持分（equity）とは，すべての負債を控除した後の資産に対する残余請求権（residual interest）をいう。
収益	収益（income）とは，持分の増加をもたらす資産の増加または負債の減少のうち，持分請求権者からの拠出部分を除いたものをいう。
費用	費用（expense）とは，持分の減少をもたらす資産の減少または負債の増加のうち，持分請求権者への分配部分を除いたものをいう。

　資産負債アプローチは，個々の資産負債を時価もしくは現在価値で評価し，株主にとっての企業価値を計算しようとする考え方に通じる。また，収益費用を個別的な資産負債の変動として捉えるものであるから，このアプローチは収益費用アプローチと異なり，売上高に対応する売上原価を計算する

考え方（個別的対応）を認めないし，利益によって当期の業績を示そうとする発想も持たない。売上高と売上原価は，それぞれ前受売上金（商品引渡義務としての負債）と商品（資産）の減少として，論理的には他の雑多な純資産増減原因と同列の扱いを受けることになる^(注4)。さらに，売上高は商品引渡義務の減少として，自企業中心の出荷（販売）基準ではなく，相手方中心の検収基準に基づいて認識されることとなる。収益費用アプローチの前提にある簿記は，外部者ではなく，自企業のためのもの，自企業の活動を描写するためのものであるが，資産負債アプローチ（検収基準）の簿記はそれとは異質なものであり，企業は対応を求められる^(注5)。

　中小企業庁ホームページ上の「中小企業の基礎データ」によると，2016年の全国の従業者約 4,680 万人のうち中小企業で働く人の数は 3,220 万人，その割合はおよそ 7 割である。つまり，日本国民の雇用を支えているのは，外部株主の影響を強く受ける大企業というよりも，むしろ中小企業である。このような現状に鑑みれば，株主価値の計算を志向し，企業活動そのものを見ようとしない資産負債アプローチの採用には，慎重にならざるをえない。

^(注3) 平成 18 年 5 月に会社法が施行され，貸借対照表貸方の「資本」が「純資産」へと改称された。この流れは会計の国際化を受けたものであるといわれる。純資産という表現は，資産から負債を控除することを予定している。

^(注4) 新田忠誓（2017）「会計アプローチと貸借対照表・損益計算書の見方」新田他『実践財務諸表分析〈第 2 版〉』中央経済社，第 1 章（3-12 頁）所収参照。

^(注5) 企業活動の描写のためには，出荷活動の日記が必要である。従来は売上帳がこの役割を果たしていたが，収益認識が検収基準に変わったことで，企業は出荷活動を記録するための別の帳簿（出荷記入帳）を設ける必要性に迫られているといえる。新田忠誓（2016）「簿記の 3 機能と帳簿の形式—日記帳簿記、管理簿記、財表簿記—」『帳簿組織の研究』日本簿記学会簿記理論研究部会最終報告（部会長：原俊雄），第Ⅸ章（76-87 頁）所収参照。

4．貸借対照表等式と資本等式

　貸借対照表の貸方全体を統一的に解釈し，借方と対置させる見方は，しば
しば「資産＝負債＋資本」という式を用いて説明される。いわゆる**貸借対照
表等式**（Bilanzgleichung—ドイツ語—）と呼ばれるものがこれである。ドイツ
語では，資産（Aktiva），負債（Passiva），資本（Kapital）の頭文字をとり，「A
＝P＋K」と表記される。

　伝統的な簿記では，貸借対照表等式よりも，**資本等式**（Kapitalgleichung—
ドイツ語—）のほうがよく知られている。資本等式は「資産－負債＝資本」（「A
－P＝K」—ドイツ語—）と表記される。これは，負債Pを資産Aのマイナ
ス項目として，資産Aと同一範疇のものと解釈するからであるが，その基
礎には，所有主（株主）の立場を重視する考え方があるといえる。

　収益費用アプローチと整合的なのは，貸借対照表等式である。一方，資本
等式は，所有主（株主）の立場を重視する点では，資産負債アプローチと共
通している。ただし，純資産等式ではなく資本等式という呼称から，もとも
とは特定の資本概念が想定されていたとも考えられる。ゆえに，資本を資産
負債の単なる差額概念として説明してしまう資産負債アプローチとは，一応
区別しておいたほうがよいだろう。

Ⅷ．会計数値（財務諸表）の見方―財務諸表分析―と利用

　これまでは，会計数値の決定過程を説明してきた。本編の最後に，企業の状況の良し悪しを，会計数値を解釈することによって判断する**財務諸表分析**の手法と，株式投資において会計数値が利用される手法を取り上げる。

1．財務諸表分析の手法

　会計数値をみる際の分析方法としては，その金額自体をみる**実数分析**と，ある会計数値の他の会計数値に対する割合をみる**比率分析**がある。例えば，A企業の当期純利益が1,000,000円，B企業の当期純利益が1,500,000円，A企業の元手となる資産が5,000,000円，B企業の資産が10,000,000円だとする。ここで，単純に利益の1,000,000円と1,500,000円を比較して優劣を判断する方法が**実数分析**である。この限りでは，B企業の方が業績が良いとみられる。これに対し，両企業の元手となる資産と比較して，利益をみる方法が**比率分析**である。この場合，A企業の資産運用の効率性（後述する総資産当期純利益率）は $\frac{1,000,000}{5,000,000} \times 100 = 20\%$，B企業のそれは $\frac{1,500,000}{10,000,000} \times 100 = 15\%$ となり，A企業の方が少ない元手で多くの利益をあげていることが分かる。したがって，A企業の方が業績が良い。このように，会計数値をみるときには，金額それ自体をみるだけでは不十分であり，他の会計数値と関連づけて判断する比率分析が有用となる。

　次に，分析を行う指標を説明する。財務諸表分析では，企業が効率的に経営されたか，いわば"もうかっているか"の視点での分析つまり**収益性**の分析と，安全に経営されているかどうか，いわば"つぶれないか"の視点の分析つまり**安全性**の分析の二つの視点で行われる。さらに，安全性の分析は二つの視点で行われる。一つは，当座の支払資金が用意されるかという「短期的な安全性」（流動性（liquidity））であり，もう一つは，将来にわたって安全かという「長期的な安全性」（支払能力（solvency）といわれることもある）で

ある。前者の分析を**流動性分析**，後者の分析を**安全性分析**（狭義）というのが通常である。

財務諸表分析 {
収益性：企業活動の**効率性**
安全性：企業の**支払能力** {
流動性：**短期的**な安全性
安全性（狭義）：**長期的**な安全性
}
}

以下では，第Ⅲ章で示した財務諸表により，収益性の分析および安全性の分析を行う。なお，分析に必要な数値のみを〔設例〕として示した。

〔設例〕

貸借対照表

	期首	期末
資産の部		
流動資産		
当座預金	5,900,000	2,878,300
売掛金（純額）	‒	3,395,700
商品	500,000	640,000
前払家賃	‒	10,000
前払利息	‒	22,000
未収地代	‒	7,000
短期貸付金（純額）	‒	990,000
未収金	‒	496,000
流動資産合計	6,400,000	8,439,000
固定資産		
有形固定資産		
車両運搬具（純額）	‒	1,800,000
土地	8,000,000	8,000,000
有形固定資産合計	8,000,000	9,800,000
無形固定資産	‒	‒
投資その他の資産	600,000	1,620,000
固定資産合計	8,600,000	11,420,000
繰延資産	‒	‒
資産合計	15,000,000	19,859,000
負債の部		
流動負債	5,000,000	9,768,300
固定負債	‒	16,000
負債合計	5,000,000	9,784,300
純資産の部		
株主資本	10,000,000	10,054,700
その他有価証券評価差額金	‒	20,000
純資産合計	10,000,000	10,074,700
負債純資産合計	15,000,000	19,859,000

損益計算書

売上高	6,300,000
売上原価	5,460,000
売上総利益	840,000
販売費及び一般管理費	694,300
営業利益	145,700
営業外収益	24,000
営業外費用	
支払利息	102,000
その他	12,000
営業外費用合計	114,000
経常利益	55,700
特別利益	1,000
特別損失	2,000
当期純利益	54,700

２．収益性の分析と会計数値

（１）　収益性分析の基本

　企業は利益を獲得するために資産を利用する。したがって，まず資産の効率（収益性）をみることが必要である。これを**総資産当期純利益率**（return on assets: **ROA**）といい，次の式で表される。なお，貸借対照表上に示されている総資産の金額は <u>期末の値</u> なので，当期中に用いられた総資産の値に近づけるため，期首総資産と期末総資産の <u>平均値を使用する</u>（月ごとの加重平均の方がより望ましい）。

$$\text{総資産当期純利益率} = \frac{\text{当期純利益}^{(注2)}}{(\text{期首総資産}^{(注1)} + \text{期末総資産}) \div 2} \times 100$$

(注1) 総資産の中に，投資有価証券が入っている。この評価額（とくに評価益）は当期純利益の中に入っていない。よって，理論的には評価額を利益に算入するか，投資有価証券を取得原価のままとするかの操作が望ましい。

(注2) 当期純利益から負債利子（負債コスト）が控除されているが，株主資本コスト（配当金）は控除されていない。つまり，両者とも資本コストとして同じであるから，同等に扱わなければならない。すなわち，分子を「当期純利益＋負債利子（支払利息）」とするか「当期純利益−配当金」とするのが論理的である。

　〔設例〕により計算すると，$\dfrac{54{,}700}{(15{,}000{,}000 + 19{,}859{,}000) \div 2} \times 100$ で，約 0.31 ％（小数点第3位四捨五入）となる。この指標が高ければ高いほど効率よく資産を使用して利益を獲得していることを表している。

（２）　株主資本の収益性の分析

　貸借対照表で総資産に対応する貸方は大きくみると，負債と株主資本からなるが，このうち，負債については，利益の変動に関係なく，支払うべきコストつまり利子の金額が決まっている。したがって，利益の変動の影響を受けるのは，株主資本である。そこで，この効率をみることが必要になり，**株主資本当期純利益率**（return on equity: **ROE**)(注1) が計算される。〔設例〕で

は，約 0.55 %（$\frac{54,700}{(10,000,000 + 10,054,700) \div 2} \times 100$）になる。この利益率は，会社を株主のものとみる考え方ではとくに重視されている。

$$\text{株主資本当期純利益} = \frac{\text{当期純利益}^{(\text{注}2)}}{(\text{期首株主資本}^{(\text{注}1)} + \text{期末株主資本}) \div 2} \times 100$$

(注1) 従来は，貸借対照表の貸方について，負債を他人資本と解釈し，それ以外のものを自己資本とする考え方がとられていた。しかし，会社法の施行により，純資産の部が複雑となった。「企業内容等の開示に関する内閣府令」では，株主資本に評価・換算差額等を加えたものが「自己資本」とされる。

(注2) 負債のコストすなわち利子は一定である。したがって，総資産当期純利益率が利子率よりも高ければ，利益が株主資本へ移ることになる。総資産当期純利益率と利子率の関係が逆になれば，株主資本が利益を負債へ移す（損を被る）ことになる。この利益の移動の効果をとくに「レバレッジ（leverage ―てこ：利子率と総資産当期純利益率が均衡する点が支点）」という。なお，利子率と総資産当期純利益率が等しければ，このような効果は生じない。

さらに，株主は企業の配当の仕方つまり配当性向（はいとうせいこう）にも興味を持つ。このために，次の計算が行われる。配当金の値は「株主資本等変動計算書」に計上されている。

$$\text{配当性向} = \frac{\text{配当金}}{\text{当期純利益}} \times 100$$

さらに株主の立場からすると，1株当たり当期純利益（earnings per share: EPS）が重要である。この指標は財務諸表に注記される。

（3） 使用資産の収益性分析

すべての企業資産を運用している企業の"当期の"努力を判定しようとするとき，総資産利益率の分子を「当期純利益」とすることは問題がある。というのも，既述のように，「当期純利益」は当期に発生したすべての収益（利益）および費用（損失）を包括した利益である。当期の努力を判定するためには，それを反映している「経常利益」を分子にしなければならない。よって，総資産経常利益率が求められる。

$$総資産経常利益率 = \frac{経常利益^{(注1)}}{(期首総資産 + 期末総資産) \div 2} \times 100$$

〔設例〕では，約 0.32 %（$\frac{55,700}{(15,000,000 + 19,859,000) \div 2} \times 100$）になる[注2]。

[注1] 税金は企業にとって必要なコスト（費用）であるので，ここから控除した方がよい。

[注2] このときも，経常利益の妥当性に目を向けなければならない。経常利益の算出過程において，支払利息をはじめとして負債利子が控除されていたが，株主資本利子すなわち配当金は株主資本等変動計算書に計上され控除されていない。つまり，経常利益は株主に対する利益であるといえる。したがって，配当金を資本コストとして経常利益から控除しなければならない。よって，上の利益率に関する算式は，次のように展開される。

$$総資産経常利益率 = \frac{経常利益 - 株主資本利子(配当金)}{(期首総資産 + 期末総資産) \div 2} \times 100$$

〔設例〕では，配当は取り上げられていないので，展開前の率の値と同じである。ちなみに，配当金を 10,000 円とすると，この率は，約 0.26 %（$\frac{55,700 - 10,000}{(15,000,000 + 19,859,000) \div 2} \times 100$）となる。また，コストとして税負担も控除する方がより正しい。

　資産の中には次のような実際に使用されていない資産が存在する。例えば，店舗の建設に着手し手付金 5,000,000 円を，小切手を振出し支払ったとする。

　　（建設仮勘定）　　5,000,000　　（当座預金）　　　5,000,000

　総資産の値は，建設仮勘定の分，実際に（稼働）使用している資産より大きく計算されている。よって，総資産の中から（会計学の知識を利用し）使用されていない資産を排除しなければならない。つまり，上の（注2）の式は次のように修正される。

$$使用資産経常利益率 = \frac{経常利益 - 株主資本利子（配当金）}{(期首使用資産 + 期末使用資産) \div 2} \times 100$$

　これまでの式は，企業活動全体をみようとするものである。これに対し，営業活動のみをみることも必要である。このためには，「営業利益」を分子とし，営業活動に投資されている資産（「営業資産」）を分母とする**営業資産営業利益率**を計算する。

$$\text{営業資産営業利益率} = \frac{\text{営業利益}}{(\text{期首総営業資産} + \text{期末総営業資産}) \div 2} \times 100$$

"どれが，営業資産に属すのか？"この判断のためにも，<u>会計学の知識を必要</u><u>とする</u>。〔設例〕では，期末の営業資産は，当座預金(注)，売掛金，商品，前払家賃，車両，土地がそれであり，合計 16,724,000 円となる。これと期首の営業資産により，営業資産営業利益率は約 0.94 %（$\frac{145,700}{(14,400,000 + 16,724,000) \div 2} \times 100$）となる。

(注) 支払手段としての当座預金は企業活動全体の支払手段である。したがって，正確には，営業活動にとって必要な当座預金の値を計算しなければならない。しかし，現実には困難なので，ここでは総額を利用した。

このように必要に応じてさまざまな利益率が計算される。

（4）　企業の能率の分析

企業は収益性を高めるために日々どのように経営していったらよいであろうか。この考察のため，前の収益性の計算式を次のように分解する。

$$\text{総資産経常利益率} = \frac{\text{経常収益}}{(\text{期首総資産} + \text{期末総資産}) \div 2} \times \frac{\text{経常利益}}{\text{経常収益}} \times 100$$

$\frac{\text{経常収益}}{(\text{期首総資産} + \text{期末総資産}) \div 2}$ は，総資産（に投下した金額）が期中に経常収益（売上高＋営業外収益）に対して何回転したかを表し，回転率と呼ばれる。一方，「$\frac{\text{経常利益}}{\text{経常収益}}$」は，収益に対して利益の占める割合を示し，利益率と呼ばれる。つまり，<u>企業が収益性をあげるためには，「資産の回転率（効率）」</u><u>を高めるか，「利益率」をあげればよい</u>。「回転率」「利益率」は分析の目的や個別の活動の状態に応じて，さらに細かく分解されていく。

通常，「利益率」は，営業活動の業績を分析するために，分母に「売上高」，分子に「営業利益」が使用される。また，「回転率」も，これにあわせて，分子に「売上高」，分母に「営業資産(注)」が使用される。この結果，上の式は次のように展開され，〔設例〕では，**営業資産回転率**が約 0.40 回（$\frac{6,300,000}{(14,400,000 + 16,724,000) \div 2}$），**売上高営業利益率**が約 2.31 %（$\frac{145,700}{6,300,000} \times 100$）となる。

$$\text{営業資産営業利益率} = \overbrace{\frac{売上高}{(期首総営業資産＋期末総営業資産)\div 2}}^{\text{「営業資産回転率」}} \times \overbrace{\frac{営業利益}{売上高}}^{\text{「売上高営業利益率」}} \times 100$$

(注) 営業資産について，資産の純額（「営業（純）資産」）と考えることもある。この場合には，買掛金や未払給料など営業負債を控除する。

　しばしばスーパーマーケットなどでの戦略として**"薄利多売"**という言葉を聞く。つまり，利益率（単価）を低くしても，資産の回転率をあげれば（多売すれば），全体としての収益性が確保されることを，この式は示している。

　資産の回転率をあげるためには，営業活動にかかわっている資産ごとに細かくみることが必要になる。例として，**棚卸資産回転率**$\left(\dfrac{売上高}{棚卸資産（平均）}\right)$，売上債権回転率(注)$\left(\dfrac{売上高}{売掛金および受取手形（平均）}\right)$などがあげられ，これにより，それぞれの効率化が計られ，収益性が高められる。

(注) 売上債権は，回転率により，何日で回収されるかという（回収）期間でみる方が重要である。このときには，次の算式により，平均回転期間が計算される。

$$平均回転期間 = \frac{売掛金および受取手形の平均在高}{1日平均売上高}（日）$$

　一方，「売上高営業利益率」も，仕入活動（製造業の場合，生産活動）の売上高への直接的な貢献度をみようとして，**売上高売上原価率**$\left(\dfrac{売上原価}{売上高}\times 100\right)$（約86.67%）へと展開される。

3. 安全性の分析と会計数値

　企業にとって利益をあげることは第一であるが，同時に，安定していること，とりわけ支払請求に対して十分な資金の余裕があることも重要である。

（1）流動性の分析

　当面（短期期間内に），支払いが要求されるのは「流動負債」である。したがって，流動負債に対する資金が確保されているかをみることが必要になる。この場合，固定資産を（もちろん繰延資産も）負債の返済に使用することは

できない。とくに，固定資産を返済にあてることは，企業を閉鎖することを意味する。したがって，「流動資産」と「流動負債」の比率をみればよい。これを流動比率といい，次の式で表され，〔設例〕では，約86.39%（$\frac{8,439,000}{9,768,300}$ ×100）となる。ちなみに，期首の値が128.0%（$\frac{6,400,000}{5,000,000}$ ×100）であったから，数値的には流動性は悪化したことになる。

$$流動比率（銀行家比率）＝\frac{流動資産}{流動負債} \times 100$$

　この比率は，伝統的にアメリカの"銀行家"が企業の支払能力の判定のために使用してきており，銀行家比率とも呼ばれている。彼らの経験から「2：1」（つまり200%）以上であることが望ましいとされている（これを2：1の原則という）。この比率が"なぜ，「1：1」ではなく「2：1」として資産に2倍の余裕を持つことを要求しているのであろうか？"それは，分子の流動資産の中に会計上の仮定に基づいて計算された数値を持つ項目が多く存在し，また，金額も多額になっているからである。つまり，「流動負債」のほとんどが"収入・未支出""費用・未支出"項目（将来支出）であり，そのまま短期に資金を請求してくるとみてよいのに対して，「流動資産」のうち金額が最も大きいのは，主たる営業にかかわる棚卸資産であり，これらは会計上，"支出・未費用"として取得原価で決められており，負債に対する換価価値を表していない。要するに，売掛金のような"収益・未収入"項目や貸付金のような"支出・未収入"項目と異なり，将来の収入額を示していない。これが会計学上の理由（他に，次に述べる棚卸資産についての実践的理由もある）であり，そこで安全のために流動資産に2倍の余裕を持たせている。ただし，わが国では，銀行との緊密な関係で，短期資金の借換えに応じてくれたり（大会社の場合），また，仕入先との緊密な関係で支払いの猶予を与えてくれたりする慣習がある。したがって，この基準のみで流動性を判断することはできない。つまり，資産負債の実際の様子をみなければならない。わが国の多くの企業は「2：1」の原則を満たしていないのが現状である。

　前述のように流動資産の中には，"支出・未費用"項目が大きな地位を占

めている。これは当座の支払いには役立たない。商品や製品あるいは仕掛品または材料は貸借対照表に計上された価額での資金をもたらす（帳簿価額以上の価格で売れる）とは限らないし，また短期の支払請求にすぐには応じられない，つまり販売までに相当の努力が必要である。さらに円滑な販売活動のためには，ある程度の在庫も必要である。そこで"支出・未費用"項目を排除し，<u>短期の支払能力の比率を純化する</u>ことが考えられる。つまり，流動負債に，支払手段と<u>将来の収入である"収益・未収入"</u>項目ならびに"支出・未収入"項目の合計を対応させるのである。支払手段および短期の<u>収益・未収入項目と支出・未収入項目</u>は**当座資産**（〔設例〕では，当座預金＋売掛金＋未収地代＋短期貸付金＋未収金）と呼ばれ，これにより求められる比率を**当座比率**（とうざひりつ）という。これは次の式で表され，約79.51％（$\frac{7{,}767{,}000}{9{,}768{,}300} \times 100$）となる。

$$当座比率 = \frac{当座資産}{流動負債} \times 100$$

　当座比率は「1：1」（100％）以上が望ましいとされる。また，この指標は，短期の安全性を厳格に測定するという意味で**酸性試験比率**（さんせいしけんひりつ）とも呼ばれる。ただし，この比率が高いことは，企業がどこにも投資しない資金を持っていることにもなり，<u>「1：1」以上が好ましいとは限らない。</u>

　<u>企業が利益をあげたといっても，このことは，それに見合う資金があることを意味しない。</u>しばしばみられる"黒字倒産"（利益があがっていても，お金つまり支払手段がないために支払手形などを返済できず倒産すること：収益として獲得した資金を固定資産投資につぎこみすぎたり，無理な掛販売をして回収不能な債権をかかえたときなどに，この状態になる）の現象は，これを示している。したがって，当座比率の推移には絶えず気を配らねばならない(注)。このためには，第Ⅵ章の「キャッシュ・フロー計算書」情報が利用される。

　(注) 仕入れから支払いまでの期間と売上げから回収までの期間の間に浮く資金を**回転差資金**というが，営業循環の中で発生する資金の余裕をみることが日常の活動においては，とくに重要になる。

(2)　安全性の分析

　これまでの分析は短期的な見方に立つものであった。これに対し，長期的にみると，いかなる形にせよ返済しなければならない源泉から資金を調達してくることは危険を背負うことになる。そこで，長期的な見地から企業の総資産のうちどれだけが将来返済しなければならない源泉つまり負債から調達されているのかをみることが必要となる。これを**総資産負債比率**（従来は**他人資本比率**）という。〔設例〕では，約 49.27 %（$\frac{9,784,300}{19,859,000}\times100$）になる。この比率は低いほどよい。

$$\text{総資産負債比率}=\frac{負債}{総資産}\times100$$

　負債合計が資産の合計を超えている状態を**債務超過**という。これは負債の返済が保証されない極めて危険な状態である。

　総資産に対し負債の安全性を担保する株主資本と対応させ，下のように，**株主資本負債比率**（従来は単に**負債比率**）として計算する場合もある(注)。〔設例〕では，約 97.31 %（$\frac{9,784,300}{10,054,700}\times100$）になる。

$$\text{株主資本負債比率}=\frac{負債}{株主資本}\times100$$

(注) かつて，わが国の企業は負債の比率が高かった。理由として，銀行が産業資本の供給者として機能していたこと，企業と銀行との関係が親密であったこと，あるいは，わが国特有の得意先や仕入先との取引上の強い結びつきがあったことなどがあげられる。したがって，安全性の判断に際しては，主要銀行など借入先や仕入先との関係の実情を分析することも必要になる。

　株主資本の中には，利益準備金や積立金のように企業が自ら留保してきた資金もある。資金の留保の側面を注目すると，減価償却の金融的効果でみたように減価償却累計額も資金を留保している点では同じである。したがって，減価償却累計額を加算して安全性をみようとする見解もある。このとき，「どの項目が資金を留保しているのか？」を判定するために会計学の知識が必要となる。

　以上は，負債をいつかは返済しなければならないと考え，負債を中心にした分析である。

　これに対し，企業が長期に活動を行っていくとき，固定的な基盤が必要である。このように考えると，この基盤である固定資産(注1) が安全な源泉からえられているかどうかをみることも必要である。この場合，最も安全な源泉は返済する必要のない「株主資本」であるが，とくに設備の購入のために発行された社債などの固定負債(注1) も安全な源泉と考え，固定資産とこれらの源泉を比較する。これを固定長期適合率といい，次の計算式となる。

$$固定長期適合率 = \frac{固定資産}{株主資本＋固定負債} \times 100$$

　この適合率が100％を超えるとき，固定資産が流動負債（の導入）により調達されたことを示し危険である。ただし，100％を下回ればよいという訳ではない。なぜなら，低くなれば，それだけ生産設備(注2) などへの投資機会がなかったことも意味するからである。〔設例〕では約113.17％（$\frac{11,420,000^*}{10,090,700^*} \times 100$）である。株主資本負債比率と固定長期適合率がともに，100％を下回れば，長期的に安全であるとはいえる。

*この場合，固定資産（分子）の中に投資有価証券が入っているので，その他有価証券評価差額金も株主資本（分母）に入れている。

(注1) わが国では，貨幣性の資産，負債は一年基準で区分されており，固定資産の拘束期間と固定負債（とくに有利子負債）の満期までの期間には大きなへだたりがある。そこで意味のある適合率をえるためには，この期間のへだたりについても調べる必要もある。より「安全性」を求めて，固定資産と株主資本との比率（固定比率）をみることもあり，100％以下であれば，安全であるとされる。しかし，この考え方は，企業が固定負債を導入するのが設備投資のためであることを考えると，過度に安全すぎる。

(注2) この場合には，「投資その他の資産」を排除して考える。

　なお，企業の安全性にかかわる固定資産投資がどのような源泉からえられるかをみるには，キャッシュ・フロー計算書情報が有効となることはすでに説明している。

　これまでの安全性（広義）の分析では，専ら財政状態を示す貸借対照表が

使用されてきた。これに対し，損益計算書を利用し，資金負担の面から安全性をみることもできる。この場合は，負債の導入によるコスト（支払利息など）と株主資本のコスト（配当金）を比較し，資金調達費負担の側面から安全性を分析する方法など(注) をとる。

> (注) 例えば，売上高と支払利息を対応させて，安全性をみることもできる。〔設例〕では，約1.62％となる。

　これまで，財務諸表分析において使用される重要な指標を示してきたが，分析をするときには，具体的に会計数値が，どのように決められているのかという会計学の知識が前提になっていることを肝に銘じておかねばならない。

４．財務諸表と株式投資

（１）　会計数値と株価

　財務諸表分析は「会計数値」つまり企業「内部」を発信源とした情報を利用し，企業を評価するものである。これに対し，企業は「外部」からも評価されている。それが株価である。株価は，証券市場で売買される価格であるから，企業の価値を表わしていると言われることもある。

　株価は，市場参加者（株主と潜在的な株主(注1)） が入手可能であるさまざまな情報をもとに，彼ら（売り手と買い手）の合意によって決定される(注2)。彼らが入手する情報の源泉は，財務諸表つまり会計数値に限定されず，例えば，企業に対する外部経済環境の影響や会計数値に必ずしも現れない将来への期待あるいは競合企業の動向などさまざまである。

　本節では，これまで行ってきた会計数値に基づく財務諸表分析の発展形として，株価を用いた分析手法を取り上げる。この分析法は私達が投資をする場合に必要な知識である。

> (注1) 潜在的な株主とは，まだ株式を購入していないが，投資の準備があり，株主になりうる者のことを指す。
> (注2) 市場参加者がある企業に投資を行うかどうかを決定することを，「投資意思決定」という。

（2）　会計上の企業価値と株価

　既に学んだように，貸借対照表では資産から負債を控除し純資産が計算される。純資産は，企業資産（資源）に対する株主の持分（残余請求権）であり，企業は株主のものであるから，「会計上の企業価値」と呼ばれることもある。そこで，この「会計上の株主価値（企業価値）」と市場の企業価値である「株価」とを比較し，株価を評価する。これが**株価純資産倍率**（price book value ratio: **PBR**）であり，次の式で計算される。

$$株価純資産倍率 = \frac{株価}{1株当たり純資産} （倍）$$

　この計算では，分子の株価に合わせ，純資産の数値を1株当たりの数値（book value per Share: **BPS**）とする。この指標が大きいほど，企業が将来に渡って生み出す価値（株価）が会計上の価値より大きいと市場が期待していることとなり，この状況にあるとき，株価は「割高」であると言われる（逆の場合，「割安」）。1倍の場合，市場の評価と会計上の評価が一致していると解釈できる。

（3）　会計利益と株価

　株式の価値（株価）を株が生み出した果実すなわち会計利益つまり株主の利益である当期純利益で評価するのが，次の**株価収益率**（price earnings ratio: **PER**）である。

$$株価収益率 = \frac{株価}{1株当たり当期純利益} （倍）$$

　この指標は，株価が当期純利益の何倍であるのかを見るものである。分母の当期純利益は，**PBR**と同様に分子の株価に合わせ1株当たりの数値とする。この指標は「株式購入に支払う金額（株価）を年毎のリターン（当期純利益）でまかなうのには何年かかるか」を示すものであり，この数値が低いほど，早い段階でリターンにより株価（投資）の「元を取る」ことができると考え，「割安」と判断される（逆の場合は「割高」）。ただし，**PBR**のように

割高，割安の一定の基準（形式上「1倍以上は割高」のような指標）があるわけではなく，その判断は，他企業や上場企業の平均値との比較によって行われる。

（4） 株価と配当

人は，お金を持っていれば，そこから得られる果実を求め，有利な投資先を考える。株式投資でそれを見るのが，次の**配当利回り**である。これは銀行預金に対する利息を見るのと同じである。

$$配当利回り = \frac{1株当たり配当金}{株価} \times 100 （\%）$$

特定の株式に投資をする以上，当該数値が市場の平均的な利回りを上回るものであることが求められる[注3]。なお，この指標の配当金に関し，この果実（配当金）の妥当性を見るために，前掲（2.(2)）の**配当性向**も注目される。

以上，株式の評価においても，会計数値が利用される。このため会計学の知識は必要である。

[注3] なお，分母の株価をいつのものにするのかについては，投資時点のものを用いる方法と，期中の株価平均額を用いる方法があるが，これは分析主体が置かれた状況によって使い分けられる（例えば，即座に投資を行うとするなら，投資時点の株価を用い，時間をかけて投資判断するときには，とくに株価の変動が激しい場合、平均額を用いた方が適切であろう）。

第Ⅱ部

企業集団の会計

神納　樹史
(第Ⅸ章第 1 ～ 5 節)

溝上　達也
(第Ⅸ章第 6 節)

神納　樹史
(第Ⅸ章第 7 節)

Ⅸ. 連結財務諸表

1. 連結財務諸表の意義と目的

　近年，国内外に子会社を設立ないし取得して，企業は集団化して経営活動の多角化や国際化を展開している。しかしながら，企業集団の財政状態および経営成績は，これまでみてきた企業集団を構成する個々の企業の個別財務諸表だけでは把握できない。例えば，親会社の主たる利益獲得活動が，子会社に対するものであった場合にはどうであろうか。親会社が所有している土地，株式等で帳簿価額の低いものを，その子会社，関連会社に売却して利益実現を図ってきた事例もあったが，これによって親会社の業績はよくなるが，本当にそういえるのであろうか。そこで，企業集団の財政状態および経営成績を開示することが求められるようになった。このために作成されるのが，連結財務諸表である。

　連結財務諸表は，支配従属関係にある2以上の会社からなる企業集団を単一の組織体とみなして，親会社が当該企業集団の財政状態および経営成績を総合的に報告するために作成するものである。そこで，親会社の財務諸表の延長線上のものと連結財務諸表を位置づけて，親会社の株主の持分のみを反映させる考え方がある。これを親会社説という。これに対して，連結財務諸表を親会社とは区別される企業集団全体の財務諸表と位置づけて，企業集団を構成するすべての会社の株主の持分を反映させる考え方がある。これを経済的単一体説という。いずれの考え方において，単一の指揮下にある企業集団全体の資産・負債と収益・費用を連結財務諸表に表示する点では変わりはないが，資本に関する点などに違いがある。

　従来，わが国では，連結財務諸表が提供する情報は主として親会社の投資者を対象とするものであり，親会社説による処理方法が企業集団の経営を巡る現実感覚をより適切に反映すると考え，親会社説を採用してきた。その後，

国際的な動向を加味して公表された企業会計基準第22号「連結財務諸表に関する会計基準」（以下『基準』とする）では，経済的単一体説の考え方を取り入れつつある。これは，国際的な会計基準と同様の会計処理を行うことにより，比較可能性の向上を図ることなどが考えられる。

2．連結の範囲

　連結財務諸表を作成するにあたり，親会社は，原則としてすべての子会社を連結の範囲に含める（『基準』13項）。連結の範囲は，すなわち子会社の範囲を決定することであり，基本的な基準として「持株基準」と「支配力基準」がある。「持株基準」は，会社の議決権の所有割合に着目し，議決権を過半数所有していれば子会社となり，所有していなければ子会社ではないと判定するものである。この「持株基準」は，連結の対象とすべて子会社の範囲を客観的に決めることができるという長所がある反面，連結財務諸表の作成者側が持株割合を加減することによって，子会社の範囲を恣意的に操作しうる余地を残す形式基準であるとの批判が行われてきた。一方，「支配力基準」は，他の企業を実質的に支配している否かによって子会社を判定する考え方である。

　わが国では現在「支配力基準」を採用し，次のように規定している。「支配力基準」は，親会社が他の企業の財務および営業または事業の方針を決定する機関（株主総会その他これに準ずる機関をいう。以下「意思決定機関」という）を支配していることであり，原則として，次の場合に該当する他の会社を子会社に含めるものである（『基準』6〜7項）。

（1）　他の企業の議決権の過半数を自己の計算において所有している企業

（2）　他の企業の議決権の100分の40以上，100分の50以下を自己の計算において所有している企業であって，かつ，以下のいずれかに該当する場合

①自己と出資，人事，資金，技術，取引等において緊密な関係があることにより自己の意思と同一の内容の議決権を行使すると認められる者

（「緊密な者」）および自己の意思と同一の内容の議決権を行使することに同意している者（「同意している者」）が所有している議決権とを合わせて，他の企業の議決権の過半数を占めていること。

②自己の役員・従業員（現在または過去）が取締役会の構成員の過半数を占めること。

③財務・営業・事業の方針決定を支配する契約等が存在すること。

④他の企業の資金調達額の総額の過半について融資（債務の保証および担保の提供を含む）を行っていること。

⑤その他他の企業の意思決定機関を支配していることが推測される事実が存在すること。

　また，議決権の所有が40％未満であっても，緊密な者および同意している者の議決権と合算して50％超で，上記②〜⑤に該当する企業も子会社となる。

　なお，支配が一時的であると認められる場合など，子会社であっても連結の範囲に含めない例外規定があるほか，重要性が乏しい場合には連結の範囲に含めないことが認められている。

　このような例外はあるものの，日本では株式所有を前提とした支配力基準が採用されている。しかし株式保有を前提としながらも，潜在的議決権を有するかどうか等株式の内容，また議決権保有のみならず，他の議決権保有者との契約，他の議決権保有者との相対的割合を考慮することはしない。

3．支配獲得時の手続—資本連結と連結貸借対照表の作成—

　親会社が子会社を取得したときに行われるのが，資本連結である。資本連結は，親会社の子会社に対する投資とこれに対応する子会社の資本を相殺消去し，消去差額が生じた場合には当該差額をのれん（または負ののれん）として計上するとともに，子会社の資本のうち親会社に帰属しない部分を非支配株主持分に振替える一連の処理のことである（『基準』59項）。親子会社の貸借対照表を合算した後，資本連結を行って，連結貸借対照表が作成される。

この過程を，以下説明する。

　例えば，P社が，×0年3月31日にS社の発行済議決権株式の60％を2,400で取得し，P社の商品を扱うS社を子会社としたとする。そのときのP社，S社の貸借対照表は以下のとおりであった。なお，S社の諸資産に含まれている土地の帳簿価額が2,200で，公正価値が2,400とする。土地以外の諸資産および諸負債は，公正価値と帳簿価額の金額は一致しているものとする。

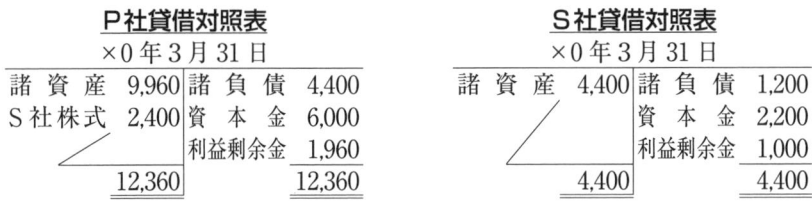

P社貸借対照表			
×0年3月31日			
諸　資　産	9,960	諸　負　債	4,400
S 社株式	2,400	資　本　金	6,000
		利益剰余金	1,960
	12,360		12,360

S社貸借対照表			
×0年3月31日			
諸　資　産	4,400	諸　負　債	1,200
		資　本　金	2,200
		利益剰余金	1,000
	4,400		4,400

　上記の個別財務諸表について，第Ⅰ部の個別企業の会計とは異なっている箇所がある。すなわち，個別財務諸表の利益準備金，任意積立金そして繰越利益剰余金など損益取引から生じた累積項目をまとめて「利益剰余金」として表示している。これは，連結会計上，企業集団が稼得したものは細分化せずにまとめているものと考えられる。このように，個別財務諸表の勘定科目が，必ずしも連結財務諸表の勘定科目としてはそのまま使えないことがある。このような場合には，勘定科目の組替えを行うこととなる。

　連結財務諸表は，親会社の立場に立って子会社への投資の内容を示すために作成される。したがって，子会社の資産・負債を親会社の資産・負債に結合させる必要がある。このとき，P社の投資とS社の資本の相殺消去が行われる。

　本例では，P社の貸借対照表にS社への投資が，S社株式2,400として表示されている。既述のように，この投資（株式）の内容を明らかにする。このとき，投資と資本の相殺消去に先立って行わなくてはならないことがある。それは，そもそも投資した会社の価値が公正なものになっているかをみるこ

とである。この公正価値の導入の仕方として，わが国では，全面時価評価法を採用している。全面時価評価法は，支配獲得日において，子会社の資産および負債のすべてを支配獲得日の時価により評価する方法である（『基準』20項）。親会社が支配しているのは，企業全体の資産・負債であるという考えからすると，全面時価評価法は合理的であるとされている。

　本例では，諸資産の公正価値は，2,400としている。帳簿価額2,200からこの評価替えにともなう一種の評価益は，評価差額として子会社の資本勘定に含められ，次のように処理される。

（借）諸資産（土地）　　200 ＊　　（貸）評　価　差　額　　　　200
　　＊土地の公正価値2,400 －土地の帳簿価額2,200 ＝ 200

　このように，すべての資産・負債を公正価値に評価した後で，投資と資本の相殺消去により，資産・負債が合算される。

　このとき，市場価値である親会社の投資勘定と，公正価値である子会社の資本勘定とは，市価と公正価値とたいてい一致しない。投資勘定の一部が消去されずに残ることになる。この差額が，のれんである（『基準』24項）。

　のれんは，個別貸借対照表には表れない子会社の法律上の権利等による裏付けのない超過収益力や被取得企業の事業に存在する労働力の相乗効果などの存在を表し，将来にわたり「超過収益力」として効果を発揮するものと考えられる。そこで，連結貸借対照表の無形固定資産の区分に表示する。

　本例では，再評価後のS社純資産勘定は，合計で3,400であり，これに親会社持分比率60％をかけた額2,040と投資勘定の額2,400の差額360がのれんである。

　ところで，親会社が子会社の発行している株式の全部を取得していない場合，子会社に非支配株主が存在する。本例では，親会社は，子会社の純資産の60％しか所有していない。残りの40％は親会社以外の株主が存在することを示しており，この株主を非支配株主といい，非支配株主の持分を非支配株主持分として認識する（『基準』26項，（注7））。非支配株主持分は企業集

団にとって返済義務を有する負債ではない。そこで，非支配株主持分は純資産の部に計上され，純資産の部は企業会計基準第5号「貸借対照表の純資産の部の表示に関する会計基準」（以下『純資産会計基準』という）に従い，株主資本に含めずに記載する。『基準』が親会社説を採用しているので，親会社持分のみを「純資産の部」における「株主資本」と考えるならば，この表示方法は合理的である（『純資産会計基準』7(2)）。

　全面時価評価法の適用により生じる評価益のうち非支配株主の持分比率に相当する分は，他の資本項目とともに非支配株主持分に振替えられる。つまり，投資と資本の相殺消去において，非支配株主持分は子会社資産・負債の公正価値に基づいて測定されることになる。いま，非支配株主持分を計算すると，S社資本金2,200とS社利益剰余金1,000の合計額である3,200と評価差額200に，非支配株主持分の持分比率40%を掛けた1,360となる。

　以上を仕訳形式で示すと，次のようになる。

(借)	S 社 資 本 金	2,200	(貸)	S 社 株 式	2,400
	S社利益剰余金	1,000		非支配株主持分	1,360 *2
	評 価 差 額	200			
	の れ ん	360 *1			

*1　S社株式2,400−(資本金2,200＋利益剰余金1,000＋評価差額200)×60%＝360
*2　(資本金2,200＋利益剰余金1,000＋評価差額200)×40%＝1,360

以上の関係を図示すると，次のようになる。

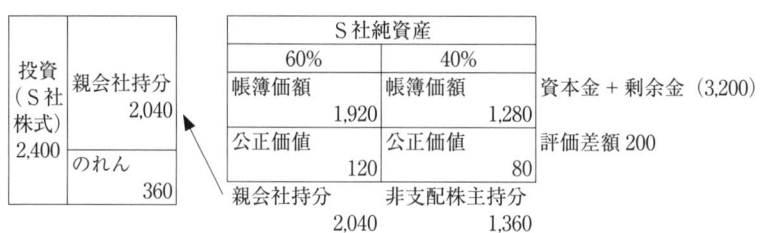

連結貸借対照表を作成すると，次のようになる。

連結貸借対照表
×0 年 3 月 31 日

諸 資 産	14,560	諸 負 債	5,600
の れ ん	360	資 本 金	6,000
		利 益 剰 余 金	1,960
		非支配株主持分	1,360
	9,540		14,920

　ところで，のれんの計上に関しては，非支配株主持分に相当する部分についても，親会社の持分について計上した額から推定した額などによって計上すべきであるとする考え方もある。これを「全部のれん方式」と呼ぶ。一方，わが国は，伝統的にのれんの計上は有償取得に限るべきであるという購入のれん方式を採っている。これは，「全部のれん方式」であると，推定計算などの方法になお問題が残されていると考えられるからである。本例を「全部のれん方式」で計算すると，のれんは 600（＝ S 社株式 2,400 ÷ 60％ － S 社資本金 2,200 ＋ S 社利益剰余金 1,000 ＋ 評価差額 200）となる。すなわち，購入のれん方式により算出されたのれん 360 との差額 240（＝のれん 600 ×非支配株主持分割合 40％）は，非支配株主持分に相当する部分となり，この部分は推定計算で算出された部分とされている。なお，ここでは支払対価から逆算する方法を示しているが，国際会計基準などでは公正価値に評価替後に，親会社および非支配株主それぞれに帰属するのれんを個別に評価する方法を採っている。

　以上を仕訳形式で示すと，次のようになる。

（借）S 社 資 本 金	2,200	（貸）S 社 株 式	2,400
S 社利益剰余金	1,000	非支配株主持分	1,600
評 価 差 額	200		
の れ ん	600		

　また，本例は，借方に差額が出たケースを示したが，例えば，投資額が 2,000 で，その他の条件が同じであった場合には，貸方に差額 40 が生じる。この場合，負ののれんとして，原則として，特別利益に表示する（『企業結

合に関する会計基準』, 以下『結合基準』とする, 48項)。これは, 識別可能資産の時価の算定が適切に行われていることを前提にしたうえで, 負ののれんの発生原因を認識不能な項目やバーゲン・パーチェスであると位置づけ, 現実には異常かつ発生の可能性が低いことから, 利益としての処理が妥当であると考えているからである。以上を, 仕訳形式で示すと, 次のようになる。

(借)	S 社 資 本 金	2,200	(貸)	S 社 株 式	2,000
	S社利益剰余金	1,000		非支配株主持分	1,360
	評 価 差 額	200		の れ ん	40 *

＊S社株式 2,000 −(資本金 2,200 +利益剰余金 1,000+ 評価差額 200)× 60%= △ 40

4．支配獲得後の手続─連結財務諸表の作成─

　支配獲得後の連結会計期間においては, 連結財務諸表を作成する。連結財務諸表は, 企業集団を構成する個別会社の財務諸表を基礎として, これらを単純合算し, 次に会社相互間の勘定および取引高を相殺消去することによって作成される。これらの処理は, 個別財務諸表作成時に用いられる仕訳帳および元帳などの帳簿ではなく連結精算表に記載される。そのため, 前期以前において連結精算表で連結修正仕訳を行ったとしても, 当期における個別会計上の帳簿および当該帳簿をもとに作成される個別財務諸表には反映されない。そこで, 連結財務諸表作成時には支配獲得日から前年度末までに行われた累積仕訳を行うことから始める。その後, 当連結会計年度の調整を行う。このように連結財務諸表を作成するための手続, すなわち連結手続は, 大きく二つに分けられる。前者は, 簿記でいう開始記入に相当するもので, 「開始手続」または「開始仕訳」といわれている。後者は, 当期中の取引の連結の見地での調整を行うものである。これをしばしば「連結本手続」という。

　まず, 開始手続を示す。開始手続は, 既述のとおり, 前期以前の状況を再現するために行うため, 純資産項目については, 株主資本等変動計算書で処理をするため, 「資本金」は「資本金当期首残高」, 「利益剰余金」は「利益

剰余金当期首残高」，「非支配株主持分」は「非支配株主持分当期首残高」へ
と変更し，次のようになる。

（借）諸 資 産（土 地）　　200　　　（貸）評 価 差 額　　200 －①

（借）資本金当期首残高　　2,200　　（貸）Ｓ 社 株 式　2,400 －②
　　　利益剰余金当期首残高　1,000　　　　非支配株主持分当期首残高　1,360 *2
　　　評 価 差 額　　　　200
　　　の 　 れ 　 ん　　　360

　　Ｐ社がＳ社を子会社とした後にさまざまな活動を行った結果，当期（x0 年
4 月 1 日～x1 年 3 月 31 日）におけるＰ社およびＳ社の財務諸表は，次のとお
りであったとする。

損益計算書
×0 年 4 月 1 日～×1 年 3 月 31 日

科　　　　目	Ｐ社	Ｓ社
売　　上　　高	32,000	30,000
売　　上　　原　　価	25,600	24,000
売　上　総　利　益	6,400	6,000
販売費及び一般管理費	1,000	1,160
営　業　利　益	5,400	4,840
営　業　外　収　益	120	100
営　業　外　費　用	400	40
当　期　純　利　益	5,120	4,900

* 　Ｐ社，Ｓ社の営業外収益及び営業外費用は，通常僅少であるので，本例では，上記に示したも
　の以外はないものとする。

*2 　「特別損益」の金額は通常僅少であるので，本例では特別損益項目はないものとしている。
　　　したがって，経常利益と当期純利益の金額は等しくなる。

株主資本等変動計算書
×0年4月1日〜×1年3月31日

	株主資本				評価・換算差額等	
	資本金		利益剰余金		その他有価証券評価差額金	
	P社	S社	P社	S社	P社	S社
前 期 末 残 高	6,000	2,200	1,960	1,000	−	−
剰 余 金 の 配 当			△ 280	△ 200		
当 期 純 利 益			5,120	4,900		
株主資本以外の項目の当期変動額					40	
当 期 末 残 高	6,000	2,200	6,800	5,700	40	−

P社貸借対照表
×1年3月31日

現金・預金	1,800	買 掛 金	16,000
S 社 売 掛 金	18,000	諸 負 債	4,360
商 品	2,400	資 本 金	6,000
S 社 未 収 利 息	40	利 益 剰 余 金	6,800
その他流動資産	3,900	その他有価証券評価差額金	40
土 地	3,000		
S社長期貸付金 1,200			
貸倒引当金 40	1,160		
S 社 株 式	2,400		
投資有価証券	500		
	33,200		33,200

S社貸借対照表
×1年3月31日

現金・預金	800	P社買掛金	18,000
売 掛 金	14,000	P社未払利息	40
商 品	8,000	未 払 費 用	160
その他流動資産	2,300	P社長期借入金	1,200
土 地	2,200	資 本 金	2,200
		利 益 剰 余 金	5,700
	27,300		27,300

　P社の売掛金とS社の買掛金はすべて両社相互間の債権債務だったとする。連結された企業間の債権と債務であるP社の売掛金18,000とS社の買掛金18,000を相殺する（『基準』31項）。

（借）P 社 買 掛 金　18,000　　　　（貸）S 社 売 掛 金　18,000 −③

　P社の長期貸付金とS社の長期借入金はすべて両社相互間の債権債務だったとする。債権および債務については，長期のものでも，連結された企業間の取引から発生したものであれば相殺消去する。そこで，P社のS社長期貸付金1,200とS社のP社長期借入金1,200も相殺する。

（借）P 社 長 期 借 入 金　1,200　　　　（貸）S 社 長 期 貸 付 金　1,200 −④

　S社長期貸付金に対しては貸倒引当金が設定されている。S社貸付金が相殺されているので，これに対して設定されている貸倒引当金40も消去する。

（借）貸付金貸倒引当金　　　40　　　　（貸）販売費及び一般管理費　　40 － ⑤
　　　　　　　　　　　　　　　　　　　　　（貸倒引当金繰入額）

　このほか，連結された企業間で行われた財・用役の授受および債権・債務
も，同様の理由から消去されなければならない。例えば，損益計算書の営業
外収益にはP社のS社受取利息40が，営業外費用にはS社のP社支払利息
40が，それぞれ含まれていて，P社とS社間の資金の貸借取引による利息
の受け払いであったとする。また，貸借対照表の未収収益のうち40がS社
未収利息，P社未払利息も同様にP社とS社間の資金の貸借取引によって発
生したものである。そこで，これらも次のように相殺する。

（借）未 払 費 用　　　40　　　　（貸）未 収 利 息　　40 ⎫
　　　（未 払 利 息）　　　　　　　　　　（未 収 収 益）　　　　⎬ － ⑥
　　　受 取 利 息　　　40　　　　　　　支 払 利 息　　40 ⎭
　　　（営 業 外 収 益）　　　　　　　　（営 業 外 費 用）

　また，連結された企業間の売買取引高も相殺する。P社からS社への売上
高が32,000あったとする。この場合，既述のように個別財務諸表を基に連
結財務諸表を作成していくため，財務諸表上の表示科目である「売上高」と
これに対応する「売上原価」を用いて相殺消去する。

（借）売 上 高　32,000　　　　（貸）売 上 原 価　32,000 － ⑦

　ところで，同じ企業集団内の企業から資産を購入した企業が企業集団外に
販売せず資産として計上している場合，企業集団全体の観点ではこの資産は
企業集団内部で保管場所を移動させたにすぎないととらえる。企業集団外部
の第三者に売却されるまで利益は実現しないのである。そこで，企業集団内
の企業相互間の取引によって生じた損益を未実現損益ととらえ，消去する処
理を行う。
　この未実現損益の消去過程は，取引の方法によって異なる。取引の方法と
して，親会社から子会社への販売（これをダウン・ストリームという）と，子
会社から親会社への販売（これをアップ・ストリームという）がある。

　ダウン・ストリームの場合には，未実現利益を親会社が負担する。そこで，未実現損益を消去するために商品勘定を減額し，損益計算においてもこの損益を消去する。問題は，損益計算におけるこの損益の消去の方法であるが，売上原価で行うこととなる。ここで第Ⅰ部で取り上げられた売上原価の計算構造を確認すると，売上原価は，商品期首たな卸高に当期商品仕入高を加算し，その合計額から商品期末たな卸高を控除して計算される。しかし，こうした売上原価の計算過程は，個別財務諸表とは違って，後で示すように連結損益計算書上示されることはなく，売上原価として一括表示される。なお，連結損益計算書において売上原価が一括表示されるのは，企業集団を構成している会社同士で商品売買取引を行っている場合，それぞれの会社で保有している商品を連結の観点で期首と期末，また当期に仕入れたものとで区別するのは難しいからだと考えられる。

　次に，未実現損益の処理を取り上げる。例えば，S社貸借対照表上の商品8,000はP社から仕入れたものであり，これにはP社の当期売上総利益率20%（＝ 1 －売上原価 25,600 ÷売上高 32,000 × 100％）と同率の未実現利益が含まれていたとする。既述のように，この場合には，未実現利益を全額消去し，その消去額をすべて親会社に負担させるために，商品を減額し，売上原価を増額させることによって未実現利益を消去する。

（借）売　上　原　価　　1,600　　　　（貸）商　　　　　　品　　1,600 －⑧
　　P社商品 8,000 ×利益率 20% ＝ 1,600

　一方，アップ・ストリームの場合には，子会社が未実現利益を負担する。したがって，親会社持分と非支配持分とで負担することとなる。後で取り上げる連結財務諸表には反映させないが，参考までにこの取引の処理を示しておく。例えば，P社貸借対照表上の商品のうち 1,000 がS社から仕入れたものとして，売上総利益率も 20％だったとすると，次のように処理をする。

（借）売　上　原　価	200		（貸）商　　　　品	200				

（借）売　上　原　価　　　200　　　　（貸）商　　　　品　　　　200
　　　非支配株主持分当期変動額　　80 *1　　　　　非支配株主に帰属する当期純利益 *2　　　80

*1 未実現利益 200×非支配株主持分比率 40％＝80
*2 「非支配株主に帰属する当期純利益」は，後述する「連結財務諸表」を参照。

　次に，子会社の当期純利益のうち，非支配株主に帰属する分は，非支配株主持分に振替えられる。本例は，S社が40％の持分を有しており，子会社が4,900の利益を計上しているので，4,900のうち非支配株主に帰属する当期純利益を非支配株主に帰属する当期純利益として計上し，親会社株主に帰属する利益とは区別する。そして，その額だけ非支配株主持分の勘定を増加させる。

（借）非支配株主持分に帰属する当期純利益　　1,920　　　　（貸）非支配株主持分当期変動額　　1,920　－⑨
　　　当期純利益 4,800×非支配株主持分比率 40％＝1,920

　次に配当金の処理を取り上げる。子会社の配当金200のうち親会社持分に対するものは，親会社であるP社の損益計算書上では受取配当金として計上されている。これは連結された企業間の取引であるので相殺される。また，配当金のうち非支配株主持分に対するものは，親会社の観点からすれば，剰余金の処分とみなすことはできない。配当の財源となる利益は，非支配株主持分に振替えられているからである。そこで，非支配株主に対する配当金を，非支配株主持分と相殺消去する。このように非支配株主持分と相殺することで，非支配株主にとっては配当を受け取った相当額に対応して自己持分が減少する。そこで，S社の配当金に関する消去仕訳は，以下のようになる。

（借）受　取　配　当　金　　　120 *1　　　　（貸）配　　当　　金　　　200　－⑩
　　　非支配株主持分当期変動額　　80 *2

*1 S社配当金 200×親会社株主持分比率 60％＝120
*2 S社配当金 200×非支配株主持分比率 40％＝80

　最後に，のれんの処理を取り上げる。のれんは，20年以内のその効果の及ぶ期間にわたって償却する（『結合基準』32項）。このように処理すること

に至った背景には，連結したことによる成果たる収益と，その対価の一部を構成する投資消去差額の償却という費用の対応が可能になる考えがある。また，のれんは投資原価の一部であることをふまえると，のれんを規則的に償却する方法は，投資原価を超えて回収された超過額を企業にとっての利益とみる考え方とも首尾一貫している。さらに，企業結合により生じたのれんは時間の経過とともに自己創設のれんに入れ替わる可能性があるため，企業結合により計上したのれんの非償却による自己創設のれんの実質的な資産計上を防ぐことができる。のれんの効果の及ぶ期間およびその減価のパターンは合理的に予測可能なものではないという点に関しては，価値が減価した部分の金額を継続的に把握することは困難であり，かつ煩雑であると考えられるため，ある事業年度において減価が全く認識されない可能性がある方法よりも，一定の期間にわたり規則的な償却を行う方が合理的であると考えられる。また，のれんのうち価値の減価しない部分の存在も考えられるが，その部分だけを合理的に分離することは困難であり，分離不能な部分を含め「規則的な償却を行う」こととしている。このように「規則的な償却を行う」ことには合理的な理由があることが採用されている理由とされている。さらに，既述ののれんの計算過程にみられるようにのれんは，親会社が株式を取得したときの（市場等の）価値と親会社が子会社の支配権を獲得したときの公正価額によって決まる。極論すれば偶然の産物であるともとらえられる。そこでのれんを償却する。そして，のれんの当期償却額は販売費及び一般管理費の区分に表示する（『結合基準』47項）。

　なお，のれんは「固定資産の減損に係る会計基準」の適用対象資産となることから，規則的な償却を行う場合においても，「固定資産の減損に係る会計基準」に従った減損処理が行われることになる。ただし，このような「規則的な償却を行う」方法と，「規則的な償却を行わず，のれんの価値が損なわれた時に減損処理を行う」方法との選択適用については，利益操作の手段として用いられる可能性もあることから認められていない。

　のれんは計上後原則として20年以内のその効果の及ぶ期間にわたって償

却することとなっている（『結合基準』32項）。ここではのれんの効果が5年であるとして，10年で償却することとする。

（借）の れ ん 償 却 額　　　　36　　　　（貸）の　　れ　　ん　　　　36 − ⑪
　　　のれん360 ÷ 10年

　このように連結本手続は，既述のように当期中の取引の連結の見地での調整である。具体的には，未実現損益の消去を含む親子（連結会社）間取引の相殺の過程（③〜⑧），非支配株主持分の確定の過程（⑨，⑩），そして連結固有の損益計算の過程（⑪）である。以上の連結財務諸表の作成過程は，連結精算表によって示される。P社およびS社の個別財務諸表が単純合算されたのち，「修正消去欄」において①〜⑪の調整が行われる。そして，「修正消去欄」の連結損益計算書に計上される項目において，差額として「親会社株主に帰属する当期純利益3,636」（連結精算表上のa）が把握される。それを連結株主資本等変動計算書の利益剰余金に加減算し，その結果計算された「利益剰余金当期末残高4,436」（連結精算表上のb-2）が，連結貸借対照表の利益剰余金の金額となり，このようにして，連結決算の数値上の正しさを確認している。また，連結株主資本等変動計算書は，連結損益計算書と連結貸借対照表を結びつけている。

連 結 精 算 表

財務諸表	勘定科目	P社 資産	P社 負債・資本	S社 資産	S社 負債・資本	P社S社単純合計 資産	P社S社単純合計 負債・資本	連結のための修正・消去 借方		連結のための修正・消去 貸方		連結財務諸表 資産	連結財務諸表 負債・資本
貸借対照表	現 金 ・ 預 金	1,800		800		2,600						2,600	
	売 掛 金			14,000		14,000						14,000	
	S 社 売 掛 金	18,000				18,000				③	18,000		
	商 品	2,400		8,000		10,400				⑧	1,600	8,800	
	未 収 収 益	40				40				⑥	40		
	その他流動資産	3,900		2,300		6,200						6,200	
	土 地	3,000		2,200		5,200		①	200			5,400	
	の れ ん							②	360	⑪	36	324	
	S 社 長 期 貸 付 金	1,200				1,200				④	1,200		
	貸付金貸倒引当金		40				40	⑤	40				
	S 社 株 式	2,400				2,400				②	2,400		
	投 資 有 価 証 券	500				500						500	
	買 掛 金		16,000				16,000						16,000
	P 社 買 掛 金				18,000		18,000	③	18,000				
	固 定 諸 負 債		4,360				4,360						4,360
	P 社 未 払 利 息				40		40	⑥	40				
	未 払 費 用				160		160						160
	P 社 長 期 借 入 金				1,200		1,200	④	1,200				
	資 本 金		6,000		2,200		8,200	(b-1)	2,200				6,000
	利 益 剰 余 金		6,800		5,700		12,500	(b-2)	4,436				8,064
	評 価 差 額							②	200	①	200		
	その他有価証券評価差額金		40				40						40
	非 支 配 株 主 持 分									(b-3)	3,200		3,200
	合 計	33,240	33,240	27,300	27,300	60,540	60,540		26,676		26,676	37,824	37,824

財務諸表	科目	費用	収益	費用	収益	費用	収益	借方		貸方		費用	収益
損益計算書	売 上 高		32,000		30,000		62,000	⑦	32,000				30,000
	売 上 原 価	25,600		24,000		49,600		⑧	1,600	⑦	32,000	19,200	
	販売費及び一般管理費	1,000		1,160		2,160		⑪	36	⑤	40	2,156	
	営 業 外 収 益		120		100		220	⑥	40				60
								⑩	120				
	営 業 外 費 用	400		40		440				⑥	40	400	
	非支配株主に帰属する当期純利益							⑨	1,920			1,920	
	親会社に帰属する当期純利益	5,120		4,900		38,544		(a)	3,636			6,384	
	合 計	32,120	32,120	30,100	30,100	90,744	62,220		35,716		35,716	30,060	30,060

財務諸表	科目	減少高	増加高	減少高	増加高	減少高	増加高	借方		貸方		減少高	増加高
株主資本等変動計算書	資本金前期末残高		6,000		2,200		8,200	②	2,200				6,000
	資本金当期末残高	6,000		2,200		8,200				(b-1)	2,200	6,000	
	合 計	6,000	6,000	2,200	2,200	8,200	8,200		2,200		2,200	6,000	6,000
	利益剰余金前期末残高		1,960		1,000		2,960	②	1,000				1,960
	当 期 変 動 額												
	配 当 金	280		200		480				⑩	200	280	
	親会社株主に帰属する当期純利益		5,120		4,900		38,544	(a)	3,636				6,384
		280	7,080	200	5,900	480	41,504		4,636			280	8,344
	利益剰余金期末残高	6,800		5,700		41,024				(b-2)	4,436	8,064	
	合 計	7,080	7,080	5,900	5,900	41,504	41,504		4,636		4,636	8,344	8,344
	その他有価証券評価差額金前期末残高		−				−						−
	その他有価証券評価差額金当期変動額												
	その他有価証券評価差額金等期末残高		40				40						40
	合 計		40		−		40						40
	非支配株主持分前期末残高									②	1,360		1,360
	非支配株主持分当期変動額							⑩	80	⑨	1,920		1,840
	非支配株主当期末残高							(b-3)	3,200				3,200
	合 計								3,280		3,280		3,200	3,200

5．連結精算表から連結財務諸表への組替

　連結財務諸表は，金融商品取引法上，連結貸借対照表，連結損益および包括利益計算書または連結損益計算書および連結包括利益計算書，連結株主資本等変動計算書，連結キャッシュ・フロー計算書および連結附属明細書からなる。ここでは，相互に連携性を持つ連結貸借対照表，連結損益計算書，連結株主資本等変動計算書を取り上げている。

　連結貸借対照表は，親会社および子会社の個別貸借対照表における資産，負債および純資産の金額を基礎とし，子会社の資産および負債の評価，連結会社相互間の投資と資本および債権と債務の相殺消去等の処理を行って作成する（『基準』18 項）。

　連結損益および包括利益計算書または連結損益計算書および連結包括利益計算書は，親会社および子会社の個別損益計算書等における収益・費用等の金額を基礎とし，連結会社相互間の取引高の相殺消去および未実現利益の消去等の処理を行って作成する（『基準』34 項）。平成 22 年 6 月の「包括利益の表示に関する会計基準」（以下『包括利益基準』）の公表により，連結財務諸表提出会社に，包括利益を表示する包括利益計算書の作成が求められている。

　当期純利益および包括利益を表示する計算書について，当期純利益と包括利益を同じ計算書で表示する 1 計算書方式と，当期純利益と包括利益それぞれを別の計算書で表示する 2 計算書方式がある（『包括利益基準』11 項）。1 計算書方式で表示する計算書は「連結損益及び包括利益計算書」と呼ばれる。この計算書は，当期純利益の内訳として，親会社株主と非支配株主それぞれに帰属する当期純利益を表示し，その当期純利益とその他の包括利益を合算して包括利益を示すことになる。2 計算書方式は，「連結損益計算書」と「連結包括利益計算書」と呼ばれる。この計算書は，連結損益計算書において当期純利益を表示し，さらに当期純利益から非支配株主に帰属する当期純利益を加減して親会社株主に帰属する当期純利益を表示する。また，連結包

括利益計算書では，連結損益計算書で表示した当期純利益にその他の包括利益を加減して包括利益を示す。いずれの方式でもその他の包括利益以降の表示は同じである。

　なお，包括利益とは，ある企業の特定期間の財務諸表において認識された純資産の変動額のうち，当該企業の純資産に対する持分所有者との直接的な取引によらない部分をいう（『包括利益基準』第4項）。例えば，投資有価証券は時価評価するけれども，評価差額は損益計算書には関係させず，直接純資産の部に計上する方法が採られている。包括利益は，「その他の有価証券評価差額金」のような，純資産の部の変動要因となる項目をすべて含めた利益概念である。なお，従来，当期純利益および包括利益は，親会社に帰属する部分だけであったが，平成25年改正後は，非支配株主に帰属する部分も含まれることとなった。また，親会社株主にかかる投資の成果に関する情報は投資家が意思決定を行ううえで，引き続き有用であると考えられたことから，親会社株主に帰属する部分と，非支配株主に帰属する部分とを区分して，内訳表示または付記することとなった（『基準』51 - 3）。

　連結株主資本等変動計算書は，連結貸借対照表の純資産の部の一会計期間における変動額のうち，主として，親会社株主に帰属する部分である株主資本の各項目の変動事由を報告するために作成するものである（「株主資本等変動計算書に関する会計基準」1項）。

　以上の連結貸借対照表，連結損益計算書，連結株主資本等変動計算書を連結精算表に基づいて作成すると，次のようになる。

連結貸借対照表
×1年3月31日

資産の部
　流動資産
　　現金　　　　　　　　　　　　　2,600
　　売掛金　　　　　　　　　　　14,000
　　商品　　　　　　　　　　　　 8,800
　　その他流動資産　　　　　　　 6,200
　　流動資産合計　　　　　　　　31,600
　固定資産
　　有形固定資産
　　　土地　　　　　　　　　　　 5,400
　　無形固定資産
　　　のれん　　　　　　　　　　　 324
　　投資その他の資産
　　　投資有価証券　　　　　　　　 500
　　固定資産合計　　　　　　　　 6,224
　　　資産合計　　　　　　　　　37,824
負債の部
　流動負債
　　買掛金　　　　　　　　　　　16,000
　　未払費用　　　　　　　　　　　 160
　　流動負債合計　　　　　　　　16,160
　固定負債
　　固定諸負債　　　　　　　　　 4,360
　　固定負債合計　　　　　　　　 4,360
　　　負債合計　　　　　　　　　20,520
純資産の部
　株主資本
　　資本金　　　　　　　　　　　 6,000
　　利益剰余金　　　　　　　　　 8,064
　　株主資本合計　　　　　　　　14,064
　その他の包括利益累計額
　　その他有価証券評価差額金　　　　40
　　その他の包括利益累計額合計　　　40
　非支配株主持分　　　　　　　　 3,200
　純資産合計　　　　　　　　　　17,304
　負債純資産合計　　　　　　　　37,824

連結損益計算書
×0年4月1日～×1年3月31日

売上高　　　　　　　　　　　　　30,000
売上原価　　　　　　　　　　　　19,200
　売上総利益　　　　　　　　　　10,800
販売費及び一般管理費　　　　　　 2,156
　営業利益　　　　　　　　　　　 8,644
営業外収益　　　　　　　　　　　　　60
営業外費用　　　　　　　　　　　　 400
　当期純利益　　　　　　　　　　 8,304

(内訳)
親会社株主に帰属する当期純利益　 6,384
非支配株主に帰属する当期純利益　 1,920

連結包括利益計算書
×0年4月1日～×1年3月31日

当期純利益　　　　　　　　　　　 8,304
その他の包括利益
その他有価証券評価差額金　　　　　　40
　その他の包括利益合計　　　　　　　40
　包括利益　　　　　　　　　　　 8,344

(内訳)
親会社株主に帰属する包括利益　　 6,424
非支配株主に帰属する包括利益　　 1,920

連結株主資本等変動計算書
×0年4月1日～×1年3月31日

	株主資本			評価・換算差額等	非支配株主持分	純資産合計
	資本金	利益剰余金	合計	その他有価証券評価差額金		
当期首残高	6,000	1,960	7,960	－	1,360	9,320
剰余金の配当		△ 280	△ 280			△ 280
当期純利益		6,384	6,384			6,384
株主資本以外の項目の当期変動額			6,104	40	540	6,644
当期末残高	6,000	8,064	14,064	40	1,580	15,644

6．連結キャッシュ・フロー計算書

　わが国では『連結キャッシュ・フロー計算書等の作成基準』により，連結キャッシュ・フロー計算書の作成が求められている。本章では設例を用いて連結キャッシュ・フロー計算書の作成法を説明する。

〈設例〉

　前期末（x0年3月31日）に，P社は600でS社の発行済議決権付株式総数の60%を取得した。支配獲得日における土地の公正な評価額は300であった。なお，連結をしたことで生じるのれんについては20年で均等償却をする。

・子会社の資産および負債の評価

　（借）土　　　　地　　100＊　　（貸）評　価　差　額　　100
　　　　＊土地の公正価値300－土地の帳簿価額200

・非支配株主持分およびのれんの計上

　（借）S 社 資 本 金　　400　　　　（貸）S　社　株　式　　600
　　　　S社利益剰余金　　300　　　　　　　非支配株主持分　　320＊
　　　　評　価　差　額　　100
　　　　の　れ　ん　　120＊＊

　＊　｛S社資本金(400)＋S社利益剰余金(300)＋評価差額(100)｝×非支配株主持
　　　分比率（40%）＝320

　＊＊S社株式(600)－｛S社資本金(400)＋S社利益剰余金(300)＋評価差額(100)｝
　　　×親会社株主持分比率(60%)＝120

P社貸借対照表

科　　目	x0年	x1年	差額	科　　目	x0年	x1年	差額
現　金　預　金	450	600	150	買　　掛　　金	300	190	△110
売　　掛　　金	300	200	△100	短 期 借 入 金	100	100	0
商　　　　　品	250	350	100	長 期 借 入 金	100	200	100
短 期 貸 付 金	0	150	150	資　　本　　金	1,000	1,000	0
土　　　　　地	500	500	0	利 益 剰 余 金	900	1,000	100
投 資 有 価 証 券	300	100	△200	その他有価証券評価差額金	0	10	10
S　社　株　式	600	600	0				
合　　　　　計	2,400	2,500	100	合　　　　　計	2,400	2,500	100

x1年の貸借対照表には以下のものが含まれている。

・S社に対する売掛金50
・S社への短期貸付金100

S社貸借対照表

科　　　　目	x0年	x1年	差額	科　　　　目	x0年	x1年	差額
現　金　預　金	300	400	100	買　　掛　　金	150	100	△50
売　　掛　　金	200	300	100	短　期　借　入　金	200	100	△100
売買目的有価証券	400	200	△200	長　期　借　入　金	150	300	150
商　　　　　品	100	200	100	資　　本　　金	400	400	0
土　　　　　地	200	200	0	利　益　剰　余　金	300	400	100
合　　　　　計	1,200	1,300	100	合　　　　　計	1,200	1,300	100

x1年の貸借対照表には以下のものが含まれている。
・P社に対する買掛金 50
・P社からの短期借入金 100
・P社から仕入れた商品 100
・（P社の売上総利益率は20%）

P社損益計算書
自 x0年4月1日 至 x1年3月31日

売上高	5,000
売上原価	
商品期首たな卸高	250
当期商品仕入高	4,100
合計	4,350
商品期末たな卸高	350
商品売上原価	4,000
売上総利益	1,000
販売費及び一般管理費	
給料	500
販売費及び一般管理費合計	500
営業利益	500
営業外収益	
受取利息	20
受取配当金	160
受取地代	20
営業外収益合計	200
営業外費用	
支払利息	50
有価証券売却損	50
営業外費用合計	100
当期純利益	600

P社の損益計算書には以下のものが含まれる。
・S社に対する売上高 1,000
・S社からの受取利息 10
・S社からの受取配当金 150

S社損益計算書
自 x0年4月1日 至 x1年3月31日

売上高	2,500
売上原価	
商品期首たな卸高	200
当期商品仕入高	2,100
合計	2,300
商品期末たな卸高	300
商品売上原価	2,000
売上総利益	500
販売費及び一般管理費	
給料	200
販売費及び一般管理費合計	200
営業利益	300
営業外収益	
受取配当金	40
受取地代	40
営業外収益合計	80
営業外費用	
支払利息	15
有価証券売却損	10
有価証券評価損	5
営業外費用合計	30
当期純利益	350

S社の損益計算書には以下のものが含まれる。
・P社に対する仕入高 1,000
・P社への支払利息 10

株主資本等変動計算書
×0年4月1日～×1年3月31日

	株主資本				評価・換算差額等	
	資本金		利益剰余金		その他有価証券評価差額金	
	P社	S社	P社	S社	P社	S社
当期首残高	1,000	400	900	300	–	–
剰余金の配当			△500	△250		
親会社株主に帰属する当期純利益			600	350		
株主資本以外の項目の当期変動額					10	
当期変動額合計	–	–	100	100	10	–
当期末残高	1,000	400	1,000	400	10	–

　P社およびS社の直接法を用いた個別キャッシュ・フロー計算書を作成する
と次のようになる（第Ⅵ章3.の復習）。利息および配当金については「A
法」を，短期借入れおよび短期借入金の返済について純額で示す方法を用いる。

<table>
<tr><td colspan="2" align="center">

P社キャッシュ・フロー計算書
自 ×0年4月1日　至 ×1年3月31日
</td><td colspan="2" align="center">

S社キャッシュ・フロー計算書
自 ×0年4月1日　至 ×1年3月31日
</td></tr>
</table>

P社キャッシュ・フロー計算書		S社キャッシュ・フロー計算書	
営業活動によるキャッシュ・フロー		営業活動によるキャッシュ・フロー	
営業収入	5,100	営業収入	2,400
商品の仕入れによる支出	△4,210	原材料又は商品の仕入による支出	△2,150
人件費の支出	△500	人件費の支出	△200
小計	390	小計	50
利息及び配当金の受取額	180	利息及び配当金の受取額	40
利息の支払額	△50	利息の支払額	△15
営業活動によるキャッシュ・フロー	520	営業活動によるキャッシュ・フロー	75
投資活動によるキャッシュ・フロー		投資活動によるキャッシュ・フロー	
有価証券の売却による収入	160	有価証券の売却による収入	185
地代の受取による収入	20	地代の受取による収入	40
短期貸付けによる支出	△150	投資活動によるキャッシュ・フロー	225
投資活動によるキャッシュ・フロー	30	財務活動によるキャッシュ・フロー	
財務活動によるキャッシュ・フロー		短期借入金の返済による支出	△100
長期借入れによる収入	100	長期借入れによる収入	150
配当金の支払額	△500	配当金の支払額	△250
財務活動によるキャッシュ・フロー	△400	財務活動によるキャッシュ・フロー	△200
現金及び現金同等物の増加額	150	現金及び現金同等物の増加額	100
現金及び現金同等物の期首残高	450	現金及び現金同等物の期首残高	300
現金及び現金同等物の期末残高	600	現金及び現金同等物の期末残高	400

(注) 有価証券の売却による収入（P社）＝投資有価証券の減少額200＋その他有
価証券評価差額金の増加額10－有価証券売却損50

　　　有価証券の売却による収入（S社）＝売買目的有価証券の減少額200－有価
証券評価損5－有価証券売却損10

　連結キャッシュ・フロー計算書は個別キャッシュ・フロー計算書を合算することによって作成されるが，連結集団内における資金の移動を調整する必要がある。

①　P社からS社への売上高1,000のうちキャッシュ・フローが生じている950を消去する。

②　S社からP社へ支払われた利息10および配当金150を消去する。なお，配当金に関しては，P社による配当金の支払額とS社から非支配株主に支払われた配当金の支払額とを区別して表示する。

③　P社からS社への短期貸付け100を消去する。

　これらの調整の結果，直接法の連結キャッシュ・フロー計算書を作成すると次のようになる。

連結キャッシュ・フロー計算書
自 X0年4月1日 至 X1年3月31日

営業活動によるキャッシュ・フロー	
営業収入	6,550
商品の仕入れによる支出	△5,410
人件費の支出	△700
小計	440
利息及び配当金の受取額	60
利息の支払額	△55
営業活動によるキャッシュ・フロー	445
投資活動によるキャッシュ・フロー	
有価証券の売却による収入	345
地代の受取による収入	60
短期貸付けによる支出	△50
投資活動によるキャッシュ・フロー	355
財務活動によるキャッシュ・フロー	
短期借入金の返済による支出	△200
長期借入れによる収入	250
配当金の支払額	△500
非支配株主に対する配当金の支払額	△100
財務活動によるキャッシュ・フロー	△550
現金及び現金同等物の増加額	250
現金及び現金同等物の期首残高	750
現金及び現金同等物の期末残高	1,000

　次に間接法による連結キャッシュ・フロー計算書を作成する。Ｐ社および
Ｓ社の間接法を用いた個別キャッシュ・フロー計算書を作成すると次のように
なる（第Ⅵ章4.の復習）。利息および配当金については「A法」を用いる。

P社キャッシュ・フロー計算書		S社キャッシュ・フロー計算書	
自 X0 年 4 月 1 日　至 X1 年 3 月 31 日		自 X0 年 4 月 1 日　至 X1 年 3 月 31 日	
営業活動によるキャッシュ・フロー		営業活動によるキャッシュ・フロー	
税引前当期純利益	600	税引前当期純利益	350
受取利息	△20	受取配当金	△40
受取配当金	△160	受取地代	△40
受取地代	△20	支払利息	15
支払利息	50	有価証券売却損	10
有価証券売却損	50	有価証券評価損	5
売上債権の減少額	100	売上債権の減少額	△100
たな卸資産の増加額	△100	たな卸資産の増加額	△100
仕入債務の減少額	△110	仕入債務の減少額	△50
小計	390	小計	50
利息及び配当金の受取額	180	利息及び配当金の受取額	40
利息の支払額	△50	利息の支払額	△15
営業活動によるキャッシュ・フロー	520	営業活動によるキャッシュ・フロー	75

　間接法による連結キャッシュ・フロー計算書は，以下の調整により作成さ
れ，計算書は次のようになる。

① 　Ｐ社がＳ社に販売した商品について，未実現の利益を控除する。Ｓ社の
　　期末の商品に 20 の未実現利益が含まれているので，これを控除する。

② 　Ｓ社からＰ社へ支払われた利息 10 および配当金 150 を消去する。なお，
　　配当金に関しては，Ｐ社による配当金の支払額とＳ社から非支配株主に支
　　払われた配当金の支払額とを区別して表示する。

③ 　Ｐ社からＳ社への短期貸付け 100 を消去する。

④ 　Ｐ社とＳ社との間の売掛金・買掛金の増減額を相殺する。

⑤ 　のれん償却額 6 を当期純利益から控除し，営業活動によるキャッシュ・
　　フローの計算において戻し入れる。

連結キャッシュ・フロー計算書

自 X0 年 4 月 1 日　至 X1 年 3 月 31 日

営業活動によるキャッシュ・フロー

税金等調整前当期純利益	774
のれん償却額	6
受取利息	△10
受取配当金	△50
受取地代	△60
支払利息	55
有価証券売却損	60
有価証券評価損	5
売上債権の減少額	50
たな卸資産の増加額	△180
仕入債務の減少額	△210
小計	440
利息及び配当金の受取額	60
利息の支払額	△55
営業活動によるキャッシュ・フロー	445

　以上の連結キャッシュ・フロー計算書の作成過程を精算表で示すと，次ページのようになる。

(注1) ここで説明した，個別のキャッシュ・フロー計算書から連結キャッシュ・フロー計算書を作成する方法が原則的な方法であるが，連結貸借対照表と連結損益計算書から連結キャッシュ・フロー計算書を作成する方法も簡便法として認められる。

(注2) 272 ページで与えた P 社および S 社のキャッシュ・フロー計算書から，連結キャッシュ・フロー計算書の税金等調整前当期純利益は次のように算定される。

税金等調整前当期純利益＝ P 社税引前当期純利益＋ S 社税引前当期純利益
　　　　　　　　　　　－ S 社期末商品未実現利益－ P 社 S 社間の配当額
　　　　　　　　　　　－のれん償却額

　なお，268 ページに与えられた P 社と S 社の個別財務諸表から連結財務諸表を作成するために必要な連結修正手続のうち，272 ページの①～⑤に関係する仕訳は次の通りである。

・S 社期末商品の未実現利益の消去…①

　（借）売 上 原 価　20　　　（貸）商　　　品　20

・剰余金の配当の振替（P社S社間の配当額）…②

（借）受 取 配 当 金　150＊　　　　（貸）配　　　当　　　金　250

　　　非支配株主持分当期変動額　100＊＊

＊　S社の配当額(250)×親会社株主の持分比率(60%)＝150

＊＊S社の配当額(250)×非支配株主の持分比率(40%)＝100

・債権債務の消去…③，④

（借）買　　掛　　金　50　　　　　（貸）売　　掛　　金　50

（借）短 期 借 入 金　100　　　　（貸）短 期 貸 付 金　100

・のれんの償却…⑤

（借）の れ ん 償 却 額　6＊　　　　（貸）の　　れ　　ん　6

＊のれん（120)÷20年＝6

精算表（直接法）

項　　　目	P社	S社	調整	連結
営業収入	5,100	2,400	△950	6,550
原材料又は商品の仕入による支出	△4,210	△2,150	950	△5,410
人件費の支出	△500	△200		△700
小計	390	50	0	440
利息及び配当金の受取額	180	40	△160	60
利息の支払額	△50	△15	10	△55
営業活動によるキャッシュ・フロー	520	75	△150	445
有価証券の売却による収入	160	185		345
地代の受取りによる収入	20	40		60
短期貸付けによる支出	△150		100	△50
投資活動によるキャッシュ・フロー	30	225	100	355
短期借入金の返済による支出		△100	△100	△200
長期借入れによる収入	100	150		250
配当金の支払額	△500	△250	250	△500
非支配株主に対する配当金の支払額			△100	△100
財務活動によるキャッシュ・フロー	△400	△200	50	△550
現金及び現金同等物の増加額	150	100		250
現金及び現金同等物の期首残高	450	300		750
現金及び現金同等物の期末残高	600	400		1,000

精算表（間接法）

項　　　目	P社	S社	調整	連結
税引前当期純利益	600	350	△20	774
			△150	
			△6	
のれん償却額			6	6
受取利息	△20		10	△10
受取配当金	△160	△40	150	△50
受取地代	△20	△40		△60
支払利息	50	15	△10	55
有価証券売却損	50	10		60
有価証券評価損		5		5
売上債権の増加（減少）額	100	△100	50	50
たな卸資産の増加額	△100	△100	20	△180
仕入債務の増加（減少）額	△110	△50	△50	△210
小計	390	50	0	440
利息および配当金の受取額	180	40	△160	60
利息の支払額	△50	△15	10	△55
営業活動によるキャッシュ・フロー	520	75	△150	445

7．持分法

（1）　持分法の意義

　持分法とは，投資会社が被投資会社の資本および損益のうち投資会社に帰属する部分の変動に応じて，その投資の額を連結決算日ごとに修正する方法をいう（「持分法に関する会計基準」（以下『持分法基準』という）4 項）。

　また，連結は連結会社の財務諸表を勘定科目ごとに合算し，そこから連結手続を行い，親会社に帰属しない非支配株主持分を計上して企業集団の財務諸表を作成するので，**完全連結**といわれる。これに対して持分法は被投資会社の財務諸表を合算することは行わず，被投資会社の資本および損益に対する投資会社の持分相当額を，原則として，貸借対照表上は**投資有価証券**に，損益計算書上は**持分法による投資損益**に集約することによって反映していくことから**一行連結**といわれる。なお持分法も連結と同じ手続によるため，当期損益および純資産に与える影響は同じである。

（2）　持分法適用の範囲

　持分法を適用する被投資会社を持分法適用会社といい，持分法適用会社には関連会社がある（『持分法基準』5 項）。

　関連会社とは，ある会社が，出資・人事・資金・技術・取引等の関係を通じて，子会社以外の他の会社の財務および営業または事業の方針に対して重要な影響を与えることができる場合の，相手会社をいう。そのような影響力の源泉は，議決権のある株式の保有である。このため議決権つき株式の20％以上50％以下を実質的に所有している相手会社に対しては，重要な影響を与えることができるとみなされる。しかし株式の所有割合が 20％に満たなくても，一定の議決権を有しており，かつ，財務および営業の方針決定に対して重要な影響を与えることができる相手企業もまた関連会社であるとみなされる。このように，20％未満であっても，実質的な影響力をその会社に及ぼすことができる場合には，この会社を関連会社として，持分法適用の範

囲にする。これを**「影響力基準」**という。

（3）　持分法の会計処理

持分法の適用にあたっては次の処理を行う（『持分法基準』11 〜 14 項）。

①投資会社の投資日における投資とこれに対応する被投資会社の資本との間
　に差額がある場合には，当該差額はのれんまたは負ののれんとし，のれん
　は投資に含めて処理する。

②投資会社は，投資の日以降における被投資会社の利益または損失のうち投
　資会社の持分または負担に見合う額を算定して，投資の額を増額または減
　額し，当該増減額を当期純利益の計算に含める。

③投資の増減額の算定にあたっては，連結会社（親会社および連結される子会
　社）と持分法の適用会社との間の取引に係る未実現損益を消去するための
　修正を行う。

④被投資会社から配当金を受け取った場合には，当該配当金に相当する額を
　投資の額から減額する。

ⅰ）S社株式の取得

例えば，×0 年 3 月 31 日，P 社は A 社（資本金 2,200，利益剰余金 1,000）の
株式 20％を 800 で取得し関連会社としたとする。なお，A 社の×1 年 3 月 31
日における土地の時価は帳簿価額よりも 200 多いほかは資産・負債の帳簿価
額と時価は同じであった。

持分法を適用する会社の株式を取得したときは，連結会計（完全連結）の
ように連結貸借対照表を作成する必要もなく，投資と資本の相殺消去も行わ
ないので，連結仕訳は不要である。ただし，投資勘定とそれに対応する被投
資会社の純資産の額との差額がある場合には，その計算を行いのれんとして
計上する。のれんの計算は，持分法の適用にあたり，持分法の適用日の被投
資会社の資産および負債を時価に評価替えする。のれん相当額は次のように
計算する。

　P社投資額 800 −（A社資本金 2,200 ＋利益剰余金 1,000 ＋評価差額 200）× P社持分比率 20% ＝ 120

ⅱ）S社の当期純利益に対する持分の計上

　株式取得後に被投資会社が当期純損益 4,900 を計上した場合，投資会社の持分 20％に相当する額 980 を投資勘定に加算するとともに，「持分法による投資損益」として処理する。

　（借）　A 社 株 式　　　　　980*　　（貸）　持分法による投資損益（P/L）　980 − ①
　　　　　（A社株式）
　　　　　　* 4,900 × 200% ＝ 980

　投資差額は発生年度の翌年から 10 年間で均等償却した場合，持分法による投資損益として処理するとともに，投資勘定に加減する。

　（借）　持分法による投資損益（P/L）　　12*　　（貸）　A 社 株 式（B／S）　　12 − ②
　　　　　　* 120 ÷ 10 年 ＝ 12

ⅲ）未実現損益の消去

　投資会社と関連会社の間の取引にかかわる未実現損益は「ダウン・ストリーム」（投資会社が売手側）の場合も「アップ・ストリーム」（関連会社が売手側）の場合も，投資会社の持分相当額だけを消去する。これはアップ・ストリームの場合も，関連会社の投資会社株主以外の持分相当額は実現したものと考えるため，投資会社の持分相当額だけを消去する。

　例えば，P 社から仕入れた商品 8,000（利益 1,600）が A 社に売れ残っていたとする。この場合 1,600 は未実現利益である。P 社から A 社に売却した商品の未実現利益のうち P 社持分を控除する。この場合には，投資会社が計上した売上高に未実現利益が含まれるため，原則として「売上高」を減額するが，「持分法による投資損益」とすることも容認されている。一方，A 社の個別貸借対照表の商品に未実現利益が含まれているが，持分法では関連会社の貸借対照表を合算しないため，投資有価証券で処理する。

（借）　P社売上高（P/L）　320　　　　（貸）　A社株式（B/S）　320 −③
　　　　*1,600 × 20% = 320

　なお,「ダウン・ストリーム」について,連結手続では,棚卸取引の未実現利益の全額を消去し,これを全て親会社が負担していた（全額消去・親会社負担方式）。すなわち,親会社持分割合が60％で,未実現利益が1,600の場合,親会社持分60％に相当する未実現利益は960であるところ,非支配株主持分40％に相当する640を含めて親会社が負担（利益から減額）することとなる。

　「ダウン・ストリーム」の場合,持分法において,A社から仕入れた商品1,000（利益200）がP社に売れ残っていたとする。この場合A社の投資会社の商品に未実現利益が含まれているため,原則として商品から未実現利益を減額する。ただし,「投資」を減額することも認められている。一方,被投資会社個別損益計算書の売上高勘定に未実現利益が含まれているが,持分法では被投資会社の損益計算書項目を合算しないため,借方を「持分法による投資損益」とする。

（借）　持分法による投資損益（P/L）　40　　　（貸）　P社商品（B/S）　40
　　　　*200 × 20% = 40

　なお,「ダウン・ストリーム」の場合,未実現利益の負担を持分で按分（全額消去・持分按分方式）するため,損益に与える影響は連結手続でも変わらない。

iv）S社の支払配当に対する処理

　既述のように持分法は,投資会社が被投資会社の資本および損益のうち親会社に帰属する部分の変動に応じて投資勘定を修正していく方法である。したがって被投資会社の剰余金の処分のうち,利益準備金積立額など被投資会社の純資産が増減しないものは,投資勘定を修正する必要はない。しかし,配当金のような社外流出項目は,被投資会社の純資産を減少させるので,投資会社の投資勘定も減少させる。

例えば，A社の配当額が200であるとする。

投資会社の立場からすると，期中に配当金を受け取っていて，投資会社の個別財務諸表上には受取配当金勘定に計上している。また受取配当金計上前には，投資会社は純利益を計上した段階で借方・投資有価証券として，投資勘定を増やしている。したがって，持分法適用会社において剰余金の配当が行われると，持分法適用会社の利益剰余金が減少するため，投資会社持分相当額を投資有価証券勘定から減少させる。

（借）　P社受取配当金（P/L）　40*　　　（貸）　A社株式（B/S）　40 –④

　　　　　* 200 × 20％ = 40

前節の持分比率60％の「連結」の場合，連結精算表にみられるようにP社の「当期純利益への加算額」は1,904（＝親会社株主に帰属する当期純利益6,384 – P社当期純利益5,120 + 未実現利益調整分640）であった。他方，持分比率20％（これ以外は同じ設定）の「持分法」の当期純利益への加算額は608（① 980 –② 12 –③ 320 –④ 40）となる。二つの加算額の比（1,904：608）は持分比率の比（60％：20％）にほぼ一致する。これは持分法と連結とでは損益に対する影響は同じであることを示している。

しかしながら，持分法では被投資会社の資本及び損益のうち投資会社に帰属する部分の変動のみが投資会社の財務諸表には反映されるため，連結に比べれば企業集団全体の財政状態および経営成績を十分に反映できない。

練習問題

親会社及び連結子会社の決算日における財務諸表の金額は，連結精算表に示したとおりである。次の資料に基づき，連結精算表を完成しなさい。金額の単位は「千円」とする。ただし，いずれの企業も当会計期間は平成×2年3月31日を決算日とする1年間であり，税効果は考慮しない。

[資料]

1. 親会社であるP社は，平成×1年3月31日に，860,000千円で子会社の発行済議決権付株式総数の80％を取得した。支配獲得日の子会社であるS社の純資産の内訳は，資本金が800,000千円，利益剰余金が200,000千円であった。なお，S社が所有する資産のうち，土地に含み益が32,000千円あった。

2. 連結時に発生したのれんは，発生年度の翌年から20年にわたって定額法により償却する。

3. P社の個別貸借対照表には，S社に対する売掛金100,000千円が含まれており，S社の個別貸借対照表にはP社に対する買掛金100,000千円が計上されている。当該債権に係る貸倒引当金は5,000千円である。

4. P社のS社への当期売上高は300,000千円であった。

5. S社の期末商品棚卸高のうち78,000千円はP社からの仕入分であった。なお，P社のS社向けの売上については，仕入原価にその30％相当額の利益を加算しているため，18,000千円の利益が含まれている。

6. 当期中に，P社は80,000千円，S社は40,000千円の配当金を株主に支払っている。なお，親会社と子会社ともに，期中に純資産の変動は当期純利益の計上及び剰余金の配当以外存在しない。

解答欄

（単位：千円）

勘定科目	個別財務諸表 P社	個別財務諸表 S社	合計 借方	合計 貸方	消去・振替 借方	消去・振替 貸方	連結財務諸表 借方	連結財務諸表 貸方
貸借対照表								
諸資産	1,640,000	1,220,000	2,860,000					
売掛金	1,120,000	380,000	1,500,000					
貸倒引当金	56,000	19,000		75,000				
商品	220,000	80,000	300,000					
土地	360,000	200,000	560,000					
S社株式	860,000		860,000					
のれん								
諸負債	744,000	391,000		1,135,000				
買掛金	400,000	270,000		670,000				
資本金	2,000,000	800,000		2,800,000				
利益剰余金	1,000,000	400,000		1,400,000				
評価差額								
非支配株主持分								
合　計	4,200,000 4,200,000	1,880,000 1,880,000	6,080,000	6,005,000				
損益計算書								
売上高	2,880,000	1,520,000		4,400,000				
売上原価	1,840,000	880,000	2,720,000					
貸倒引当金繰入額	14,000	10,000						
受取配当金	48,000	12,000		60,000				
諸収益	36,000	28,000		64,000				
諸費用	770,000	470,000	1,240,000					
のれん償却額								
固定資産売却益	160,000			160,000				
法人税等	200,000	80,000	280,000					
非支配株主に帰属する当期純利益								
親会社株主に帰属する当期純利益	300,000	120,000	420,000					
合　計	3,124,000 3,124,000	1,560,000 1,560,000	4,660,000	4,684,000				
株主資本等変動計算書								
資本金当期首残高	2,000,000	800,000		2,800,000				
資本金当期末残高	2,000,000	800,000	2,800,000					
合　計	2,000,000 2,000,000	800,000 800,000	2,800,000	2,800,000				
利益剰余金当期首残高	780,000	320,000		1,100,000				
当期変動額								
剰余金の配当	80,000	40,000	120,000					
親会社株主に帰属する当期純利益	300,000	120,000		420,000				
	80,000 1,080,000	40,000 440,000	120,000	1,520,000				
利益剰余金当期末残高	1,000,000	400,000	1,400,000					
合　計	1,080,000 1,080,000	440,000 440,000	1,520,000	1,520,000				
非支配株主持分当期首残高								
非支配株主持分当期変動額								
非支配株主持分当期末残高								
合　計								

解答

（単位：千円）

勘定科目	個別財務諸表 P社 借方	P社 貸方	S社 借方	S社 貸方	合計 借方	合計 貸方	消去・振替 借方	消去・振替 貸方	連結財務諸表 借方	連結財務諸表 貸方
貸借対照表										
諸資産	1,640,000		1,220,000		2,860,000				2,860,000	
売掛金	1,120,000		380,000		1,500,000			⑧100,000	1,400,000	
貸倒引当金		56,000		19,000		75,000	⑨5,000			70,000
商品	220,000		80,000		300,000			⑦18,000	282,000	
土地	360,000		200,000		560,000		①32,000		592,000	
S社株式	860,000				860,000			②860,000		
のれん							②34,400	③1,720	32,680	
諸負債		744,000		391,000		1,135,000				1,135,000
買掛金		400,000		270,000		670,000	⑧100,000			570,000
資本金		2,000,000		800,000		2,800,000	(b-1)800,000			2,000,000
利益剰余金		1,000,000		400,000		1,400,000	(b-2)230,720			1,169,280
評価差額							②32,000	①32,000		
非支配株主持分								(b-3)222,400		222,400
合　計	4,200,000	4,200,000	1,880,000	1,880,000	6,080,000	6,005,000	1,234,120	1,234,120	5,166,680	5,166,680
損益計算書										
売上高		2,880,000		1,520,000		4,400,000	⑥300,000			4,100,000
売上原価	1,840,000		880,000		2,720,000		⑦18,000	⑥300,000	2,438,000	
貸倒引当金繰入額	14,000		10,000					⑨*5,000	19,000	
受取配当金		48,000		12,000		60,000	⑤32,000			28,000
諸収益		36,000		28,000		64,000				64,000
諸費用	770,000		470,000		1,240,000				1,240,000	
のれん償却額							③1,720		1,720	
固定資産売却益				160,000		160,000				160,000
法人税等	200,000		80,000		280,000				280,000	
非支配株主に帰属する当期純利益							④24,000		24,000	
親会社株主に帰属する当期純利益	300,000		120,000		420,000			(a)70,720	349,280	
合　計	3,124,000	3,124,000	1,560,000	1,560,000	4,660,000	4,684,000	375,720	375,720	4,352,000	4,352,000
株主資本等変動計算書										
資本金当期首残高		2,000,000		800,000		2,800,000	②800,000			2,000,000
資本金当期末残高	2,000,000		800,000		2,800,000			(b-1)800,000	2,000,000	
合　計	2,000,000	2,000,000	800,000	800,000	2,800,000	2,800,000	800,000	800,000	2,000,000	2,000,000
利益剰余金当期首残高		780,000		320,000		1,100,000	②200,000			900,000
当期変動額										
剰余金の配当	80,000		40,000		120,000			⑤40,000	80,000	
親会社株主に帰属する当期純利益		300,000		120,000		420,000	(a)70,720			349,280
（小計）	80,000	1,080,000	40,000	440,000	120,000	1,520,000	270,720	40,000	80,000	1,249,280
利益剰余金当期末残高	1,000,000		400,000		1,400,000			(b-2)230,720	1,169,280	
合　計	1,080,000	1,080,000	440,000	440,000	1,520,000	1,520,000	270,720	270,720	1,249,280	1,249,280
非支配株主持分当期首残高								②206,400		206,400
非支配株主持分当期変動額							⑤8,000	④24,000		16,000
非支配株主持分当期末残高							(b-3)222,400		222,400	
合　計							230,400	230,400	222,400	222,400

解説（連結修正仕訳の単位：千円）

①資産・負債の評価替え

| （借） | 土　　地 | 32,000 | （貸） | 評　価　差　額 | 32,000 |

①開始仕訳

（借）	資本金当期首残高	800,000	（貸）	S　社　株　式	860,000
	利益剰余金当期首残高	200,000		非支配株主持分当期首残高	206,400
	評　価　差　額	32,000			
	の　　れ　　ん	34,400			

のれん：S社株式860,000千円−（資本金800,000千円＋利益剰余金200,000千円
　＋評価差額32,000千円）×親会社持分割合80％＝34,400千円

非支配株主持分当期首残高：（x2年3月31日S社資本金800,000千円＋利益剰余
　金200,000千円＋評価差額32,000千円）×非支配株主持分割合20％＝206,400千円

当期の連結修正仕訳

②のれんの償却

| （借） | のれん償却額 | 1,720 | （貸） | の　れ　ん | 1,720 |

のれん34,400千円÷20年＝1,720千円

③子会社当期純利益の振替え

| （借） | 非支配株主に帰属する当期純利益 | 24,000 | （貸） | 非支配株主持分当期変動額 | 24,000 |

当期純利益120,000千円×非支配株主持分割合20％＝24,000千円

④剰余金の配当

(借)	受 取 配 当 金	32,000	(貸)	剰 余 金 の 配 当	40,000
	非支配株主持分当期変動額	8,000			

剰余金の配当 40,000 千円×親会社持分割合 80％＝32,000 千円
剰余金の配当 40,000 千円×非支配株主持分割合 20％＝8,000 千円

⑤売上高と売上原価の相殺消去

(借)	売　　上　　高	300,000	(貸)	売　上　原　価	300,000

⑥期末棚卸資産の未実現利益の消去

(借)	売　上　原　価	18,000	(貸)	商　　　　品	18,000

$$78,000 \text{ 千円} \times \frac{30\%}{130\%} = 18,000 \text{ 千円}$$

⑦債権債務の相殺消去

(借)	買　　掛　　金	100,000	(貸)	売　　掛　　金	100,000

⑧貸倒引当金の処理

(借)	貸 倒 引 当 金	5,000	(貸)	貸倒引当金繰入額	5,000

練習問題および解答・解説

坂内　慧

目　次

286

練習問題

問題 1 現金出納帳と会計報告書【参照：10-28 頁】
　×1年度（×1年4月1日から×2年3月31日）におけるN大学のラグビー部のお金の動きは以下①から⑨の通りであった。これについて，次の問いに答えなさい。

1-1. 次の取引を，機能的把握法により現金出納帳に記入しなさい。摘要欄の中の勘定欄は下の語群から選ぶこと。なお，証憑欄には各取引における（　）の中に示された受領書番号または領収書番号を記入し，元丁欄には語群の中で［　］で示された転記先の元帳の頁番号を記入すること。

【語群】

前期繰越	次期繰越	部費収入［1頁］	練習用品費［2頁］
事務費［3頁］	遠征費［4頁］	コート使用料［5頁］	収支［6頁］

① ×1年　4月1日　前年度から繰り越されてきた金額は，30,000円である。
②　　　　　 15日　前期の部費210,000円を受け入れる（受領書番号 #1, #2, #3）。
③　　　　5月1日　1個9,000円のボールを10個，計90,000円を，Sスポーツ用品店から購入する（領収書番号 No.1）。
④　　　　6月9日　部活運営の事務のために，筆記用具2,000円分をX文房具店から購入する（領収書番号 No.2）。
⑤　　　　7月23日　Y大会での試合の遠征のため，80,000円を支払う（領収書番号 No.3）。
⑥　　　　9月10日　部員から後期の部費140,000円を受け入れる（受領書番号 #4, #5）。
⑦　　　　11月15日　Z大会での試合の遠征のため，80,000円を支払う（領収書番号 No.4）。
⑧ ×2年　2月11日　市営のコート使用料として60,000円を支払う（領収書番号 No.5）。
⑨　　　　3月31日　次期に繰り越す金額はx円となる（xは各自計算すること）。次期への繰越処理も行うこと。

現 金 出 納 帳

×1年度（×1年4月1日～×2年3月31日）

日 付			摘　　　要		元丁	増加（借方）	減少（貸方）	残　高
年	月	日	勘　　定	証憑				
×1	4	1	前 期 繰 越		✓			30,000
		15	部 費 収 入	#1, #2, #3	1	210,000		240,000
×2	3	31	期 中 変 動					
			前 期 繰 越	（収支勘定）				
			次 期 繰 越	（　〃　）				
×2	4	1	前 期 繰 越		✓			

1－2. 1－1の現金出納帳を基礎として，報告式の会計報告書を作成しなさい。

ラグビー部会計報告書

×1年度（×1年4月1日～×2年3月31日）

ラグビー部代表　福山　三蔵

```
［当期収入の部］
  [                      ]          _____
            計
［当期支出の部］
  [                      ]
  [                      ]
  [                      ]
  [                      ]          _____
            計                     _____
      当 期 収 支 差 額
      前 期 繰 越 高              _____
      次 期 繰 越 高              ═══════════════
```

問題2　株式会社の組織と個別企業の報告書【参照：29-38頁】

　次の文章について，（　）内の単語のうち，適切なものに丸を付けなさい。

2－1.　株式会社の組織

(1) 会社法によれば，（① 公開会社／非公開会社）で，最終事業年度の資本金の金額が（② 5億／5千万）円以上または負債が（③ 20億／200億）円以上の（④ 大会社／小会社）は，いわゆる監査役会設置会社，あるいは（⑤ 指名委員会等設置会社／報酬委員会等設置会社）ないし（⑥ 監査等委員会設置会社／監査委員会設置会社）のいずれかの組織形態をとる。

(2) 監査役会設置会社では，株主総会により，業務を執行する（⑦ 取締役会／監査役会）と業務を監査する（⑧ 取締役会／監査役会）の役員，計算書類の監査を行う（⑨ 監査役会／会計監査人）が選任される。

(3) 指名委員会等設置会社では，株主総会により，（⑩ 取締役会／監査役会）の役員および（⑪ 会計監査人／監査役会）が選任される。この組織形態において，⑩は，実際の経営を行う（⑫ 執行役／指名委員会），株主総会へ取締役会の役員の選任・解任議案の提出を行う（⑬ 監査委員会／指名委員会），執行役の報酬内容を決定する（⑭ 監査等委員会／報酬委員会），執行役等の職務の執行の監査および株主総会へ会計監査人の選任・解任議案の内容を決定する（⑮ 監査委員会／監査等委員会）のメンバーを選任する。

(4) 監査等委員会設置会社は，取締役会の中に（⑯ 監査等委員会／監査委員会）のみを設置することが求められ，指名委員会および報酬委員会を設置することが求められない。

2－2.　個別企業の報告書

(1) 会社法により作成を求められる会計報告書は（① 計算書類／財務諸表）といい，期末時点の企業の状態，すなわち資産・負債・純資産の状態を示す（② 損益計算書／

貸借対照表），企業の成果である収益とそれを得るための努力である費用を計上し，それらの差額から利益を計算する（③ 損益計算書／利益剰余金計算書），純資産の変動を報告する（④ 株主資本等変動計算書／キャッシュ・フロー計算書）および会計学上の判断についての説明を行う（⑤ 個別注記表／附属明細表）から構成される。さらに，株主に対する報告書として（⑥ 事業報告／有価証券報告書）と附属明細書の作成も求められている。

(2) 金融商品取引法により作成を求められる会計報告書は，投資家への情報提供のために作成される有価証券報告書の「経理の状況」の中で報告される（⑦ 計算書類／財務諸表），貸借対照表，損益計算書，株主資本等変動計算書，収支の動きを開示する（⑧ 事業報告／キャッシュ・フロー計算書），および重要な項目の表形式による説明を行う（⑨ 個別注記表／附属明細表）から構成される。

問題3 収支計算書と損益計算書ならびに貸借対照表の関係【参照：41－52頁】

当社は広告代理業を営んでいる。会計期間中（x1年4月1日～x2年3月31日）に次の①から⑦までの取引を行った。これについて，次の問いに答えなさい。なお，金額の単位は「円」である。

① 資本金6,000,000円で会社を設立し，元入金額はすべて当座預金口座に預入れた。

② A不動産より店舗を賃貸することとし，敷金として同店の口座に保証金1,200,000円を当座預金口座から振込んだ。

③ B銀行から1,600,000円を借り入れ，ただちに当座預金口座に預入れた（借入期間：1年）。

④ 広告主から，広告の掲載に係る仲介手数料3,200,000円が当座預金口座に入金された。

⑤ 店舗の賃料650,000円について，代金は小切手を振出し支払った。

⑥ 従業員の給料として1,800,000円を，当座預金口座から従業員の口座へ振込んだ。

⑦ 水道，ガス，電気代などの水道光熱費240,000円が，当座預金口座から引落とされた。

3－1. ①から⑦の取引について仕訳を示しなさい。解答の際は勘定科目群から適切な勘定科目を用いること。

【勘定科目群】

当 座 預 金	差入保証金	短期借入金	資 本 金	手数料収益
支 払 家 賃	給 料	水道光熱費		

	借 方 項 目	金 額	貸 方 項 目	金 額
①				
②				
③				
④				
⑤				
⑥				
⑦				

3-2. 3-1の仕訳に基づき，収支計算書を作成しなさい。

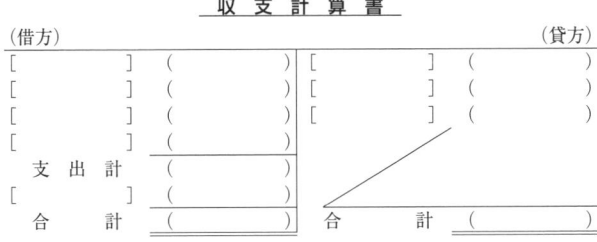

3-3. 3-2の収支計算書から損益計算書を作成しなさい（収益・費用はすべて当期に帰属する）。

3-4. 3-2の収支計算書から貸借対照表を作成しなさい。

問題4　貸借対照表に計上される項目の会計学上の性質【参照：62-79頁】

　当社は広告代理業を営み，顧客から仲介手数料を得ている。当社の試算表と損益計算書は次のようであった。これをもとに次に示す計算表を作成しなさい。計算表の作成にあたり，（　）内には適切な金額を記入し，[　]内には貸借対照表に計上される項目の会計上の性質（解釈）を資本金の例に示したような形で記入し，減価償却費の金額は〈　〉内に記入すること。なお，金額の単位は「千円」であり，計算表中の「△」はマイナスを意味している。

計　算　表

（単位：千円）

項目	試算表 借方	試算表 貸方	損益計算書 費用	損益計算書 収益	整理前貸借対照表 借方	整理前貸借対照表 貸方	整理欄 借方	整理欄 貸方	貸借対照表 資産	貸借対照表 負債・純資産
当座預金	1,500				1,500	［支払手段］			（　）	
貸付金	2,000	650			（　）	［　］			（　）	
建物	2,500				2,500				（　）	［　］
減価償却累計額	△0							（　）	（△　）	
土地	6,000				（　）	［　］			（　）	
給料	900		950		［　］	（　）	（　）			
支払家賃	200		150		（　）	［　］		（　）		
資本金		10,800			［収入・未支出］	10,800		（　）		10,800
手数料収益		1,500		1,800	（　）	（　）		（　）		
受取地代		150		130	［　］	（　）	（　）			
水道光熱費			100		［　］		（　）			
減価償却費			100				〈　〉			
繰越利益剰余金		0	1,300	1,930		（　）			［　］	（　）
当期純利益			630							
	13,100	13,100	1,930	1,930						
売掛金							（　）		（　）	
未払給料								（　）		（　）
前払家賃							（　）		（　）	
前受地代								（　）		（　）
未払光熱費								（　）		（　）
					（　）	（　）	（　）	（　）	（　）	（　）

問題5　株主資本等変動計算書【参照：80‐84頁】

　当社の当期中の企業活動のうち，株主資本等変動計算書に影響を与える要因①と②についての仕訳を示し，株主資本等変動計算書を完成させなさい。なお，会計期間は×1年4月1日から×2年3月31日の1年間であり，金額の単位は「千円」とする。また，表中の「△」はマイナスを意味している。

① 　当社は期中に新株を発行し，12,000千円の払込みを受け，払込金額は当座預金とした。なお，会社法で認められる最低額を資本金に組入れることとした。

② 　×1年6月の株主総会において，当社は繰越利益剰余金を次のように処分することを決議した。
　　（イ）　配当金の支払い：18,000千円
　　（ロ）　利益準備金への積立て：配当額に10分の1をかけた金額
　　（ハ）　別途積立金への積立て：1,000千円

5‐1.　①から②の取引について仕訳を示しなさい。解答の際は勘定科目群から適切な勘定科目を用いること。

【勘定科目群】

当 座 預 金　　資　本　金　　資本準備金　　利益準備金　　繰越利益剰余金
未 払 配 当 金　　別 途 積 立 金

	借　方　項　目	金　　　　　額	貸　方　項　目	金　　　　　額
①				
②				

5－2. 5－1の仕訳に基づき，次の株主資本等変動計算書を作成しなさい。

株主資本等変動計算書

自 ×1年4月1日　至 ×2年3月31日

(単位：千円)

	株主資本								評価・換算差額等		純資産合計
	資本金	資本剰余金			利益剰余金			株主資本合計	その他有価証券評価差額金	評価・換算差額等合計	
		資本準備金	その他資本剰余金	資本剰余金合計	利益準備金	その他利益剰余金	利益剰余金合計				
						別途積立金	繰越利益剰余金					
当期首残高	90,000	10,000	100	10,100	5,000	6,000	25,000	36,000	136,100	16,000	16,000	152,100
当期変動額												
新株の発行												
剰余金の配当						△	△	△				△
当期純利益							30,000	30,000	30,000			30,000
株主資本以外の項目の当期変動額（純額）										△2,600	△2,600	△
当期変動額合計										△	△	
当期末残高												

※「評価・換算差額等」中の「その他有価証券評価差額金」は，対応する本文中で扱っていないため数値を与えている。

問題6　簿記の一巡【参照：85 - 100 頁】

　当社は広告代理業を営んでいる。その期首貸借対照表と期中取引は次の通りであった。これについて，次の問いに答えなさい。なお，当社の会計期間は x1 年 4 月 1 日から x2 年 3 月 31 日の 1 年間であり，金額の単位は「円」とする。仕訳の際は勘定科目群の中から適切な勘定科目を使用すること。

期 首 貸 借 対 照 表
x1 年 4 月 1 日

（単位：円）

当 座 預 金	4,200,000	未 払 給 料	500,000
売 掛 金	2,500,000	長 期 借 入 金	2,500,000
*貯 蔵 品	300,000	資 本 金	8,000,000
備 品	1,500,000	利 益 準 備 金	600,000
減価償却累計額	△ 600,000	繰越利益剰余金	2,300,000
備 品（純 額）	900,000		
差入営業保証金	5,000,000		
長 期 貸 付 金	1,000,000		
合　　　　計	13,900,000	合　　　　計	13,900,000

＊貯蔵品については，前期において購入した収入印紙の未使用分を振替えたものである。

期 中 取 引

5月 1日　営業用の備品 900,000 円（取得原価）で購入し，代金のうち 700,000 円は小切手を振出して支払い，残額は後日支払うこととした。

　　12日　広告主から広告掲載の依頼を受け，当社は広告主と媒体社との仲介を行い，媒体社から仲介手数料の総額 8,000,000 円のうち 10％分の 800,000 円を内金として受取り，ただちに当座預金口座に入金した。

6月26日　株主総会にて繰越利益剰余金から配当金 900,000 円の支払いと利益準備金への積立て 90,000 円を行うことが決議された。

　　29日　上記配当金を全額当座預金口座から支払った。

　　30日　売掛金 800,000 円が当座預金口座に入金された。

7月23日　当期分の給料 3,000,000 円を当座預金口座から従業員の口座に振込んだ。

8月31日　広告主より依頼されていた広告掲載に関する仲介手続が完了した。なお，仲介手数料総額 8,000,000 円のうち 6,000,000 円は先に受取っていた内金 800,000 円を差引いた上で当座預金口座に入金され，残額は 3 ヶ月後に受取ることとした。

10月 1日　A 銀行から 3,000,000 円を借入れ（1 年満期），1 年分の利息 54,000 円が差引かれた金額が当座預金口座に入金された。

　　 5日　当期分の店舗の賃料 3,500,000 円が当座預金口座から引落とされた。

　　20日　収入印紙 100,000 円を買入れ，代金は小切手を振出して支払った。

11月13日　水道光熱費 600,000 円が当座預金口座から引落とされた。

　　　30日　売掛金 2,000,000 円が当座預金口座に入金された。
　2月25日　Y銀行からの長期借入金 1,500,000 円を当座預金口座から返済した。
　3月31日　決算を迎えた。

（決算整理事項）
①　収入印紙の未使用分が 280,000 円あったため貯蔵品勘定に振替える。
②　長期貸付金の当期分の利息 18,000 円を受取っていない。
③　借入金の利息の前払分が 27,000 円あった。
④　通信費 300,000 円が当座預金口座からまだ引落とされていない。
⑤　備品について，当期の減価償却費 465,000 円を計上する。

【勘定科目群】

当 座 預 金	売 掛 金	貯 蔵 品	備 品	差入営業保証金
長 期 貸 付 金	未 収 利 息	前 払 利 息	未 払 給 料	備品減価償却累計額
長 期 借 入 金	未 払 金	前 受 金	短 期 借 入 金	未 払 通 信 費
資 本 金	利 益 準 備 金	繰越利益剰余金	未 払 配 当 金	手 数 料 収 益
受 取 利 息	給 料	支 払 利 息	支 払 家 賃	水 道 光 熱 費
租 税 公 課	通 信 費	減 価 償 却 費	残 高	損 益

6－1. 仕訳帳に開始記入から決算までの記入を行いなさい。なお，小書き及び元丁欄へ
　　　の記入は省略する。また，期首及び期中取引については仕訳帳の1頁目に記載し
　　　ていったん合計を算定するとともに，決算の記入は仕訳帳の2頁目から記載する
　　　こと。

<u>仕　訳　帳</u>

日　付	摘　　要	元丁	借　方	貸　方
	〈以下，各自作成〉	〈省略〉		

294

6−2. (決算整理前) 合計残高試算表を作成しなさい。なお，試算表は元帳から誘導される。

合 計 残 高 試 算 表
自 X1年4月1日 至 X2年3月31日

(単位：円)

勘定科目	合 計		残 高	
	借 方	貸 方	借 方	貸 方
当 座 預 金				
売 掛 金				
貯 蔵 品				
備 品				
備品減価償却累計額				
差 入 営 業 保 証 金				
長 期 貸 付 金				
給 料				
支 払 家 賃				
支 払 利 息				
水 道 光 熱 費				
租 税 公 課				
手 数 料 収 益				
前 受 金				
未 払 金				
短 期 借 入 金				
未 払 配 当 金				
未 払 給 料				
長 期 借 入 金				
資 本 金				
利 益 準 備 金				
繰 越 利 益 剰 余 金				

6-3. 精算表を作成しなさい。

精　算　表

x2 年 3 月 31 日現在

（単位：円）

計算書 項目	残高試算表		決算整理		損益勘定		残高勘定	
	借　方	貸　方	借　方	貸　方	借　方	貸　方	借　方	貸　方
当 座 預 金								
売 掛 金								
貯 蔵 品								
備 品								
備品減価償却累計額								
差入営業保証金								
長 期 貸 付 金								
給 料								
支 払 家 賃								
水 道 光 熱 費								
手 数 料 収 益								
前 受 金								
未 払 金								
短 期 借 入 金								
未 払 配 当 金								
未 払 給 料								
長 期 借 入 金								
資 本 金								
利 益 準 備 金								
未 収 利 息								
受 取 利 息								
支 払 利 息								
前 払 利 息								
租 税 公 課								
通 信 費								
未 払 通 信 費								
減 価 償 却 費								
繰越利益剰余金								
当 期 純 利 益								

問題7 棚卸表と計算表【参照：85-100頁】

　株式会社Mサービスの第29期（x1年4月1日～x2年3月31日）の計算表は以下のとおりである。次の棚卸表に基づいて，計算表を作成しなさい。なお，計算表中，売掛金の行の（　）については各自推定することとし，[　]内には適切な項目名を記入すること。また，棚卸表の金額の単位は「円」であるが，計算表の金額の単位は「千円」であるため，注意すること。

棚　卸　表

X2年3月31日現在
(単位：円)

整理科目	摘　要	金　額
事 務 用 消 耗 品	紙在高　2,000枚　@¥10	20,000
減 価 償 却 費	備品　定額法　耐用年数10年　残存価額0円	80,000
前 払 家 賃	事務所家賃　1ヶ月分	50,000
未 払 通 信 費	電話代	30,000
		180,000

計　算　表

X2年3月31日現在
(単位：千円)

計算書／項目	残高試算表 借方	残高試算表 貸方	損益計算書 費用	損益計算書 収益	整理前貸借対照表 借方	整理前貸借対照表 貸方	整理欄 借方	整理欄 貸方	貸借対照表 資産	貸借対照表 負債・純資産
当 座 預 金	450				450					
売 掛 金	(　　)				(　　)					
事務用消耗品	60									
備 品	400				400					
減価償却累計額		100				100				
差入営業保証金	1,450				1,450					
長 期 借 入 金		610				610				
資 本 金		1,300				1,300				
手 数 料 収 益		900		900						
給 料	150		150							
支 払 家 賃	230									
水 道 光 熱 費	90									
通 信 費	60									
事務用消耗品費										
減 価 償 却 費										
繰越利益剰余金		90		900						
当 期 純 利 益										
	3,000	3,000		900						
[　　　　]										
[　　　　]										

問題8　商品有高帳【参照：114–120頁】

8−1. 次の商品有高帳を，①先入先出法，②移動平均法，③総平均法に基づいて作成し
なさい。なお，金額の単位は「千円」とし，端数が生じる場合は千円未満を四捨
五入すること。

商品有高帳

①先入先出法

日付		摘　要	受　入			払　出			残　高		
			数量	単価	金額	数量	単価	金額	数量	単価	金額
4	1	期首有高	200	100	20,000						
5	20	仕　　入	300	110	33,000						
7	23	払　　出				300{					
10	11	仕　　入	400	115	46,000						
2	19	払　　出				360{					
3	31	払出原価合計									
	〃	期末有高									
			900		99,000						
4	1	期首有高									

〈数量単位：個，単価単位：千円，金額単位：千円〉

商品有高帳

②移動平均法

日付		摘　要	受　入			払　出			残　高		
			数量	単価	金額	数量	単価	金額	数量	単価	金額
4	1	期首有高	200	100	20,000						
5	20	仕　　入	300	110	33,000						
7	23	払　　出				300					
10	11	仕　　入	400	115	46,000						
2	19	払　　出				360					
3	31	払出原価合計									
	〃	期末有高									
			900		99,000						
4	1	期首有高									

〈数量単位：個，単価単位：千円，金額単位：千円〉

商品有高帳

③総平均法

日付		摘　要	受　入			払　出			残　高		
			数量	単価	金額	数量	単価	金額	数量	単価	金額
4	1	期首有高	200	100	20,000						
5	20	仕　　入	300	110	33,000						
7	23	払　　出				300					
10	11	仕　　入	400	115	46,000						
2	19	払　　出				360					
3	31	払出原価合計									
	〃	期末有高									
			900	( )	99,000						
4	1	期首有高									

〈数量単位：個，単価単位：千円，金額単位：千円〉

8-2. 当期の売上高は 92,400 千円（売価@ 140 千円× 660 個）である。①から③によって払出単価を計算した場合の売上原価と売上総利益を求めなさい。

	① 先入先出法	② 移動平均法	③ 総平均法
売上原価	千円	千円	千円
売上総利益	千円	千円	千円

問題9 商品売買の仕訳と総勘定元帳への転記，損益計算書の作成

【参照：104－154 頁】

9-1. 次の取引の仕訳を示しなさい。商品売買の記帳方法は三分法によること。ただし，会計期間は×1年4月1日から×2年3月31日の1年間であり，金額の単位は「円」である。解答の際は勘定科目群から適切な勘定科目を用いること。

【勘定科目群】

現　金	売 掛 金	売　　上	仕　　入	繰 越 商 品

① 4月11日 商品を209,000円で仕入れ，代金を現金で支払った。
② 6月5日 商品を180,000円で販売し，代金を現金で受取った。
③ 7月26日 商品を99,000円で仕入れ，代金は引取運賃1,000円とともに現金で支払った。
④ 12月21日 商品を306,000円で販売し，代金を掛けとした。
⑤ 3月31日 決算を迎えた。売上原価の計算は仕入勘定の中で行う。なお，期末商品棚卸高は 73,000 円である。

	借　方　項　目	金　　　額	貸　方　項　目	金　　　額
①				
②				
③				
④				
⑤				

9-2. ①から⑤までの取引記録により，次の勘定の（　）の中に適切な数値を転記するとともに，損益勘定への振替も行いなさい。

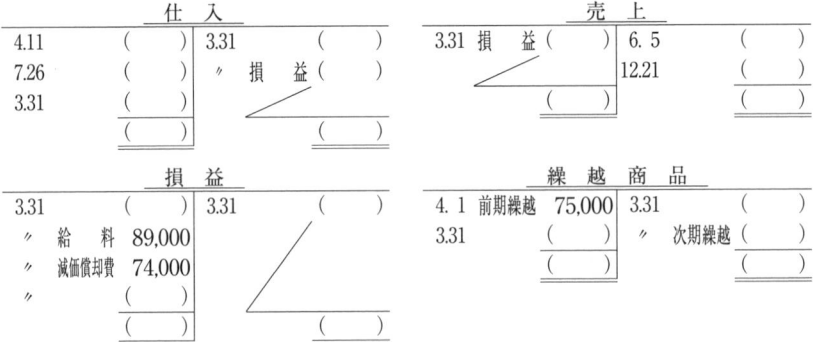

９－３. ①から⑤の取引記録および総勘定元帳より，次に示す損益計算書（営業利益ま
で）を完成させなさい。

損　益　計　算　書

自 X1 年 4 月 1 日　至 X2 年 3 月 31 日

(単位：円)

売上高	(	)
売上原価		
商品期首たな卸高	75,000	
当期商品仕入高	(	)
合計	(	)
商品期末たな卸高	(	)
商品売上原価	(	)
売上総利益	(	)
販売費及び一般管理費		
給料	89,000	
減価償却費	74,000	
販売費及び一般管理費合計	(	)
営業利益	(	)

問題 10　固定資産の会計【参照：124-138 頁】

　固定資産について次の問いに答えなさい。なお，会計期間はX1 年 4 月 1 日からX2 年 3
月 31 日の 1 年間であり金額の単位は「円」である。仕訳の際は勘定科目群から適切な勘
定科目を用いること。

【勘定科目群】

現　　　　金　　当 座 預 金　　備　　　　品　　備品減価償却累計額　　減 価 償 却 費
固定資産売却益

10－1. S 社は，第 1 期首に営業用の備品 535,000 円を購入し，当該備品の取得に係る代
金は引取運賃 15,000 円とともに小切手を振出して支払った。この取引の仕訳を
示しなさい。

借　方　項　目	金　　　　額	貸　方　項　目	金　　　　額

10－2. 10 － 1 で取得した備品（耐用年数：10 年，残存価額：0 円）について，第 1 期
末における減価償却費を①定額法と②200％定率法によった場合のそれぞれにつ
いて計算しなさい。なお，200％定率法の通常償却率は 0.200，償却保証率は
0.06552，改定償却率は 0.250 である。

①	円	②	円

10－3. 10 － 2 の①で示した定額法による減価償却費について，その決算整理仕訳を，
(A) 直接表示法と (B) 間接表示法によった場合についてそれぞれ示し，貸借対
照表への記載を行いなさい。なお，資産のマイナス項目には，金額の前に「△」
を付すこと。

	借 方 項 目	金　　　額	貸 方 項 目	金　　　額
(A)				
(B)				

（A）直接表示法によった場合
　　　固定資産
　　　　　有形固定資産
　　　　　　　　[　　　　　　　]　（　　　　　　　　　）
（B）間接表示法によった場合
　　　固定資産
　　　　　有形固定資産
　　　　　　　　[　　　　　　　]　（　　　　　　　　　）
　　　　　　　　[　　　　　　　]（＿＿＿＿＿＿）
　　　　　　　　[　　　　　　　]（＿＿＿＿＿＿）

10 − 4. 10 − 1 で示した備品について，定額法，間接表示法を前提に記帳を行っている
とする。第 10 期中の 9 月末日にこの備品を 30,000 円で売却し，代金を現金で受
取った場合の仕訳を示しなさい。なお，第 10 期中の減価償却費については月割
計算で行うこと。

借 方 項 目	金　　　額	貸 方 項 目	金　　　額

問題 11　営業債権の貸倒れに関する会計処理【参照：142 − 146 頁】
　　貸倒処理について，次の問いに答えなさい。なお，金額の単位は「円」である。仕訳の
際は勘定科目群から適切な勘定科目を用いること。
【勘定科目群】

売 掛 金	売掛金貸倒引当金	貸倒引当金繰入	貸 倒 損 失

11 − 1. 当期から営業を開始した T 社は，毎期末の売掛金残高に対して 3% の貸倒引当
金を設定する。第 1 期末における売掛金の期末残高は，15,000,000 円であった。
これに関する決算整理仕訳を示し，貸借対照表への記載を行いなさい。なお，貸
借対照表中のマイナス項目には，金額の前に「△」を付すこと。

借 方 項 目	金　　　額	貸 方 項 目	金　　　額

　　　流動資産
　　　　　売掛金　　　　　　　　　　15,000,000
　　　　　　　　[　　　　　　　]（＿＿＿＿＿＿）
　　　　　　　　[　　　　　　　]（＿＿＿＿＿＿）

11－2．第2期中に，以下の取引が生じた。それぞれについて仕訳を示しなさい。
① 第1期に発生した売掛金 150,000 円が貸倒れた。
② 当期に発生した売掛金 102,000 円が貸倒れた。
③ 第2期末において，売掛金の期末残高は 12,500,000 円である。差額補充法により，3％の貸倒引当金を設定した場合の決算整理仕訳を示しなさい。なお，第2期中において生じた貸倒れは上記①，②のみであり，貸倒れに係る売掛金の減少額はすでに反映済みである。

	借　方　項　目	金　　　　額	貸　方　項　目	金　　　　額
①				
②				
③				

問題12　製造原価報告書の作成【参照：154－161 頁】

次の【資料】と棚卸表に基づいて，製造原価報告書を作成しなさい。なお，会計期間は×1年4月1日から×2年3月31日の1年間であり，金額の単位は「円」とする。

【資料】

期 首 材 料 棚 卸 高	3,900,000	当 期 材 料 仕 入 高	45,200,000	期 首 仕 掛 品	8,000,000
(工具の)基本給支払額	19,200,000	電 力 費	1,120,000	ガ ス 水 道 費	880,000
(工場の)減価償却費	75,200,000	(機械の)修繕費	600,000	通 信 費	680,000
諸 手 当・福 利 費	2,400,000	雑 費	430,000		

棚　卸　表

整 理 科 目	摘　　要	金　　額
期 末 材 料 棚 卸 高	20,000 個	4,800,000
期 末 仕 掛 品	台数： 3,000 台（進捗度は 50%）	(各自算定)
当 期 完 成 品	台数：18,500 台	(〃)
工具の基本給の未払額	前期分	410,000
	当期分	460,000

※材料は工程を通じて平均的に投入され，加工費は製造が進むにつれて発生する。また，期末仕掛品の評価方法は総平均法を用いること。

製 造 原 価 報 告 書

自 ×1 年 4 月 1 日　至 ×2 年 3 月 31 日

（単位：円）

Ⅰ　材　料　費		（　　　　　）	
Ⅱ　労　務　費			
1　基　　本　　給	（　　　　　）		
2　諸手当・福利費	（　　　　　）	（　　　　　）	
Ⅲ　経　　　　費			
1　電　　力　　費	（　　　　　）		
2　ガ ス 水 道 費	（　　　　　）		
3　減 価 償 却 費	（　　　　　）		
4　修　　繕　　費	（　　　　　）		
5　通　　信　　費	（　　　　　）		
6　雑　　　　　費	（　　　　　）	（　　　　　）	
当 期 総 製 造 費 用		（　　　　　）	
期 首 仕 掛 品 棚 卸 高		（　　　　　）	
合　　　計		（　　　　　）	
期 末 仕 掛 品 棚 卸 高		（　　　　　）	
当 期 製 品 製 造 原 価		（　　　　　）	

問題 13　売買目的有価証券の処理【参照：163 - 167 頁】

　売買目的有価証券について次の問いに答えなさい。なお，会計期間は ×1 年 4 月 1 日から ×2 年 3 月 31 日の 1 年間であり，金額の単位は「円」である。仕訳の際は勘定科目群から適切な勘定科目を用いること。

【勘定科目群】

当　座　預　金	売買目的有価証券	未　収　入　金	未 収 配 当 金
未　　払　　金	有価証券評価益	有価証券売却益	受 取 配 当 金

13−1. 以下の①から⑦の取引について仕訳を示しなさい。当社は，期首時点においてA社株式 1,000 株（前期末時価：@ 710 円）を売買目的で保有している。なお，単価の計算は移動平均法を用いることとし，期末時点における売買目的有価証券の時価評価後の会計処理方法について切放法を採用している。

① ×1年 5 月 20 日　　投機のため，証券会社へA社株式の買注文を 1,000 株，@690 円で出し，手数料 10,000 円と共に代金は 3 営業日後に支払うこととした。

②　　　　 23 日　　上記の有価証券の購入代金を当座預金口座から振込んだ。

③　　 6 月 20 日　　A社が 1 株当たり 10 円の配当を行うことを宣言した。

④　　　　 27 日　　上記の配当宣言に基づき，当社はA社から配当金領収書を受取り，ただちに当座預金口座へと預入れた。

⑤　　 9 月 20 日　　保有するA社株式の市場価格が @711 円に値上がりしたため，500 株について証券会社に売注文を出した。

⑥　　　　 23 日　　A社株式 500 株の売却代金が証券会社から当座預金口座に振込まれた。

⑦ ×2 年 3 月 31 日　　決算日時点のA社株式の市場価格は @712 円であった。

	借　方　項　目	金　　額	貸　方　項　目	金　　額
①				
②				
③				
④				
⑤				
⑥				
⑦				

13−2. 13−1の売買目的有価証券に係る取引から生じた損益について「有価証券運用損益」勘定を用いて会計処理を行っていた場合，期末の有価証券運用損益勘定の残高は貸方か借方か，そしてその金額について答えよ。

有価証券運用損益勘定	（ 貸方残高・借方残高 ）	円

問題14　精算表の作成【参照：180−195頁】

　次の決算整理事項に基づいて精算表を作成しなさい。なお，会計期間は×1年4月1日から×2年3月31日の1年間であり，金額の単位は「千円」とする。

【決算整理事項】
① 受取手形および売掛金の期末残高に対し，貸倒実績率法により3％の貸倒れを見積もる。貸倒引当金の設定は差額計上法による。
② 期末商品棚卸高は14,600千円である。なお，売上原価は「仕入」の行で計算する。
③ 備品および建物について減価償却を次の通りに行う。なお，200％定率法の通常償却率は0.400，償却保証率は0.10800，改定償却率は0.500である。
　　　　備品　　　200％定率法　　　耐用年数5年　　　残存価額0円
　　　　建物　　　定額法　　　　　　耐用年数30年　　　残存価額0円
④ 売買目的有価証券の期末時価は6,200千円であったため，評価替えを行う。
⑤ 収入印紙の未使用分が50千円あるため，貯蔵品勘定への振替えを行う。
⑥ 受取地代は1年分を期中に受取ったものであり，前受分が3ヶ月分存在する。
⑦ 短期貸付金に係る利息2,000千円が未収である。
⑧ 長期借入金に係る利息540千円が未払いである。

精　算　表

×2年3月31日現在
（単位：千円）

計算書 項目	残高試算表 借方	残高試算表 貸方	決算整理記入 借方	決算整理記入 貸方	損益計算書 費用	損益計算書 収益	貸借対照表 資産	貸借対照表 負債・純資産
現　　　　金	28,400							
当 座 預 金	56,400							
受 取 手 形	36,000							
売 　掛　 金	54,000							
貸 倒 引 当 金		1,800						
売買目的有価証券	6,000							
繰 越 商 品	14,400							
短 期 貸 付 金	240,000							
備　　　　品	360,000							
減価償却累計額		144,000						
建　　　　物	1,800,000							
減価償却累計額		900,000						
土　　　　地	6,000,000							
支 払 手 形		26,400						
買 　掛　 金		24,000						
長 期 借 入 金		72,000						
資 　本　 金		6,000,000						
資 本 準 備 金		260,000						
利 益 準 備 金		240,000						
売　　　　上		700,000						
受 取 地 代		120,000						
受 取 利 息		5,400						
仕　　　　入	540,000							
給　　　　料	95,000							
消 耗 品 費	1,080							
租 税 公 課	1,000							
支 払 利 息	1,320							
[　　　　]								
[　　　　]								
[　　　　]								
[　　　　]								
[　　　　]								
[　　　　]								
[　　　　]								
繰越利益剰余金		740,000						
当 期 純 [　]								
	9,233,600	9,233,600						

問題15　損益計算書・貸借対照表の作成【参照：180-195頁】

　次の【資料1】により損益計算書を作成し，【資料2】により貸借対照表を作成しなさい。金額の単位は「千円」であり，法人税については考慮しないこととする。なお，資産のマイナス項目には金額の前に「△」を付すこと。

【資料1】

売　上　高	18,300	商品期首たな卸高	2,400	当期商品仕入高	15,320
商品期末たな卸高	2,200	給　料	560	売掛金貸倒引当金繰入額	48
広　告　宣　伝　費	280	支　払　家　賃	1,120	減　価　償　却　費	420
受　取　利　息	60	有価証券運用益	20	固　定　資　産　除　却　損	97
短期貸付金貸倒引当金繰入額	28	投資有価証券売却益	120	固　定　資　産　除　却　損	45

【資料2】

現　金　及　び　預　金	4,530	売　　掛　　金	2,100	売掛金貸倒引当金	64
売買目的有価証券	1,520	商　　　品	2,200	短　期　貸　付　金	1,500
短期貸付金貸倒引当金	45	前　払　家　賃	140	未　収　入　金	560
備　　　　品	6,300	備品減価償却累計額	1,680	投　資　有　価　証　券	2,520
買　　掛　　金	4,791	未　払　金	700	未　払　給　料	280
前　受　利　息	10	長　期　借　入　金	1,940	資　本　金	4,000
資　本　準　備　金	4,000	その他資本剰余金	840	利　益　準　備　金	400
繰　越　利　益　剰　余　金	2,200	その他有価証券評価差額金	420		

損　益　計　算　書

自 ×1年4月1日　至 ×2年3月31日

(単位：千円)

売上高　(　　　)
売上原価
　商品期首たな卸高　(　　　)
　当期商品仕入高　(　　　)
　合計　(　　　)
　商品期末たな卸高　(　　　)
　商品売上原価　(　　　)
売上総利益　(　　　)
販売費及び一般管理費
　給料　(　　　)
　貸倒引当金繰入額　(　　　)
　広告宣伝費　(　　　)
　支払家賃　(　　　)
　減価償却費　(　　　)
　販売費及び一般管理費合計　(　　　)
営業利益　(　　　)
営業外収益
　受取利息　(　　　)
　有価証券運用益　(　　　)
　営業外収益合計　(　　　)
営業外費用
　支払利息　(　　　)
　貸倒引当金繰入額　(　　　)
　営業外費用合計　(　　　)
経常利益　(　　　)
特別利益
　投資有価証券売却益　(　　　)
　特別利益合計　(　　　)
特別損失
　固定資産除却損　(　　　)
　特別損失合計　(　　　)
当期純利益　(　　　)

貸　借　対　照　表

×2年3月31日 現在

(単位：千円)

資産の部
　流動資産
　　現金及び預金　(　　　)
　　売掛金　(　　　)
　　貸倒引当金　(　　　)
　　売掛金（純額）　(　　　)
　　売買目的有価証券　(　　　)
　　商品　(　　　)
　　短期貸付金　(　　　)
　　貸倒引当金　(　　　)
　　短期貸付金（純額）　(　　　)
　　前払家賃　(　　　)
　　未収入金　(　　　)
　　流動資産合計　(　　　)
　固定資産
　　有形固定資産
　　　備品　(　　　)
　　　減価償却累計額　(　　　)
　　　備品（純額）　(　　　)
　　　有形固定資産合計　(　　　)
　　投資その他の資産
　　　投資有価証券　(　　　)
　　　投資その他の資産合計　(　　　)
　　固定資産合計　(　　　)
　資産合計　(　　　)
負債の部
　流動負債
　　買掛金　(　　　)
　　未払金　(　　　)
　　未払給料　(　　　)
　　前受利息　(　　　)
　　流動負債合計　(　　　)
　固定負債
　　長期借入金　(　　　)
　　固定負債合計　(　　　)
　負債合計　(　　　)
純資産の部
　株主資本
　　資本金　(　　　)
　　資本剰余金
　　　資本準備金　(　　　)
　　　その他資本剰余金　(　　　)
　　　資本剰余金合計　(　　　)
　　利益剰余金
　　　利益準備金　(　　　)
　　　その他利益剰余金
　　　　繰越利益剰余金　(　　　)
　　　利益剰余金合計　(　　　)
　　株主資本合計　(　　　)
　評価・換算差額等
　　その他有価証券評価差額金　(　　　)
　　評価・換算差額等合計　(　　　)
　純資産合計　(　　　)
　負債純資産合計　(　　　)

問題16 本支店会計【参照：197-204頁】

　次の資料により，未達取引の整理に関する仕訳を示すとともに，本支店合併精算表を作成しなさい。金額の単位は「千円」とする。なお，本店が支店に販売した商品にはすべて原価に対して10%の利益が付加されており，当社は支店独立会計制度を採用している。なお，未達取引に関する仕訳の際は勘定科目群から適切な勘定科目を用いること。

【勘定科目群】

本　店	支　店	本店仕入	買　掛　金

【未達取引】

① 本店から支店に商品440千円を発送しているが，支店に未達である。

② 支店が本店の買掛金290千円を立替払いしているが，その通知が本店に未達である。

【その他の事項】

③ 支店の商品期首たな卸高のうち，660千円は本店から仕入れたものである（内部利益は60千円）。

④ 支店の未達商品調整後の商品期末たな卸高のうち，880千円は本店から仕入れたものである（内部利益は80千円）。

	借　方　項　目	金　　　額	貸　方　項　目	金　　　額
①				
②				

本 支 店 合 併 精 算 表

（単位：千円）

財務諸表	項　目	本店 資産	本店 負債・純資産	支店 資産	支店 負債・純資産	本支店合計 資産	本支店合計 負債・純資産	内部取引の修正・消去 借方	内部取引の修正・消去 貸方	全社財務諸表 資産	全社財務諸表 負債・純資産
貸借対照表	諸　資　産	19,500		3,390		22,890		( )		( )	
	商　　品	2,700		1,190		3,890		( )	( )	( )	
	繰延内部利益		60				60	( )	( )		( )
	支　　店	4,500				4,500			( )		
	諸　負　債		6,540		810		7,350	( )	( )		( )
	本　　店				3,770		3,770	( )	( )		( )
	資　本　金		16,200				16,200				( )
	繰越利益剰余金		3,900				3,900	( )			( )
	合　　計	26,700	26,700	4,580	4,580	31,280	31,280	( )	( )	( )	( )

財務諸表	項　目	本店 費用	本店 収益	支店 費用	支店 収益	本支店合計 費用	本支店合計 収益	内部取引の修正・消去 借方	内部取引の修正・消去 貸方	全社財務諸表 費用	全社財務諸表 収益
損益計算書	売　上　高		13,500		7,560		21,060				( )
	支店売上高		4,760				4,760	( )			( )
	期首商品たな卸高	3,240		1,370		4,610				( )	
	繰延内部利益戻入								( )		( )
	仕　入　高	15,000		1,890		16,890				( )	
	本店仕入高			4,320		4,320			( )	( )	
	期末商品たな卸高		2,700		1,190		3,890	( )			( )
	繰延内部利益控除							( )		( )	
	諸　費　用	1,760		900		2,660				( )	
	当期純利益	960		270		1,230		( )	( )	( )	
	合　　計	20,960	20,960	8,750	8,750	29,710	29,710	( )	( )	( )	( )

問題 17　資金調達の会計【参照：211－214 頁】

　A社が発行する次の普通社債に関する取引について，仕訳を示しなさい。なお，金額の単位は「円」であり，A社の会計期間は毎年4月1日を期首として3月31日を期末（決算日）とする一年間である。解答の際は勘定科目群から適切な勘定科目を用いること。

【勘定科目群】

現　　　　　金	当 座 預 金	社 債 発 行 費	社　　　　　債
社 債 利 息	社債発行費償却		

①　A社は，×1年4月1日に普通社債を，額面100円につき96円で発行した。発行した社債の内容は，額面総額：1,500,000円，償還期限：5年，利率：額面の1%（利払日：3月31日の年1回）であり，払込金額はすべて当座預金とする。社債発行時の仕訳を示しなさい。
②　上記①について，社債発行のための諸費用として別途300,000円を現金で支払っている場合の仕訳（社債発行費のみに関する仕訳のみでよい）を示しなさい。なお，A社は社債発行のための費用を繰延資産として計上している。
③　A社は償却原価法（定額法）を採用している。①で示した普通社債の利息は当座預金口座から支払うものとし，②で示した社債発行費の償却も併せて，×2年3月31日の決算時における仕訳を示しなさい。
④　普通社債の発行から5年の経過した×6年3月31日に，発行した普通社債は満期を迎えたため，A社は当座預金から償還を行った。②で示した社債発行費の償却も併せて×6年3月31日の仕訳を示しなさい。

	借　方　項　目	金　　　額	貸　方　項　目	金　　　額
①				
②				
③				
④				

問題 18　キャッシュ・フロー計算書の作成【参照：215－226 頁】

　3月31日を決算日とする当社の次の資料に基づいて，×1年3月31日における（ⅰ）直接法によるキャッシュ・フロー計算書および（ⅱ）間接法によるキャッシュ・フロー計算書（小計まで）を作成しなさい。また，解答の際，キャッシュ・フロー計算書において減算すべき項目の場合，および計上すべき金額がマイナスとなる場合には，金額の前に「△」をつけなさい。なお，金額の単位は「千円」であり，支払利息および受取利息は営業活動によるキャッシュ・フローの区分に記載することとする。

比 較 貸 借 対 照 表

(単位：千円)

項　目	X1年	X2年	差額	項　目	X1年	X2年	差額
現 金 及 び 預 金	6,230	2,750	△ 3,480	買 　 掛 　 金	5,600	4,260	△ 1,340
売 　 掛 　 金	6,000	8,400	2,400	未 　 払 　 利 　 息	140	230	90
貸 倒 引 当 金	△ 80	△ 140	△ 60	長 期 借 入 金	7,600	11,400	3,800
有 価 証 券	8,800	8,000	△ 800	資 　 本 　 金	20,000	20,000	0
商 　 　 品	3,000	3,040	40	利 益 準 備 金	560	580	20
前 払 広 告 宣 伝 費	180	200	20	繰 越 利 益 剰 余 金	4,000	4,870	870
未 収 利 息	70	90	20				
備 品 (旧)	10,000	－	△ 10,000				
減価償却累計額	△ 6,300	－	6,300				
備 品 (新)	－	12,000	12,000				
減価償却累計額	－	△ 3,000	△ 3,000				
土 　 　 地	10,000	10,000	0				
	37,900	41,340	3,440		37,900	41,340	3,440

損 益 計 算 書

自 X1年4月1日 至 X2年3月31日

(単位：千円)

売上高	21,600
売上原価	12,000
売上総利益	9,600
販売費及び一般管理費	
広告宣伝費	1,200
給料	4,090
貸倒引当金繰入額	60
減価償却費	3,000
販売費及び一般管理費合計	8,350
営業利益	1,250
営業外収益	
受取利息	100
有価証券売却益	40
営業外収益合計	140
営業外費用	
支払利息	200
営業外費用合計	200
経常利益	1,190
特別損失	
固定資産売却損	100
特別損失合計	100
当期純利益	1,090

株 主 資 本 等 変 動 計 算 書

自 X1年4月1日 至 X2年3月31日

(単位：千円)

	株主資本					純資産合計
	資本金	利益剰余金			株主資本合計	
		利益準備金	その他利益剰余金 繰越利益剰余金	利益剰余金合計		
当期首残高	20,000	560	4,000	4,560	24,560	24,560
当期変動額						
剰余金の配当		20	△ 220	△ 200	△ 200	△ 200
当期純利益			1,090	1,090	1,090	1,090
当期変動額合計		10	870	890	890	890
当期末残高	20,000	570	4,870	5,450	25,450	25,450

※損益計算書における減価償却費は，全額期首に新たに取得した備品に係るものである。また，固定資産売却損は，当期中に耐用年数の到来した旧備品に係るものである。

ⅰ）　直接法

キャッシュ・フロー計算書

自×1年4月1日　至×2年3月31日

（単位：千円）

営業活動によるキャッシュ・フロー
　営業収入 　　　　　　　　　（　　　　　　　）
　商品の仕入による支出 　　　（　　　　　　　）
　人件費の支出 　　　　　　　（　　　　　　　）
　その他の営業支出（広告宣伝による支出）（　　　　　）
　小計 　　　　　　　　　　　（　　　　　　　）
　利息の受取額 　　　　　　　（　　　　　　　）
　利息の支払額 　　　　　　　（　　　　　　　）
　営業活動によるキャッシュ・フロー（　　　　　）
投資活動によるキャッシュ・フロー
　有価証券の売却による収入 　（　　　　　　　）
　有形固定資産の取得による支出（　　　　　　）
　有形固定資産の売却による収入（　　　　　　）
　投資活動によるキャッシュ・フロー（　　　　　）
財務活動によるキャッシュ・フロー
　長期の借入れによる収入 　　（　　　　　　　）
　配当金の支払額 　　　　　　（　　　　　　　）
　財務活動によるキャッシュ・フロー（　　　　　）
現金及び現金同等物の増減額 　（　　　　　　　）
現金及び現金同等物の期首残高 （　　　　　　　）
現金及び現金同等物の期末残高 （　　　　　　　）

ⅱ）　間接法

キャッシュ・フロー計算書（小計まで）

自×1年4月1日　至×2年3月31日

（単位：千円）

営業活動によるキャッシュ・フロー
　当期純利益 　　　　　　　　（　　　　　　　）
　減価償却費 　　　　　　　　（　　　　　　　）
　貸倒引当金の増減額 　　　　（　　　　　　　）
　支払利息 　　　　　　　　　（　　　　　　　）
　受取利息 　　　　　　　　　（　　　　　　　）
　有価証券売却益 　　　　　　（　　　　　　　）
　固定資産売却損 　　　　　　（　　　　　　　）
　売上債権の増減額 　　　　　（　　　　　　　）
　たな卸資産の増減額 　　　　（　　　　　　　）
　仕入債務の増減額 　　　　　（　　　　　　　）
　前払費用の増減額 　　　　　（　　　　　　　）
　小計 　　　　　　　　　　　（　　　　　　　）

　…以下，直接法と同じ

※テキスト本文では，税引前当期純利益から始めて
　いるが，本問では税金を扱っていないため，当期
　純利益から始まっている。

問題 19　財務諸表分析【参照：233 - 246 頁】

　次の資料に基づいて，①株主資本当期純利益率，②総資産経常利益率，③当事業年度末
の流動比率，④当事業年度末の総資産負債比率，⑤当事業年度末の固定長期適合率を計算
しなさい。なお，金額の単位は「百万円」であり，割り切れない場合は，小数点以下第3
位を四捨五入すること。

①	%	②	%	③	%
④	%	⑤	%		

貸 借 対 照 表

（単位：百万円）

科　目	前事業年度 (2018/3/31) 金　額	当事業年度 (2019/3/31)	科　目	前事業年度 (2018/3/31) 金　額	当事業年度 (2019/3/31)
資　産　の　部			**負　債　の　部**		
流動資産			流動負債		
現金及び預金	2,330	8,228	買掛金	79,006	78,224
受取手形	3,153	2,852	短期借入金	6,398	1,221
売掛金	86,013	78,723	1年以内償還予定の社債	－	5,000
商品	4,353	8,826	リース債務	524	582
前渡金	1,613	38	未払金	5,180	4,786
短期貸付金	10,383	16,651	未払費用	105	110
未収入金	5,347	5,706	未払法人税等	563	268
未収還付法人税等	－	2,450	前受金	4,773	4,561
預け金	20,391	20,411	預り金	5,342	21,889
デリバティブ債権	1,491	29	賞与引当金	1,273	1,474
その他	1,099	973	役員賞与引当金	196	91
貸倒引当金	△ 289	△ 229	デリバティブ債務	1,243	226
流動資産合計	135,884	144,658	その他	1,288	183
固定資産			流動負債合計	105,891	118,615
有形固定資産			固定負債		
建物	5,672	5,535	社債	15,000	10,000
構築物	4,088	4,187	長期借入金	1,000	1,000
機械及び装置	1,796	1,573	リース債務	1,932	1,905
船舶	1,157	1,007	再評価に係る繰延税金負債	1,316	1,309
工具，器具及び備品	586	741	退職給付引当金	3,964	4,039
土地	17,247	16,616	受入保証金	11,235	11,074
リース資産	1,538	1,305	資産除去債務	1,785	1,962
建設仮勘定	45	77	その他	23	100
有形固定資産合計	32,129	31,041	固定負債合計	36,255	31,389
無形固定資産			負債合計	142,146	150,004
のれん	18	9	**純資産の部**		
借地権	616	594	株主資本		
ソフトウェア	1,639	1,590	資本金	19,878	19,878
その他	116	178	資本剰余金		
無形固定資産合計	2,389	2,371	資本準備金	5,000	5,000
投資その他の資産			その他資本剰余金	13,721	13,721
投資有価証券	2,724	2,725	資本剰余金合計	18,721	18,721
関係会社株式	38,988	38,317	利益剰余金		
その他の関係会社有価証券	5,856	7,323	その他利益剰余金		
長期貸付金	6,301	6,611	固定資産圧縮積立金	1,090	969
長期前払費用	309	256	別途積立金	48,360	48,360
繰延税金資産	1,950	2,132	繰越利益剰余金	6,188	9,048
差入保証金	3,563	4,024	利益剰余金合計	55,638	58,377
その他	1,158	1,434	自己株式	△ 1,873	△ 1,873
貸倒引当金	△ 860	△ 305	株主資本合計	92,364	95,103
投資その他の資産合計	59,989	62,517	評価・換算差額等		
固定資産合計	94,507	95,929	その他有価証券評価差額金	863	735
			繰延ヘッジ損益	－	△ 481
			土地再評価差額金	△ 4,982	△ 4,774
			評価・換算差額等合計	△ 4,119	△ 4,520
			純資産合計	88,245	90,583
資産合計	230,391	240,587	負債・純資産合計	230,391	240,587

損　益　計　算　書

（単位：百万円）

科　目	前事業年度 （自 2017 年 4 月 1 日 至 2018 年 3 月 31 日） 金　額	前事業年度 （自 2018 年 4 月 1 日 至 2019 年 3 月 31 日） 金　額
売上高	861,760	941,404
売上原価	842,888	925,571
売上総利益	18,872	15,833
販売費及び一般管理費	13,776	13,501
営業利益	5,096	2,332
営業外収益		
受取利息及び受取配当金	3,057	6,745
仕入割引	189	183
為替差益	−	140
その他	202	139
営業外収益合計	3,448	7,207
営業外費用		
支払利息	246	252
社債利息	157	161
売上割引	126	137
匿名組合投資損失	123	15
為替差損	3	−
その他	84	105
営業外費用合計	739	670
経常利益	7,805	8,869
特別利益		
固定資産売却益	399	283
投資有価証券売却益	3	27
収用補償金	366	−
受取保険金	−	843
受取補償金	−	195
特別利益合計	768	1,348
特別損失		
固定資産除売却損	785	339
投資有価証券売却損	163	−
関係会社株式評価損	477	736
減損損失	1,104	307
災害による損失	−	227
賃貸借契約解約損	398	−
会員権売却損	3	−
会員権評価損	11	−
特別損失合計	2,941	1,609
税引前当期純利益	5,632	8,608
法人税，住民税及び事業税	923	636
法人税等調整額	△ 85	54
法人税等合計	838	690
当期純利益	4,794	7,918

※伊藤忠エネクス株式会社　第 59 期財務諸表を基に作成。

312

問題20 連結精算表の作成【参照：249-284頁】

親会社（P社）および子会社（S社）の決算日における財務諸表の金額は，連結精算表に示したとおりである。次の資料に基づき，連結精算表を完成しなさい。金額の単位は「千円」とする。ただし，いずれの企業も当会計期間は×2年3月31日を決算日とする1年間であり，税効果については考慮しないこととする。

【資料】

① 親会社は，×1年3月31日に，1,000,000千円で子会社の発行済議決権付株式総数の90%を取得した。支配獲得日の子会社の純資産の内訳は，資本金が700,000千円，利益剰余金が350,000千円であった。なお，子会社の所有するすべての資産について，支配獲得日における公正な価額との差はなかったものとする。

② 連結時に発生したのれんは，発生年度の翌年から20年にわたって定額法により償却する。

③ 親会社の個別貸借対照表には，子会社に対する売掛金50,000千円が含まれており，子会社の個別貸借対照表には親会社に対する買掛金50,000千円が計上されている。当該債権に係る貸倒引当金は1,000千円である。

④ 当期において，親会社は子会社に商品を2,400,000千円で販売した（ダウン・ストリーム）。また，子会社の期末商品のうち，240,000千円は当期に親会社から仕入れたものである。親会社が子会社に商品を販売する際には，仕入原価に対して20%の利益を付加して販売しているため，40,000千円は付加利益である。

⑤ 当期中に，親会社は120,000千円，子会社は36,000千円の配当金を株主に支払っている。なお，親会社と子会社ともに，期中の純資産の変動は当期純利益の計上および剰余金の配当以外存在しない。

（単位：千円）

連結精算表

貸借対照表

科目	P社 資産	P社 負債・純資産	S社 資産	S社 負債・純資産	P社S社単純合計 資産	P社S社単純合計 負債・純資産	連結のための消去・修正 借方	連結のための消去・修正 貸方	連結財務諸表 資産	連結財務諸表 負債・純資産
現金及び預金	730,000		60,000							
売掛金	1,028,000		500,000							
貸倒引当金		25,600		10,000						
商品	367,600		140,000							
機械装置及び運搬具	2,100,000		105,000							
土地	1,000,000		1,105,000							
S社株式	235,000									
のれん										
長期借入金				100,000						
短期借入金		630,000		550,000						
資本金		3,500,000		700,000						
利益剰余金		1,305,000		550,000						
非支配株主持分										
合計	5,460,600	5,460,600	1,910,000	1,910,000						

損益計算書

科目	P社 費用	P社 収益	S社 費用	S社 収益	P社S社単純合計 費用	P社S社単純合計 収益	連結のための消去・修正 借方	連結のための消去・修正 貸方	連結財務諸表 費用	連結財務諸表 収益
売上高		12,190,000		7,984,000						
売上原価	9,227,000		6,744,000							
販売費及び一般管理費	2,636,500		996,000							
受取利息		11,100								
受取配当金		32,400								
支払利息			8,000							
固定資産売却益		30,000								
のれん償却額										
非支配株主に帰属する当期純利益										
親会社株主に帰属する当期純利益	400,000		236,000							
合計	12,263,500	12,263,500	7,984,000	7,984,000						

株主資本等変動計算書

科目	P社 減少	P社 増加	S社 減少	S社 増加	P社S社単純合計 減少	P社S社単純合計 増加	連結のための消去・修正 借方	連結のための消去・修正 貸方	連結財務諸表 減少	連結財務諸表 増加
資本金当期首残高		3,500,000		700,000						
資本金当期末残高	3,500,000		700,000							
合計	3,500,000	3,500,000	700,000	700,000						
利益剰余金当期首残高		1,025,000		350,000						
剰余金の配当	120,000		36,000							
親会社株主に帰属する当期純利益		400,000		236,000						
利益剰余金当期末残高	1,305,000		550,000							
合計	1,425,000	1,425,000	586,000	586,000						
非支配株主持分当期首残高										
非支配株主持分当期変動額										
非支配株主持分当期末残高										
合計										

解答・解説

問題1 現金出納帳と会計報告書
1-1.

現 金 出 納 帳

×1年度（×1年4月1日〜×2年3月31日）

日 付			摘 要		元丁	増加 （借方）	減少 （貸方）	残 高
年	月	日	勘 定	証憑				
×1	4	1	前 期 繰 越		✓			30,000
		15	部 費 収 入	#1, #2, #3	1	210,000		240,000
	5	1	練 習 用 品 費	No.1	2		90,000	150,000
	6	9	事 務 費	No.2	3		2,000	148,000
	7	23	遠 征 費	No.3	4		80,000	68,000
	9	10	部 費 収 入	#4, #5	1	140,000		208,000
	11	15	遠 征 費	No.4	4		80,000	128,000
×2	2	11	コ ー ト 使 用 料	No.5	5		60,000	68,000
	3	31	期 中 変 動			350,000	312,000	38,000
			前 期 繰 越	（収支勘定）	6	30,000		
			次 期 繰 越	（ 〃 ）	〃 / ✓		68,000	
						380,000	380,000	
×2	4	1	前 期 繰 越		✓			68,000

1-2.

ラグビー部会計報告書

×1年度（×1年4月1日〜×2年3月31日）

ラグビー部代表　福山　三蔵

［当期収入の部］
部 費 収 入	350,000
計	350,000

［当期支出の部］
練 習 用 品 費	90,000
コ ー ト 使 用 料	60,000
遠 征 費	160,000
事 務 費	2,000
計	312,000
当 期 収 支 差 額	38,000
前 期 繰 越 高	30,000
次 期 繰 越 高	68,000

問題2　株式会社の組織と個別企業の報告書

2−1.

①	公開会社	②	5億	③	200億	④	大会社
⑤	指名委員会等設置会社	⑥	監査等委員会設置会社	⑦	取締役会	⑧	監査役会
⑨	会計監査人	⑩	取締役会	⑪	会計監査人	⑫	執行役
⑬	指名委員会	⑭	報酬委員会	⑮	監査委員会	⑯	監査等委員会

2−2.

①	計算書類	②	貸借対照表	③	損益計算書	④	株主資本等変動計算書
⑤	個別注記表	⑥	事業報告	⑦	財務諸表	⑧	キャッシュ・フロー計算書
⑨	附属明細表						

問題3　収支計算書と損益計算書ならびに貸借対照表の関係

3−1.

(単位：円)

	借　方　項　目	金　額	貸　方　項　目	金　額
①	当　座　預　金	6,000,000	資　　本　　金	6,000,000
②	差　入　保　証　金	1,200,000	当　座　預　金	1,200,000
③	当　座　預　金	1,600,000	短　期　借　入　金	1,600,000
④	当　座　預　金	3,200,000	手　数　料　収　益	3,200,000
⑤	支　払　家　賃	650,000	当　座　預　金	650,000
⑥	給　　　　　料	1,800,000	当　座　預　金	1,800,000
⑦	水　道　光　熱　費	240,000	当　座　預　金	240,000

3−2.

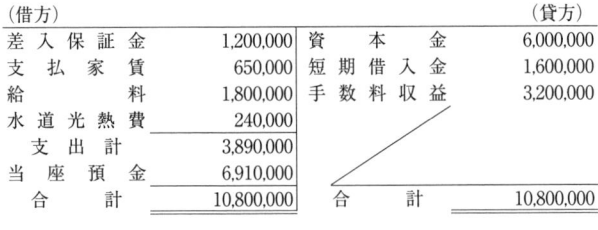

収　支　計　算　書

(借方)		(貸方)	
差　入　保　証　金	1,200,000	資　　本　　金	6,000,000
支　払　家　賃	650,000	短　期　借　入　金	1,600,000
給　　　　　料	1,800,000	手　数　料　収　益	3,200,000
水　道　光　熱　費	240,000		
支　出　計	3,890,000		
当　座　預　金	6,910,000		
合　　　計	10,800,000	合　　　計	10,800,000

3-3.

損 益 計 算 書

自 X1 年 4 月 1 日　至 X2 年 3 月 31 日

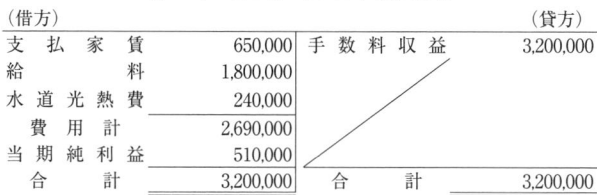

(借方)		(貸方)	
支 払 家 賃	650,000	手 数 料 収 益	3,200,000
給　　　料	1,800,000		
水 道 光 熱 費	240,000		
費 用 計	2,690,000		
当 期 純 利 益	510,000		
合　　　計	3,200,000	合　　　計	3,200,000

3-4.

貸 借 対 照 表

X2 年 3 月 31 日

(借方)		(貸方)	
当 座 預 金	6,910,000	短 期 借 入 金	1,600,000
差 入 保 証 金	1,200,000	資　　本　　金	6,000,000
		繰 越 利 益 剰 余 金	510,000
合　　　計	8,110,000	合　　　計	8,110,000

問題4　貸借対照表に計上される項目の会計学上の性質

計 算 表

(単位：千円)

計算書 項目	試算表 借　方	試算表 貸　方	損益計算書 費　用	損益計算書 収　益	整理前貸借対照表 借　方	整理前貸借対照表 貸　方	整理欄 借　方	整理欄 貸　方	貸借対照表 資　産	貸借対照表 負債・純資産
当 座 預 金	1,500				1,500	[支払手段]			1,500	
貸 付 金	2,000	650			1,350	[支出・未収入]			1,350	
建　　物	2,500				2,500				2,500	[支出・未費用]
減価償却累計額	△0							100	△100	
土　　地	6,000				6,000	※[支出・未費用]			6,000	
給　　料	900		950		[費用・未支出]	50	50			
支 払 家 賃	200		150		50	[支出・未費用]		50		
資 本 金		10,800			[収入・未支出]	10,800				10,800
手 数 料 収 益		1,500		1,800	300	[収益・未収入]		300		
受 取 地 代		150		130	[収入・未収益]	20	20			
水 道 光 熱 費			100		[費用・未支出]	100	100			
減 価 償 却 費			100			100	100			
繰越利益剰余金		0	1,300	1,930		630			[収入・未支出]	630
当 期 純 利 益			630							
	13,100	13,100	1,930	1,930						
売 掛 金							300		300	
未 払 給 料								50		50
前 払 家 賃							50		50	
前 受 地 代								20		20
未 払 光 熱 費								100		100
			11,700	11,700			620	620	11,600	11,600

※［支出・未収入］と解釈することもできる。

問題5 株主資本等変動計算書

5-1.

	借 方 項 目	金 額	貸 方 項 目	金 額
①	当 座 預 金	12,000	資 本 金	6,000
			資 本 準 備 金	6,000
②	繰 越 利 益 余 剰 金	20,800	未 払 配 当 金	18,000
			利 益 準 備 金	1,800
			別 途 積 立 金	1,000

5-2.

株主資本等変動計算書

自 X1 年 4 月 1 日　至 X2 年 3 月 31 日

（単位：千円）

	株主資本									評価・換算差額等		
		資本剰余金			利益剰余金							
	資本金	資本準備金	その他資本剰余金	資本剰余金合計	利益準備金	その他利益剰余金		利益剰余金合計	株主資本合計	その他有価証券評価差額金	評価・換算差額等合計	純資産合計
						別途積立金	繰越利益剰余金					
当期首残高	90,000	10,000	100	10,100	5,000	6,000	25,000	36,000	136,100	16,000	16,000	152,100
当期変動額												
新株の発行	6,000	6,000		6,000					12,000			12,000
剰余金の配当					1,800	1,000	△20,800	△18,000	△18,000			△18,000
当期純利益							30,000	30,000	30,000			30,000
株主資本以外の項目の当期変動額（純額）										△2,600	△2,600	△2,600
当期変動額合計	6,000	6,000	—	6,000	1,800	1,000	9,200	12,000	24,000	△2,600	△2,600	21,400
当期末残高	96,000	16,000	100	16,100	6,800	7,000	34,200	48,000	160,100	13,400	13,400	173,500

※△はマイナスを表している。

問題6　簿記の一巡

6－1.

仕　訳　帳

日付		摘　　要		元丁	借方	貸方
4	1	（当座預金）			4,200,000	
		（売掛金）			2,500,000	
		（貯蔵品）			300,000	
		（備品）			1,500,000	
		（差入営業保証金）			5,000,000	
		（長期貸付金）			1,000,000	
			（未払給料）			500,000
			（備品減価償却累計額）			600,000
			（長期借入金）			2,500,000
			（資本金）			8,000,000
			（利益準備金）			600,000
			（繰越利益剰余金）			2,300,000
	〃	（租税公課）			300,000	
			（貯蔵品）			300,000
		（未払給料）			500,000	
			（給料）			500,000
5	1	（備品）			900,000	
			（当座預金）			700,000
			（未払金）			200,000
	12	（当座預金）			800,000	
			（前受金）			800,000
6	26	（繰越利益剰余金）			990,000	
			（未払配当金）			900,000
			（利益準備金）			90,000
	29	（未払配当金）			900,000	
			（当座預金）			900,000
	30	（当座預金）			800,000	
			（売掛金）			800,000
7	23	（給料）			3,000,000	
			（当座預金）			3,000,000
8	31	（当座預金）			5,200,000	
		（前受金）			800,000	
		（売掛金）			2,000,000	
			（手数料収益）			8,000,000
10	1	（当座預金）			2,946,000	
		（支払利息）			54,000	
			（短期借入金）			3,000,000
	5	（支払家賃）			3,500,000	
			（当座預金）			3,500,000
	20	（租税公課）			100,000	
			（当座預金）			100,000
11	13	（水道光熱費）			600,000	
			（当座預金）			600,000
	30	（当座預金）			2,000,000	
			（売掛金）			2,000,000
2	25	（長期借入金）			1,500,000	
			（当座預金）			1,500,000
		次　頁　繰　越			41,390,000	41,390,000

320

仕　訳　帳

日付		摘　　　要	元丁	借方	貸方
		前　頁　繰　越		41,390,000	41,390,000
3	31	本日決算			
		（　貯　蔵　品　）		280,000	
		（　租　税　公　課　）			280,000
		（　未　収　利　息　）		18,000	
		（　受　取　利　息　）			18,000
		（　前　払　利　息　）		27,000	
		（　支　払　利　息　）			27,000
		（　通　信　費　）		300,000	
		（　未　払　通　信　費　）			300,000
		（　減　価　償　却　費　）		465,000	
		（備品減価償却累計額）			465,000
		（　手　数　料　収　益　）		8,000,000	
		（　受　取　利　息　）		18,000	
		（　損　　　　益　）			8,018,000
		（　損　　　　益　）		7,512,000	
		（　租　税　公　課　）			120,000
		（　給　　　料　）			2,500,000
		（　支　払　家　賃　）			3,500,000
		（　水　道　光　熱　費　）			600,000
		（　通　信　費　）			300,000
		（　減　価　償　却　費　）			465,000
		（　支　払　利　息　）			27,000
		（　損　　　　益　）		506,000	
		（　繰越利益剰余金　）			506,000
		（　残　　　　高　）		16,071,000	
		（　当　座　預　金　）			5,646,000
		（　売　掛　金　）			1,700,000
		（　貯　蔵　品　）			280,000
		（　前　払　利　息　）			27,000
		（　未　収　利　息　）			18,000
		（　備　　　品　）			2,400,000
		（差入営業保証金）			5,000,000
		（　長　期　貸　付　金　）			1,000,000
		（　未　払　金　）		200,000	
		（　短　期　借　入　金　）		3,000,000	
		（　未　払　通　信　費　）		300,000	
		（備品減価償却累計額）		1,065,000	
		（　長　期　借　入　金　）		1,000,000	
		（　資　本　金　）		8,000,000	
		（　利　益　準　備　金　）		690,000	
		（　繰越利益剰余金　）		1,816,000	
		（　残　　　高　）			16,071,000
				90,658,000	90,658,000

6-2.

合 計 残 高 試 算 表

自 X1年4月1日 至 X2年3月31日
(単位：円)

勘定科目	合 計 借 方	合 計 貸 方	残 高 借 方	残 高 貸 方
当 座 預 金	15,946,000	10,300,000	5,646,000	
売 掛 金	4,500,000	2,800,000	1,700,000	
貯 蔵 品	300,000	300,000		
備 品	2,400,000		2,400,000	
備品減価償却累計額		600,000		600,000
差 入 営 業 保 証 金	5,000,000		5,000,000	
長 期 貸 付 金	1,000,000		1,000,000	
給 料	3,000,000	500,000	2,500,000	
支 払 家 賃	3,500,000		3,500,000	
支 払 利 息	54,000		54,000	
水 道 光 熱 費	600,000		600,000	
租 税 公 課	400,000		400,000	
手 数 料 収 益		8,000,000		8,000,000
前 受 金	800,000	800,000		
未 払 金		200,000		200,000
短 期 借 入 金		3,000,000		3,000,000
未 払 配 当 金	900,000	900,000		
未 払 給 料	500,000	500,000		
長 期 借 入 金	1,500,000	2,500,000		1,000,000
資 本 金		8,000,000		8,000,000
利 益 準 備 金		690,000		690,000
繰 越 利 益 剰 余 金	990,000	2,300,000		1,310,000
	41,390,000	41,390,000	22,800,000	22,800,000

※合計試算表の貸借が 41,390,000 円で一致し，また仕訳帳の期首及び期中取引の合計（仕訳帳1ページ目の合計）と一致しているため，転記が正しいことがわかる。

6－3.

精算表

計算書 項目	残高試算表 借方	貸方	決算整理 借方	貸方	損益勘定 借方	貸方	残高勘定 借方	貸方
当 座 預 金	5,646,000						5,646,000	
売 掛 金	1,700,000						1,700,000	
貯 蔵 品			280,000				280,000	
備 品	2,400,000						2,400,000	
備品減価償却累計額		600,000		465,000				1,065,000
差入営業保証金	5,000,000						5,000,000	
長 期 貸 付 金	1,000,000						1,000,000	
給 料	2,500,000				2,500,000			
支 払 家 賃	3,500,000				3,500,000			
水 道 光 熱 費	600,000				600,000			
手 数 料 収 益		8,000,000				8,000,000		
前 受 金								
未 払 金		200,000						200,000
短 期 借 入 金		3,000,000						3,000,000
未 払 配 当 金								
未 払 給 料								
長 期 借 入 金		1,000,000						1,000,000
資 本 金		8,000,000						8,000,000
利 益 準 備 金		690,000						690,000
未 収 利 息			18,000				18,000	
受 取 利 息				18,000		18,000		
支 払 利 息	54,000			27,000	27,000			
前 払 利 息			27,000				27,000	
租 税 公 課	400,000			280,000	120,000			
通 信 費			300,000		300,000			
未 払 通 信 費				300,000				300,000
減 価 償 却 費			465,000		465,000			
繰越利益剰余金		1,310,000			7,512,000	8,018,000		1,816,000
当 期 純 利 益					506,000			
	22,800,000	22,800,000	1,090,000	1,090,000	8,018,000	8,018,000	16,071,000	16,071,000

問題7　棚卸表と計算表

計　算　表

x2 年 3 月 31 日現在

（単位：千円）

計算書　項目	残高試算表 借　方	残高試算表 貸　方	損益計算書 費　用	損益計算書 収　益	整理前貸借対照表 借　方	整理前貸借対照表 貸　方	整理欄 借　方	整理欄 貸　方	貸借対照表 資　産	貸借対照表 負債・純資産
当 座 預 金	450				450				450	
売 掛 金	110				110				110	
事務用消耗品	60				60			40	20	
備 品	400				400				400	
減価償却累計額		100				100		80		180
差入営業保証金	1,450				1,450				1,450	
長 期 借 入 金		610				610				610
資 本 金		1,300				1,300				1,300
手 数 料 収 益		900		900						
給 料	150		150							
支 払 家 賃	230		180		50			50		
水 道 光 熱 費	90		90							
通 信 費	60		90				30	30		
事務用消耗品費			40				40	40		
減 価 償 却 費			80				80	80		
繰越利益剰余金		90	630	900		360				360
当 期 純 利 益			270							
	3,000	3,000	900	900						
前 払 家 賃							50		50	
未 払 通 信 費								30		30
					2,520	2,520	200	200	2,480	2,480

問題8　商品有高帳

8−1.

①先入先出法

商 品 有 高 帳

日付		摘　要	受　入 数量	受　入 単価	受　入 金額	払　出 数量	払　出 単価	払　出 金額	残　高 数量	残　高 単価	残　高 金額
4	1	期 首 有 高	200	100	20,000				200	100	20,000
5	20	仕 入	300	110	33,000				500 { 200	100	20,000
									300	110	33,000
7	23	払 出				300 { 200	100	20,000	200	110	22,000
						100	110	11,000			
10	11	仕 入	400	115	46,000				600 { 200	110	22,000
									400	115	46,000
2	19	払 出				360 { 200	110	22,000	240	115	27,600
						160	115	18,400			
3	31	払 出 原 価 合 計				660		71,400			
	〃	期 末 有 高				240	115	27,600			
			900		99,000	900		99,000			
4	1	期 首 有 高	240	115	27,600				240	115	27,600

〈数量単位：個，単価単位：千円，金額単位：千円〉

商　品　有　高　帳

②移動平均法

〈数量単位：個，単価単位：千円，金額単位：千円〉

日付		摘　要	受　入			払　出			残　高		
			数量	単価	金額	数量	単価	金額	数量	単価	金額
4	1	期首有高	200	100	20,000				200	100	20,000
5	20	仕　　入	300	110	33,000				500	*106	53,000
7	23	払　　出				300	106	31,800	200	106	21,200
10	11	仕　　入	400	115	46,000				600	**112	67,200
2	19	払　　出				360	112	40,320	240	112	26,880
3	31	払出原価合計				660		72,120			
	〃	期末有高				240		26,880			
			900		99,000	900		99,000			
4	1	期首有高	240	112	26,880				240	112	26,880

※ 53,000 ÷ 500 ＝ 106　　※※ 67,200 ÷ 600 ＝ 112

商　品　有　高　帳

③総平均法

〈数量単位：個，単価単位：千円，金額単位：千円〉

日付		摘　要	受　入			払　出			残　高		
			数量	単価	金額	数量	単価	金額	数量	単価	金額
4	1	期首有高	200	100	20,000				200		
5	20	仕　　入	300	110	33,000				500		
7	23	払　　出				300			200		
10	11	仕　　入	400	115	46,000				600		
2	19	払　　出				360			240		
3	31	払出原価合計				660	110	72,600			
	〃	期末有高				240		26,400			
			900	*110	99,000	900		99,000			
4	1	期首有高	240	110	26,400				240		

※ 99,000 ÷ 900 ＝ 110

8－2.

	① 先入先出法	② 移動平均法	③ 総平均法
売上原価	71,400 千円	72,120 千円	72,600 千円
売上総利益	21,000 千円	20,280 千円	19,800 千円

問題9　商品売買の仕訳と総勘定元帳への転記，損益計算書の作成
9－1.

（単位：円）

	借　方　項　目	金　　額	貸　方　項　目	金　　額
①	仕　　　入	209,000	現　　　金	209,000
②	現　　金	180,000	売　　　上	180,000
③	仕　　　入	100,000	現　　　金	100,000
④	売　掛　金	306,000	売　　　上	306,000
⑤	仕　　　入	75,000	繰　越　商　品	75,000
	繰　越　商　品	73,000	仕　　　入	73,000

9-2.

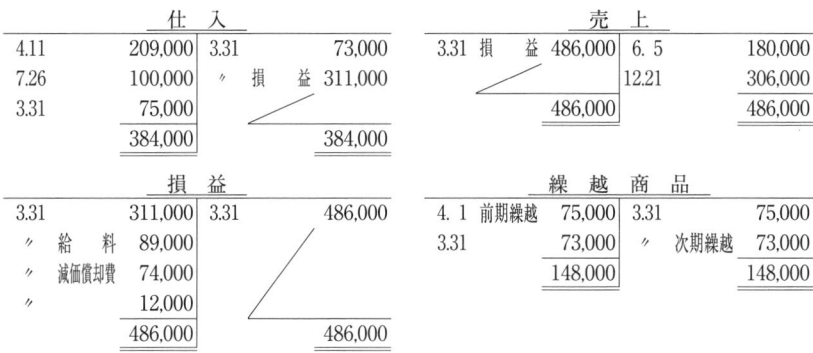

	仕　入		
4.11	209,000	3.31	73,000
7.26	100,000	〃　損　益	311,000
3.31	75,000		
	384,000		384,000

	売　上		
3.31 損　益	486,000	6. 5	180,000
		12.21	306,000
	486,000		486,000

	損　益		
3.31	311,000	3.31	486,000
〃　給　料	89,000		
〃　減価償却費	74,000		
〃	12,000		
	486,000		486,000

	繰 越 商 品		
4. 1 前期繰越	75,000	3.31	75,000
3.31	73,000	〃　次期繰越	73,000
	148,000		148,000

9-3.

損 益 計 算 書

自 x1 年 4 月 1 日　至 x2 年 3 月 31 日

（単位：円）

売上高	486,000
売上原価	
商品期首たな卸高	75,000
当期商品仕入高	309,000
合計	384,000
商品期末たな卸高	73,000
商品売上原価	311,000
売上総利益	175,000
販売費及び一般管理費	
給料	89,000
広告宣伝費	74,000
販売費及び一般管理費合計	163,000
営業利益	12,000

問題 10　固定資産の会計

10-1.

（単位：円）

借　方　項　目	金　　　　額	貸　方　項　目	金　　　　額
備　　　　品	550,000	当　座　預　金	550,000

10-2.

①	55,000 円	②	110,000 円

① （550,000 円 － 0 円）÷1/10 年 = 55,000 円

② 　550,000 円 × 0.200 = 110,000 円

　　※　200%定率法に基づく当期の減価償却費の判定

備品の帳簿価額×通常償却率：550,000 円 × 0.200 = 110,000 円…①
備品の帳簿価額×償却保証率：550,000 円 × 0.06552 = 36,036 円…②
①＞②である。したがって当期の減価償却費として①を計上する。

10－3.

(単位：円)

	借 方 項 目	金　　　額	貸 方 項 目	金　　　額
(A)	減 価 償 却 費	55,000	備　　　　品	55,000
(B)	減 価 償 却 費	55,000	備品減価償却累計額	55,000

(A) 直接表示法
　　固定資産
　　　　有形固定資産
　　　　　[備　品]　495,000

(B) 間接表示法
　　固定資産
　　　　有形固定資産
　　　　　[備　　品]　　　　550,000
　　　　　[減価償却累計額]　△ 55,000
　　　　　[備　品（純額）]　　495,000

10－4.

(単位：円)

借 方 項 目	金　　　額	貸 方 項 目	金　　　額
現　　　　金	30,000	備　　　　品	550,000
備品減価償却累計額	495,000	固 定 資 産 売 却 益	2,500
減 価 償 却 費	27,500		

※　第 10 期首（第 9 期末）の備品減価償却累計額：
　　（550,000 円 − 0 円）× 1/10 年 × 9 年 = 495,000 円
　　第 10 期中の減価償却費（月割）：
　　（550,000 円 − 0 円）× 1/10 年 × 6 カ月／12 カ月 = 27,500 円
　　固定資産売却益＝売却価額−売却時点の備品の帳簿価額
　　　　　　⇔ 30,000 円 − {550,000 円 −（495,000 円 + 27,500 円）} = 2,500 円

問題 11　営業債権の貸倒れに関する会計処理
11－1.

(単位：円)

借 方 項 目	金　　　額	貸 方 項 目	金　　　額
貸 倒 引 当 金 繰 入	450,000	売掛金貸倒引当金	450,000

　　流動資産
　　　　売掛金　　　　　　　　　15,000,000
　　　　　[貸 倒 引 当 金]　　△ 450,000
　　　　　[売 掛 金（純額）]　　14,550,000

11−2.

（単位：円）

	借　方　項　目	金　　　額	貸　方　項　目	金　　　額
①	売掛金貸倒引当金	150,000	売　　掛　　金	150,000
②	貸　倒　損　失	102,000	売　　掛　　金	102,000
③	貸倒引当金繰入	75,000	売掛金貸倒引当金	75,000

※差額補充法による貸倒引当金の設定
第2期末貸倒引当金設定額：375,000円−（第1期末貸倒引当金設定額：450,000円−
貸倒引当金取崩額：150,000円）＝差額補充法による貸倒引当金の設定：75,000円

問題12　製造原価報告書の作成

製 造 原 価 報 告 書
自 x1年4月1日　至 x2年3月31日

（単位：円）

I	材　料　費		44,300,000
II	労　務　費		
	1　基　　本　　給	19,250,000	
	2　諸手当・福利費	2,400,000	21,650,000
III	経　　費		
	1　電　　力　　費	1,120,000	
	2　ガ ス 水 道 費	880,000	
	3　減 価 償 却 費	75,200,000	
	4　修　　繕　　費	600,000	
	5　通　　信　　費	680,000	
	6　雑　　　　　費	430,000	78,910,000
	当 期 総 製 造 費 用		144,860,000
	期首仕掛品棚卸高		8,000,000
	合　　　計		152,860,000
	期末仕掛品棚卸高		11,464,000
	当 期 製 品 製 造 原 価		141,395,500

製品1台当たりの原価：152,860,000円÷（18,500台＋3,000台×50%）＝7,643円
期 末 仕 掛 品 棚 卸 高：7,643円×3,000台×50%＝11,464,500円
当 期 製 品 製 造 原 価：7,643円×19,000台＝141,395,500円

328

問題13 売買目的有価証券の処理
13 − 1.

	借 方 項 目	金 額	貸 方 項 目	金 額
①	売買目的有価証券	700,000	未　　払　　金	700,000
②	未　　払　　金	700,000	当　座　預　金	700,000
③	未　収　配　当　金	20,000	受　取　配　当　金	20,000
④	当　座　預　金	20,000	未　収　配　当　金	20,000
⑤	未　収　入　金	355,500	売買目的有価証券 有価証券売却益	352,500 3,000
⑥	当　座　預　金	355,500	未　収　入　金	355,500
⑦	売買目的有価証券	10,500	有価証券評価益	10,500

13 − 2.

有価証券運用損益勘定	（ 貸方残高 ・借方残高 ）	33,500	円

問題 14 精算表の作成

精　算　表

×2年3月31日現在
（単位：千円）

項目	残高試算表 借方	残高試算表 貸方	決算整理記入 借方	決算整理記入 貸方	損益計算書 費用	損益計算書 収益	貸借対照表 資産	貸借対照表 負債・純資産
現　　　　金	28,400						28,400	
当 座 預 金	56,400						56,400	
受 取 手 形	36,000						36,000	
売 　掛　 金	54,000						54,000	
貸 倒 引 当 金		1,800		900				2,700
売買目的有価証券	6,000		200				6,200	
繰 越 商 品	14,400		14,600	14,400			14,600	
短 期 貸 付 金	240,000						240,000	
備　　　　品	360,000						360,000	
減価償却累計額		144,000		86,400				230,400
建　　　　物	1,800,000						1,800,000	
減価償却累計額		900,000		60,000				960,000
土　　　　地	6,000,000						6,000,000	
支 払 手 形		26,400						26,400
買 　掛　 金		24,000						24,000
長 期 借 入 金		72,000						72,000
資 　本　 金		6,000,000						6,000,000
資 本 準 備 金		260,000						260,000
利 益 準 備 金		240,000						240,000
売　　　　上		700,000				700,000		
受 取 地 代		120,000	30,000			90,000		
受 取 利 息		5,400		2,000		7,400		
仕　　　　入	540,000		14,400	14,600	539,800			
給　　　　料	95,000				95,000			
消 耗 品 費	1,080				1,080			
租 税 公 課	1,000			50	950			
支 払 利 息	1,320		540		1,860			
貸倒引当金繰入			900		900			
減 価 償 却 費			146,400		146,400			
有価証券運用損益				200		200		
貯 　蔵　 品			50				50	
前 受 地 代				30,000				30,000
未 収 利 息			2,000				2,000	
未 払 利 息				540				540
繰越利益剰余金		740,000						751,610
当 期 純 利 益					11,610			
	9,233,600	9,233,600	209,090	209,090	785,990 797,600	797,600	8,597,650	8,597,650

問題 15　損益計算書・貸借対照表の作成

損 益 計 算 書

自 X1年4月1日　至 X2年3月31日

（単位：千円）

売上高	18,300
売上原価	
商品期首たな卸高	2,400
当期商品仕入高	15,320
合計	17,720
商品期末たな卸高	2,200
商品売上原価	15,520
売上総利益	2,780
販売費及び一般管理費	
給料	560
貸倒引当金繰入額	48
広告宣伝費	280
支払家賃	1,120
減価償却費	420
販売費及び一般管理費合計	2,428
営業利益	352
営業外収益	
受取利息	60
有価証券運用益	20
営業外収益合計	80
営業外費用	
支払利息	97
貸倒引当金繰入額	28
営業外費用合計	125
経常利益	307
特別利益	
投資有価証券売却益	120
特別利益合計	120
特別損失	
固定資産除却損	45
特別損失合計	45
当期純利益	382

貸 借 対 照 表

X2年3月31日現在

（単位：千円）

資産の部	
流動資産	
現金及び預金	4,530
売掛金	2,100
貸倒引当金	△ 64
売掛金（純額）	2,036
売買目的有価証券	1,520
商品	2,200
短期貸付金	1,500
貸倒引当金	△ 45
短期貸付金（純額）	1,455
前払家賃	140
未収入金	560
流動資産合計	12,441
固定資産	
有形固定資産	
備品	6,300
減価償却累計額	△ 1,680
備品（純額）	4,620
有形固定資産合計	4,620
投資その他の資産	
投資有価証券	2,520
投資その他の資産合計	2,520
固定資産合計	7,140
資産合計	19,581
負債の部	
流動負債	
買掛金	4,791
未払金	700
未払給料	280
前受利息	10
流動負債合計	5,781
固定負債	
長期借入金	1,940
固定負債合計	1,940
負債合計	7,721
純資産の部	
株主資本	
資本金	4,000
資本剰余金	
資本準備金	4,000
その他資本剰余金	840
資本剰余金合計	4,840
利益剰余金	
利益準備金	400
その他利益剰余金	
繰越利益剰余金	2,200
利益剰余金合計	2,600
株主資本合計	11,440
評価・換算差額等	
その他有価証券評価差額金	420
評価・換算差額等合計	420
純資産合計	11,860
負債純資産合計	19,581

問題16　本支店会計

(単位：千円)

	借方項目	金額	貸方項目	金額
①	本店仕入	440	本店	440
②	買掛金	290	支店	290

本支店合併精算表

(単位：千円)

財務諸表	項目	本店 資産	本店 負債・純資産	支店 資産	支店 負債・純資産	本支店合計 資産	本支店合計 負債・純資産	内部取引の修正・消去 借方	内部取引の修正・消去 貸方	全社財務諸表 資産	全社財務諸表 負債・純資産
貸借対照表	諸資産	19,500		3,390		22,890				22,890	
	商品	2,700		1,190		3,890			440	4,330	
	繰延内部利益		60				60	60	80		80
	支店	4,500				4,500			4,500		
	諸負債		6,540		810		7,350	290			7,060
	本店				3,770		3,770	4,210	440		
	資本金		16,200				16,200				16,200
	繰越利益剰余金		3,900				3,900	20			3,880
	合計	26,700	26,700	4,580	4,580	31,280	31,280	5,020	5,020	27,220	27,220
	項目	費用	収益	費用	収益	費用	収益	借方	貸方	費用	収益
損益計算書	売上高		13,500		7,560		21,060				21,060
	支店売上高		4,760				4,760	4,760			
	期首商品棚卸高	3,240		1,370		4,610				4,610	
	繰延内部利益戻入								60		60
	仕入高	15,000		1,890		16,890				16,890	
	本店仕入高		4,320				4,320	440	4,760		
	期末商品棚卸高		2,700		1,190		3,890		440		4,330
	繰延内部利益控除							80		80	
	諸費用	1,760		900		2,660				2,660	
	当期純利益	960		270		1,230			20	1,210	
	合計	20,960	20,960	8,750	8,750	29,710	29,710	5,280	5,280	25,450	25,450

問題17　資金調達の会計

(単位：円)

	借方項目	金額	貸方項目	金額
①	当座預金	1,440,000	社債	1,440,000
②	社債発行費	300,000	現金	300,000
③	社債利息	27,000	当座預金	15,000
			社債	12,000
	社債発行費償却	60,000	社債発行費	60,000
④	社債利息	27,000	社債	12,000
	社債	1,500,000	当座預金	1,515,000
	社債発行費償却	60,000	社債発行費	60,000

問題 18　キャッシュ・フロー計算書の作成

ⅰ）直接法

キャッシュ・フロー計算書

自 ×1年4月1日　至 ×2年3月31日

(単位：千円)

営業活動によるキャッシュ・フロー
営業収入	19,200
商品の仕入による支出	△ 13,380
人件費の支出	△ 4,090
その他の営業支出（広告宣伝による支出）	△ 1,220
小計	510
利息の受取額	80
利息の支払額	△ 110
営業活動によるキャッシュ・フロー	480

投資活動によるキャッシュ・フロー
有価証券の売却による収入	840
有形固定資産の取得による支出	△ 12,000
有形固定資産の売却による収入	3,600
投資活動によるキャッシュ・フロー	△ 7,560

財務活動によるキャッシュ・フロー
長期の借入れによる収入	3,800
配当金の支払額	△ 200
財務活動によるキャッシュ・フロー	3,600
現金及び現金同等物の増減額	△ 3,480
現金及び現金同等物の期首残高	6,230
現金及び現金同等物の期末残高	2,750

ⅱ）間接法

キャッシュ・フロー計算書（小計まで）

自 ×1年4月1日　至 ×2年3月31日

(単位：千円)

営業活動によるキャッシュ・フロー
当期純利益	1,090
減価償却費	3,000
貸倒引当金の増減額	60
支払利息	200
受取利息	△ 100
有価証券売却益	△ 40
固定資産売却損	100
売上債権の増減額	△ 2,400
たな卸資産の増減額	△ 40
仕入債務の増減額	△ 1,340
前払費用の増減額	△ 20
小計	510

…以下，直接法と同じ

※テキスト本文では，税引前当期純利益から始めているが，本問では税金を扱っていないため，当期純利益から始まっている。

問題 19　財務諸表分析

①	8.45%	②	3.77%	③	121.96%	④	62.35%	⑤	75.84%

① 株主資本当期純利益率 $= \dfrac{\text{当期純利益 } 7{,}918}{(\text{期首株主資本 } 92{,}364 + \text{期末株主資本 } 95{,}103) \div 2} \times 100 ≒ 8.45(\%)$

② 総資産経常利益率 $= \dfrac{\text{経常利益 } 8{,}869}{(\text{期首総資産 } 230{,}391 + \text{期末総資産 } 240{,}587) \div 2} \times 100 ≒ 3.77(\%)$

③ 流動比率 $= \dfrac{\text{流動資産 } 144{,}658}{\text{流動負債 } 118{,}615} \times 100 ≒ 121.96(\%)$

④ 総資産負債比率 $= \dfrac{\text{負債 } 150{,}004}{\text{総資産 } 240{,}587} \times 100 ≒ 62.35(\%)$

⑤ 固定長期適合率 $= \dfrac{\text{固定資産 } 95{,}929}{\text{株主資本 } 95{,}103 + \text{固定負債 } 31{,}389} \times 100 ≒ 75.84(\%)$

問題 20　連結精算表の作成
① 投資勘定と資本勘定の相殺消去

(借)	資本金当期首残高	700,000	(貸)	S　社　株　式	1,000,000
	利益剰余金当期首残高	350,000	(貸)	非支配株主持分当期首残高	105,000 ※1
	の　れ　ん	55,000 ※2			

※1　(700,000 千円 + 350,000 千円) × (100% - 90%) = 105,000 千円
　　　…子会社の資本勘定 (700,000 千円 + 350,000 千円) のうち, 10% 分は親会社に帰属していないため, 非支配株主持分として計上する。
※2　1,000,000 千円 - (700,000 千円 + 350,000 千円) × 90% = 55,000 千円
　　　…親会社の子会社に対する投資額と, 対応する子会社の資本額の差額を「のれん」として計上する。

② のれんの償却

(借)	の れ ん 償 却 額	2,750 ※3	(貸)	の　　れ　　ん	2,750

※3　55,000 千円 ÷ 20 年 = 2,750 千円
　　　…「のれん」を 20 年で償却する。

③ 連結会社相互間の債権と債務の相殺消去
・売掛金と買掛金の相殺消去

(借)	買　掛　金	50,000	(貸)	売　掛　金	50,000
	貸 倒 引 当 金	1,000		販売費及び一般管理費	1,000

　　…企業集団の外部と行われた取引ではなく, 連結相互間で行われた取引から生じた債権債務を消去する。

④ 連結会社相互間の取引高の相殺消去と未実現利益の消去
・売上高と売上原価の相殺消去

(借)	売　　上　　高	2,400,000	(貸)	売　上　原　価	2,400,000

・期末商品に含まれる未実現利益の消去 (ダウン・ストリーム)

(借)	売　上　原　価	40,000 ※4	(貸)	商　　　　品	40,000

※4　240,000 千円 ÷ (100% + 20%) × 20% = 40,000 千円
　　　…連結相互間で行われた商品の売買等の取引は内部取引と考えられるため相殺消去し, 未実現利益も消去する。

⑤ 配当の振替

(借)	受 取 配 当 金	32,400 ※5	(貸)	剰 余 金 の 配 当	36,000
	非支配株主持分当期変動額	3,600			

※5　36,000 千円 × 90% = 32,400 千円
　　　…子会社から親会社に支払われた配当金は連結相互間の取引であるため相殺消去する。

＊ 非支配株主に帰属する当期純利益の計上

(借)	非支配株主に帰属する当期純利益	23,600 ※6	(貸)	非支配株主持分当期変動額	23,600

※6　236,000 千円 × (100% - 90%) = 23,600 千円
　　　…子会社の当期純利益 (236,000 千円) のうち, 非支配株主の持分割合に相当する部分を「非支配株主に帰属する当期純利益」として区分表示する。

連結精算表

(単位：千円)

貸借対照表

科目	P社 資産	P社 負債・純資産	S社 資産	S社 負債・純資産	P社S社単純合計 資産	P社S社単純合計 負債・純資産	連結のための消去・修正 借方	連結のための消去・修正 貸方	連結財務諸表 資産	連結財務諸表 負債・純資産
現金及び預金	730,000		60,000		790,000				790,000	
売掛金	1,028,000		500,000		1,528,000			③ 50,000	1,478,000	
貸倒引当金		25,600		10,000		35,600	③ 1,000			34,600
商品	367,600		140,000		507,600			④ 40,000	467,600	
機械装置及び運搬具			105,000		105,000				105,000	
土地	2,100,000		1,105,000		3,205,000				3,205,000	
のれん							① 55,000	② 2,750	52,250	
S社株式	1,000,000				1,000,000			① 1,000,000		
長期貸付金	235,000				235,000				235,000	
買掛金		630,000		550,000		1,180,000	③ 50,000			1,130,000
短期借入金				100,000		100,000				100,000
資本金		3,500,000		700,000		4,200,000	b-1 700,000			3,500,000
利益剰余金		1,305,000		550,000		1,855,000	b-2 411,750			1,443,250
非支配株主持分								b-3 125,000		125,000
合計	5,460,600	5,460,600	1,910,000	1,910,000	7,370,600	7,370,600	1,217,750	1,217,750	6,332,850	6,332,850

損益計算書

科目	P社 費用	P社 収益	S社 費用	S社 収益	P社S社単純合計 費用	P社S社単純合計 収益	連結のための消去・修正 借方	連結のための消去・修正 貸方	連結財務諸表 費用	連結財務諸表 収益
売上高		12,190,000		7,984,000		20,174,000	④ 2,400,000			17,774,000
売上原価	9,227,000		6,744,000		15,971,000		④ 40,000	④ 2,400,000	13,611,000	
販売費及び一般管理費	2,636,500		996,000		3,632,500			③ 1,000	3,631,500	
受取利息		11,100				11,100				11,100
受取配当金		32,400				32,400	⑤ 32,400			
支払利息			8,000		8,000				8,000	
固定資産売却益		30,000				30,000				30,000
のれん償却額							② 2,750		2,750	
非支配株主に帰属する当期純利益							* 23,600		23,600	
親会社株主に帰属する当期純利益	400,000		236,000		636,000			a 97,750	538,250	
合計	12,263,500	12,263,500	7,984,000	7,984,000	20,247,500	20,247,500	2,498,750	2,498,750	17,815,100	17,815,100

株主資本等変動計算書

科目	P社 減少	P社 増加	S社 減少	S社 増加	単純合計 減少	単純合計 増加	消去・修正 借方	消去・修正 貸方	連結 減少	連結 増加
資本金当期首残高		3,500,000		700,000		4,200,000	① 700,000			3,500,000
資本金当期末残高	3,500,000		700,000		4,200,000			b-1 700,000	3,500,000	
利益剰余金当期首残高		1,025,000		350,000		1,375,000	① 350,000			1,025,000
剰余金の配当	120,000		36,000		156,000			⑤ 36,000	120,000	
親会社株主に帰属する当期純利益		400,000		236,000		636,000	a 97,750			538,250
利益剰余金当期末残高	1,305,000		550,000		1,855,000			b-2 411,750	1,443,250	
合計	1,425,000	1,425,000	586,000	586,000	2,011,000	2,011,000	447,750	447,750	1,563,250	1,563,250
非支配株主持分当期首残高								① 105,000		105,000
非支配株主持分当期変動額							⑤ 3,600	* 23,600		20,000
非支配株主持分当期末残高							b-3 125,000		125,000	
合計							128,600	128,600	125,000	125,000

(ア) 修正消去欄において①から⑤と［＊］の調整が行われる。そして、連結損益計算書において差額として親会社株主に帰属する当期純利益が把握され（連結精算表中のa）、連結株主資本等変動計算書における当期純利益に係る修正（連結精算表中のb-1、b-2、b-3）が把握され、それを連結貸借対照表の「修正消去欄」にも加減する。

(イ) 純資産項目については、株主資本等変動計算書の当期変動額を当期末残高に加減する。純資産項目については、株主資本等変動計算書の「修正消去欄」にも加減する。

索 引

336

索　引

索引 日本語［中国語簡体（中国語繁体）］ 索引担当 佟 偉彤

索 引 中国語簡体（中国繁体語）［日本語］   索引担当　佟　偉彤

索　引　日本語（韓国語）

索引担当　李　相和

索　引　韓国語（日本語）

索引担当　李　相和

356

■ 著者略歴

石 原 裕 也 （いしはら・ひろや）

平成 13 年　一橋大学大学院商学研究科博士後期課程修了，一橋大学博士（商学）
　　　　　　高崎商科大学専任講師，助教授，帝京大学准教授，教授を経て
平成 26 年　専修大学商学部教授，現在に至る

溝 上 達 也 （みぞがみ・たつや）

平成 14 年　一橋大学大学院商学研究科博士後期課程単位取得，一橋大学博士（商学）
　　　　　　松山大学専任講師，准教授を経て
平成 23 年　松山大学経営学部教授，現在に至る

神 納 樹 史 （じんのう・みきひと）

平成 15 年　一橋大学大学院商学研究科博士後期課程単位取得，一橋大学博士（商学）
　　　　　　上武大学専任講師，准教授，新潟大学准教授，東京経済大学准教授を経て
平成 30 年　東京経済大学経営学部教授，現在に至る

西 山 一 弘 （にしやま・かずひろ）

平成 17 年　一橋大学大学院商学研究科博士後期課程単位取得，一橋大学博士（商学）
　　　　　　富士大学助手，東海大学専任講師，准教授を経て
平成 30 年　帝京大学経済学部准教授，現在に至る

西 舘 　 司 （にしだて・つかさ）

平成 19 年　一橋大学大学院商学研究科博士後期課程単位取得，一橋大学商学修士
　　　　　　三重中京大学専任講師，愛知学院大学専任講師，准教授を経て
令和 3 年　愛知学院大学経営学部教授，現在に至る

吉 田 智 也 （よしだ・ともや）

平成 19 年　一橋大学大学院商学研究科博士後期課程修了，一橋大学博士（商学）
　　　　　　福島大学准教授，埼玉大学准教授，中央大学准教授を経て
令和 5 年　中央大学商学部教授，現在に至る

中 村 亮 介 （なかむら・りょうすけ）

平成 21 年　一橋大学大学院商学研究科博士後期課程修了，一橋大学博士（商学）
　　　　　　帝京大学講師，准教授を経て
平成 25 年　筑波大学ビジネスサイエンス系准教授，現在に至る

松 下 真 也 （まつした・しんや）

平成 23 年　一橋大学大学院商学研究科博士後期課程修了，一橋大学博士（商学）
　　　　　　松山大学講師，准教授，京都産業大学准教授を経て
令和 5 年　京都産業大学経営学部教授，現在に至る

金 子 善 行 （かねこ・よしゆき）

平成 27 年　一橋大学大学院商学研究科博士後期課程修了，一橋大学博士（商学）
　　　　　　帝京大学助教，講師を経て
令和 2 年　帝京大学経済学部准教授，現在に至る

塚 原 　 慎 （つかはら・まこと）

平成 29 年　一橋大学大学院商学研究科博士後期課程修了，一橋大学博士（商学）
　　　　　　帝京大学助教，講師，駒澤大学講師を経て
令和 5 年　駒澤大学経営学部准教授，現在に至る

坂 内 　 慧 （さかうち・けい）

平成 30 年　一橋大学大学院商学研究科博士後期課程単位取得，帝京大学博士（経営学）
　　　　　　一橋大学特任講師，福山大学助教を経て
令和 2 年　帝京大学経済学部助教，現在に至る

■ 著者略歴

新 田 忠 誓 （にった・ただちか）

昭和 52 年　一橋大学大学院商学研究科博士課程単位修得
昭和 62 年　商学博士（一橋大学）
平成 20 年　一橋大学名誉教授
　　　　　　公認会計士試験委員，不動産鑑定士試験委員，税理士試験委員など歴任，財務会計研究学会
　　　　　　名誉会員，日本簿記学会顧問，現在　一般社団法人資格教育推進機構代表理事
〔主要著作〕
　『動的貸借対照表論の原理と展開』白桃書房，平成 7 年
　『実践財務諸表分析』〔第 3 版〕中央経済社，令和 2 年（編著）
　『会社決算書アナリスト試験　公式テスト』〔第 5 版〕ネットスクール出版，令和 5 年（編著）

佐 々 木 隆 志 （ささき・たかし）

平成 3 年　　一橋大学大学院商学研究科博士後期課程単位修得
平成 15 年　一橋大学博士（商学），一橋大学大学院商学研究科教授を経て
平成 30 年　一橋大学大学院経営管理研究科教授，現在に至る
　　　　　　公認会計士試験委員，会計検査院特別研究官，企業会計基準委員会（収益認識専門部会）専
　　　　　　門委員，農業協同組合監査士試験委員など歴任
〔主要著作〕
　『監査・会計構造の研究』森山書店，平成 14 年
　『会計数値の形成と財務情報』白桃書房，平成 16 年（共編著）
　『財務会計論究』森山書店，平成 27 年（共編著）

■ 会計学・簿記入門 [第 17 版]　　　　　　　　　　　　　＜検印省略＞

■ 発行日───1996 年 7 月 6 日　　初 版 発 行
　　　　　　　1999 年 5 月 16 日　　改 訂 版 発 行
　　　　　　　2001 年 4 月 16 日　　新 会計学・簿記入門初版発行
　　　　　　　2003 年 4 月 16 日　　新 訂 版 発 行
　　　　　　　2004 年 4 月 16 日　　新訂第 2 版発行
　　　　　　　2005 年 4 月 26 日　　新訂第 3 版発行
　　　　　　　2006 年 5 月 26 日　　新訂第 4 版発行
　　　　　　　2007 年 4 月 26 日　　通版第 8 版発行
　　　　　　　2008 年 1 月 16 日　　第 9 版 発 行
　　　　　　　2010 年 3 月 26 日　　第 10 版 発 行
　　　　　　　2012 年 4 月 6 日　　第 11 版 発 行
　　　　　　　2014 年 4 月 16 日　　第 12 版 発 行
　　　　　　　2017 年 10 月 26 日　　第 13 版 発 行
　　　　　　　2019 年 4 月 6 日　　第 14 版 発 行
　　　　　　　2020 年 5 月 16 日　　第 15 版 発 行
　　　　　　　2021 年 4 月 16 日　　第 16 版 発 行
　　　　　　　2024 年 3 月 26 日　　第 17 版 発 行

■ 著　　者───新田忠誓　佐々木隆志　石原裕也　溝上達也　神納樹史　西山一弘　西舘　司

　　　　　　　　吉田智也　中村亮介　松下真也　金子善行　塚原　慎　坂内　慧

■ 発行者───大矢栄一郎

■ 発行所───株式会社　白桃書房

　　　　　　　〒101-0021　東京都千代田区外神田5-1-15
　　　　　　　☎03-3836-4781　⬛03-3836-9370　振替00100-4-20192　https://www.hakutou.co.jp/

■ 印刷／製本───アベル社

© T. Nitta, T. Sasaki, H. Ishihara, T. Mizogami, M. Jinnou, K. Nishiyama, T. Nishidate, T. Yoshida, R. Nakamura, S. Matsushita, Y. Kaneko, M. Tsukahara, K. Sakauchi 1996, 1999, 2001, 2003, 2004, 2005, 2006, 2007, 2008, 2010, 2012, 2014, 2017, 2019, 2020, 2021, 2024 Printed in Japan
ISBN 978-4-561-35225-9　C3034

本書のコピー，スキャン，デジタル化等の無断複製は著作権法上での例外を除き禁じられています。本書を代行作業者等の第三者
に依頼してスキャンやデジタル化することは，たとえ個人や家庭内の利用であっても著作権法上認められておりません。

[JCOPY]　〈出版者著作権管理機構　委託出版物〉

　　本書の無断複写は著作権法上での例外を除き禁じられています。複写される場合は，そのつど事前に，出版者著作権管理機構（電
　　話 03-5244-5088，FAX 03-5244-5089，e-mail：info@jcopy.or.jp）の許諾を得てください。
　　落丁本，乱丁本はおとりかえいたします。